NOUVELLES DE JEUNESSE

JULES VERNE

NOUVELLES DE JEUNESSE

Un drame au Mexique – Un drame dans les airs
– Martin Paz – Maître Zacharius –
Un hivernage dans les glaces

Rassemblées et présentées
par Claude Aziza et Cathy Boëlle-Rousset

le pré aux clercs

ISBN : 2-84228-225-6
Numéro d'éditeur : 210

Retrouvez-nous sur Internet : www.lepreauxclercs.com

SOMMAIRE

Préface 9

Un drame au Mexique 21
Un drame dans les airs 57
Martin Paz 87
Maître Zacharius 153
Un hivernage dans les glaces 203

Repères chronologiques 289
Repères bibliographiques 311

PRÉFACE

« *Il fallait que mon cœur débordât ! Il fallait que le papier conservât le souvenir de cette cérémonie funèbre afin que je puisse dire un jour : Exégi monumentum !* » (Lettre de Jules Verne à sa mère du 30 juillet 1848).

Avoir vingt ans et des lendemains pleins de promesses. Avoir vingt ans et un cœur en écharpe : la femme aimée en a épousé un autre (« cérémonie funèbre »). Avoir vingt ans et « Paris, à nous deux ! ».

Juillet 1848 : Paris résonne encore des canons du général Cavaignac. Dont les 30 000 soldats, du 23 au 28 juin, ont transformé « la République de progrès au bénéfice du parti de l'ordre ». Les mots sont de Pierre-Jules Hetzel, le futur éditeur des « Voyages extraordinaires ». Plus lyrique, le jeune Verne : « J'ai parcouru les divers points de l'émeute, rue Saint-Jacques, Saint-Martin, Saint-Antoine, le petit pont, la Belle Jardinière ; j'ai vu les maisons criblées de balles et trouées de boulets. Dans la longueur de ces rues, on peut suivre la trace des boulets qui brisaient et écorniflaient balcons, enseignes, corniches sur leur passage ; c'est un spectacle affreux. » (Lettre à son père du 17 juillet 1848).

Une chambre dans le Quartier latin, comme il se doit pour un étudiant, au 24, rue de l'Ancienne-Comédie, et la fréquentation des salons. Itinéraire sentimentalo-mondain classique. Le jeune Verne ne déplaît pas. N'a-t-il pas décidé de se « ranger toujours à l'avis de celui qui me parle ! Je comprends, ajoute-t-il, que je ne puis avoir mon opinion à moi [...] ». Il se tait donc, malgré qu'il en ait, mais enrage : « Oh ! Vingt ans ! Vingt ans ! J'espère bien un jour le leur rendre ! » Il le leur rendra.

Très vite, dans le salon de Mme Barrère, c'est la rencontre avec « toute la coterie romantique » et la découverte immédiate, intense, absolue du « plaisir par trop nouveau, par trop merveilleux d'être en contact immédiat avec la littérature ». Il veut tout lire mais surtout du théâtre : Molière, Hugo et le drame romantique, Dumas et son théâtre historique, Musset et ses comédies. Les romantiques allemands, Schiller, Goethe, et, par-dessus tout, Shakespeare.

Très vite aussi, la rencontre décisive : les Dumas père et fils. Désormais, Verne fait partie de ces familiers qui vont déguster, chez le père, les fameuses omelettes flambées qu'il fait sauter rue d'Amsterdam. La période, même si elle est lourde de menaces, est encore féconde. Dumas fils vient de voir triompher sa *Dame aux Camélias* et le père a planté sur le « Boulevard du crime » son Théâtre historique. Le 21 février 1849, on y donne *La Jeunesse des Mousquetaires*, tirée des *Trois Mousquetaires*. Verne est dans la loge du maître ; il en ressort ébloui : « Il y a dans cette œuvre, qui naturellement n'est pas autrement littéraire, un talent de théâtre presque miraculeux. » Sa décision est prise : il sera homme de théâtre. N'a-t-il pas d'ailleurs commencé, dès 1845, à manier l'alexandrin ?

Après quelques essais tragiques ou comiques qui resteront dans les cartons sans jamais être joués du vivant de leur auteur, débutent les choses sérieuses – si l'on peut dire en parlant d'une comédie en un acte et en vers ! Le 12 juin 1850, au Théâtre historique, devenu ensuite Théâtre-Lyrique (Dumas fera faillite en octobre), *Les Pailles rompues*, pièce brillante, légère, entre Musset et Marivaux. Un beau succès : douze représentations et, à la fin de l'année, un poste de secrétaire au Théâtre-Lyrique. Désormais, la vie de Verne tourne autour de la scène. Après la comédie, l'opéra-comique : Verne fréquente davantage les milieux de la musique que ceux de la littérature et, avec le compositeur Aristide Hignard, il fait ses gammes.

Voilà un plan de vie tout tracé : le jeune Nantais est même devenu une gloire locale ce 7 novembre 1850, où, devant un parterre familial et amical, il a fait jouer sa pièce au théâtre Graslin de Nantes.

Jules Verne auteur dramatique ? Tout comme pour Dumas père, le destin en décidera tout autrement. Une rencontre décisive, en 1850, celle de Jacques Arago, intrépide explorateur, bien qu'aveugle depuis dix ans, prolifique auteur dont la production se veut avant tout populaire au meilleur sens du terme, c'est-à-dire accessible à tous. C'est par le maire de Nantes, Évariste Colombel, que Verne va faire la connaissance d'un homme dont l'influence sera déterminante. Cinq volumes d'un *Voyage autour du monde* que Verne lira avec passion et, très vite, le désir d'écrire une pièce ensemble. Au 14 de la rue Mazagran, jusqu'à la mort de Jacques, en 1855, le jeune homme rencontrera géographes, explorateurs, artistes même, venus des quatre coins du monde. Très vite, une autre rencontre, elle aussi décisive, celle du Breton Pitre-Chevalier, directeur du *Musée des familles*, avec lequel il écrit aussi une pièce. « Il m'encourage beaucoup, écrit Verne à son père. Il m'a dit que sur les quatre cents ou cinq cents jeunes gens qui lui avaient demandé conseil, depuis qu'il était en position d'en donner, j'étais des trois ou quatre qu'il avait engagé (*sic*) à persévérer. »

Années intenses, activité fébrile, premiers troubles physiques : une paralysie du nerf facial, de fréquentes coliques, une boulimie dévorante, des insomnies. Il est dur, le chemin de la création...

Mais si le nouvelliste fait ses premières armes en juillet 1851, l'auteur dramatique va encore créer pendant plus de dix ans, jusqu'au premier roman de la série des « Voyages extraordinaires », *Cinq Semaines en ballon* (1863). D'ailleurs, par la suite, ne mettra-t-il pas sur scène quelques-uns de ses succès ?

« Nouvelles de jeunesse » : c'est le titre que nous avons cru bon de donner à ce recueil. Qu'on n'y voie pas une connotation un brin désinvolte. *Exégi monumentum.* Verne s'est approprié, avec un accent en trop, le vers du poète latin Horace. Du *monument*, voici les premières pierres. Ce sont elles qui vont donner forme à l'édifice, elles dont la gangue de l'inexpérience ne parviendra pas à cacher les éclats de diamant qui y brillent déjà. Verne avant Verne est déjà dans Verne.

D'abord, payer ses dettes, rendre hommage à ses lectures d'enfant, à ses émois d'adolescent, à ses découvertes de jeune homme, au souffle du vent, au sel de la mer, à la fascination du vaste monde, au vertige des abîmes, à l'ivresse de l'altitude. Jules Verne ou le romancier des quatre éléments[1] !

Ensuite, se forger un grand dessein, une grande œuvre, un plan de vie. Avoir toujours vingt ans – ou presque – et sentir, plus ou moins confusément, que la vie est ailleurs. Faire sien, avant lui, le mot de Baudelaire : « Je suis un homme qui pense à autre chose. » Dans les possibles verniens, il y avait une vie de notable rangé, tabellion cossu dans une ville de province, ou encore les mondanités d'un auteur à succès, l'Académie à la clé, comme Dumas fils. Académie où Verne ne mettra jamais les pieds. Comme Dumas père. Verne vivra en notable dans une ville de province, Amiens, où il fera partie de l'académie. Il aura sa (petite ?) part d'amours, contrariées ou partagées, sa (grande) part de voyages, les joies et les peines de la paternité, la maladie et la souffrance. La vie, quoi. Mais pas l'autre, la vraie vie. Celle-là, c'est la littérature qui la lui donnera. La coupe de la science peut sembler amère, qu'à cela ne tienne, il en enduira les bords, comme le voulait le poète latin Lucrèce, du miel de l'imaginaire.

Enfin, apprivoiser les mots, leur donner couleurs et vie, polir la phrase, brosser un décor, camper des caractères. Amuser en instruisant, instruire en amusant. Encore quelques années et ce sera la troisième rencontre, essentielle, existentielle : Pierre-Jules Hetzel, ancien chef de cabinet du gouvernement Lamartine, proscrit par Napoléon III, revenu d'exil en 1859.

1. Nous renvoyons le lecteur aux quatre volumes parus aux éditions Omnibus en 2000 et 2001.

Un républicain pur et dur qui, avec son ami Jean Macé, veut arracher la littérature de jeunesse à l'Église et rêve d'une science populaire. Jules Verne année 1861 ou la naissance d'un écrivain.

« Pour l'enfant amoureux de cartes et d'estampes »

Il faut toujours faire attention au titre entier d'un roman ou d'une nouvelle. On oublie trop souvent le dessein pédagogique vernien qui s'accompagne parfois d'un long titre ou sous-titre qui l'explicite : *Cinq Semaines en ballon. Voyage de découvertes en Afrique par trois Anglais.* Ou encore : *Michel Strogoff. Moscou-Irkoutsk.*

La première nouvelle de Verne a un très long titre : *L'Amérique du Sud. Études historiques. Les Premiers Navires de la marine mexicaine.* Trois éléments et deux inexactitudes ! Sur la première, voir notre présentation de la nouvelle : le Mexique est en Amérique centrale ! La seconde est plus révélatrice : il ne s'agit pas, à proprement parler, d'une « étude historique » mais bien d'un récit qui insère dans une trame historique des éléments fictionnels. Ce qui serait sans importance si ce n'était révélateur de la tendance de Verne, dès ses débuts : mélanger harmonieusement vérité historique et fiction romanesque, réalisme géographique et imaginaire poétique.

Dans cette nouvelle, Verne revendique explicitement l'influence de Cooper : « une aventure [...] à la façon de Cooper ». Soit. Mais quel Cooper ? Celui du *Dernier des Mohicans* (1826), roman qui le rendit célèbre en Europe, où il est, en 1827, consul des États-Unis à Lyon ? Ne serait-ce pas plutôt le Cooper, romancier de la guerre d'Indépendance avec *L'Espion* (1821) et/ou celui de la mer ? Car c'est la lecture du *Pirate* (1822) de Walter Scott, romancier que Verne ne pouvait pas ne pas connaître, qui le décide à faire mieux avec *Le Pilote* (1823), le premier roman américain sur la mer.

Cooper avec, en filigrane, Scott : Verne ne pouvait élire de plus illustres parrains. Quant au cadre choisi, il pourrait étonner le lecteur français contemporain pour qui l'image du Mexique oscille entre la sauvagerie (le massacre des défenseurs de Fort-Alamo en 1836, dont le fameux Davy Crockett), la révolution permanente (Viva Zapata !) et le pittoresque ridicule (le général Castagnétas des frères Jacques). En fait, la jeune République mexicaine des années 1820 (le texte est daté, par un effet de réel, de 1825) a dû lutter avec héroïsme contre l'Espagne pour conquérir son indépendance. La mer, la jungle, l'exotisme, le traître, un intrépide jeune homme, tous les éléments du roman vernien sont déjà plantés.

Après Cooper, Poe ? Il serait tentant de voir dans *Un drame dans les airs* l'influence de deux nouvelles d'Edgar Poe : *Le Canard en ballon* et *Aventure sans pareille d'un certain Hans Pfaall.* Mais la première, parue en avril 1844, n'a été traduite en français qu'en 1855 dans *Le Pays* et la seconde, parue en 1835, dans le même journal, en 1855 aussi. Verne a-t-il pu lire Poe dans le texte ? Certainement pas. Pourtant, en 1864, le romancier présentera l'œuvre de Poe au *Musée des familles.* Après avoir résumé chaque récit, il portera quelques brefs jugements. Voici ce qu'il écrit à propos des deux nouvelles citées, qu'il regroupe d'ailleurs : « La nouvelle est courte et reproduit les incidents du voyage avec plus d'étrangeté que de vérité. Je lui préfère l'histoire intitulée *Aventure sans pareille d'un certain Hans Pfaall* [...]. Seulement je me hâterai de vous dire que, là aussi, les lois les plus élémentaires de la mécanique sont intrépidement transgressées ; cela m'a toujours paru étonnant de la part de Poe qui, par quelques inventions, aurait pu rendre son récit plus vraisemblable. »

Mais nous sommes en 1864, un an après *Cinq Semaines en ballon.* Il vaut donc mieux chercher dans le goût des contemporains pour l'aérostation. Pourtant, la fiction sur le thème est quasi inexistante, si l'on excepte le célèbre roman de Sébastien Mercier, *L'An deux mille quatre cent quarante* où l'auteur imagine, au chapitre 54 de la deuxième édition (1786), des ballons dirigeables intercontinentaux. Verne a-t-il connu ce texte ? En revanche, il a sans doute inspiré le roman d'Alfred Driou, paru en 1854, donc trois ans après la nouvelle : *Les Aventures d'un aéronaute parisien dans les mondes inconnus.* Là encore, il faut regarder de près le titre originel : *La Science en famille. Un voyage en ballon.* Il est clair que le dessein pédagogique l'emporte sur la visée fictionnelle. Mais un élément peut laisser rêveur dans ce brouillon – talentueux – du premier roman de la série des « Voyages extraordinaires » : la folie du passager clandestin qui, dans un rêve à la fois grandiose et suicidaire, veut faire de ce vol un résumé flamboyant de toutes les catastrophes aériennes ; « Nous aborderons le soleil ! » S'est-il pris pour Empédocle abandonnant ses sandales de bronze avant de plonger dans les laves de l'Etna ou pour Érostrate que le désir d'immortalité poussa à brûler le temple de Diane à Éphèse, l'une des sept merveilles du monde ?

Encore l'Amérique, encore un très long titre : *L'Amérique du Sud. Mœurs péruviennes. Martin Paz. Nouvelle historique.* Passons sur le premier élément : cette fois, il est exact. Les autres indiquent bien clairement pour la première fois le désir de Verne de fondre en un seul récit les trames géographique et historique. Ajouter « sociologique et ethnographique » relèverait, en 1852, de l'anachronisme. Pourtant, que d'éléments que Verne va retravailler ensuite ! Une passion contrariée, une femme à l'identité secrète, des groupes ethniques divisés, tous ligués contre la passion d'un individu d'une caste inférieure, Martin Paz, un Indien. On regrette que, dans les romans qui vont suivre, Verne n'ait que trop peu souvent donné aux femmes la place qu'elles auraient dû ou pu tenir. Ici, la nouvelle annonce les héroïnes des *Indes noires* et du *Château des Carpathes.*

Si ce n'est Poe, c'est donc Hoffmann ? Pourquoi pas ? *Maître Zacharius ou l'horloger qui avait perdu son âme. Tradition génevoise.* Passons sur la faute : « génevoise » qui oblige les critiques à ajouter : (*sic*) ! Mais *L'Horloger qui avait perdu son âme.* On pense évidemment aux nombreux pactes conclus avec le diable, le plus célèbre étant celui du Faust de Goethe (achevé en 1832). Mais aussi aux *Élixirs du Diable* (1815-1816) d'Hoffmann. C'est aussi le moment où le jeune Erckmann (il est né en 1822) commence à publier ses premiers récits dont certains frôlent le fantastique. Car c'est le temps du récit fantastique. En Angleterre (Ch. R. Maturin, *Melmoth ou l'homme errant*, 1820) ; en Allemagne, nous l'avons vu avec Goethe et Hoffmann ; en Russie (Pouchkine, *La Dame de pique*, 1833) ; en France surtout. Balzac (*La Peau de chagrin*, 1831), Gautier (*Onuphrius*, 1832 ; *La Morte amoureuse*, 1836 ; *Le Pied de momie*, 1840 ; *Arria Marcella*, 1852), Mérimée (*La Vénus d'Ille*, 1837), Nerval (*Aurélia*, 1841), Féval (*Le Fils du Diable*, 1847), tous colorent leurs nouvelles de nuances sataniques : le rouge et le noir.

Mais Jules Verne introduit un élément nouveau dans cet essai, qui montre quel grand écrivain fantastique il aurait pu être : la lutte entre le matériel et le spirituel. Vingt ans après, en 1874, l'écrivain a pris de l'autorité. Il corrige profondément son récit, lisse le côté romantique flamboyant des amours juvéniles et, surtout, refuse de plier devant Dieu. Le jeune homme n'avait osé braver, à travers son héros, la tradition religieuse ; l'homme adulte le place dans une solitude radicale, face à son destin. Zacharius est bien de la trempe des Nemo et des Hatteras : sans autre destin que la mort ou la folie.

La folie du capitaine Hatteras l'avait conduit à la poursuite d'un rêve qui va hanter tout le siècle : la conquête du pôle. Dès la fin du XVIIIe siècle se multiplient les récits de voyages plus ou moins imaginaires qui s'élancent qui au Nord, qui au Sud. Les solitudes glacées du Groenland ou de l'Antarctique fascinent les romanciers comme Poe (*Manuscrit trouvé dans une bouteille*, 1835) ou Cooper (*Les Monikins*, 1835). Mais Verne, le premier, sans doute aidé par sa connaissance du sujet, a su construire un récit plein d'imprévu dont les Robinsons (son livre fétiche n'est-il pas *Le Robinson suisse* de J. D. Wyss, 1812 ?) évoluent dans un univers à la fois étrange et fascinant.

Dans ces cinq nouvelles, parues dans l'intervalle de quatre années seulement, le jeune Verne a donc trouvé sa voie. Reste l'éternelle question : l'aurait-il trouvée plus tôt s'il n'avait d'abord écrit du théâtre ? Rien n'est moins sûr. Dumas n'a-t-il pas commencé lui aussi par là ? Il faut croire que le jeune écrivain voulait goûter aux joies mondaines et jeter, comme on dit, sa gourme avant de se plonger, pendant près d'un demi-siècle, dans l'aventure passionnante, épuisante, ascétique qu'il mena presque jusqu'au bout : les « Voyages extraordinaires ». Il fallait pour cela le souffle des hauteurs. Nul doute que ces nouvelles lui permirent de prendre son essor et de gagner les nues. Pour ne plus les quitter.

UN DRAME AU MEXIQUE

Cette nouvelle a été publiée en juillet 1851 dans *Le Musée des familles* sous le titre : *L'Amérique du Sud. Études historiques. Les Premiers Navires de la marine mexicaine.*

Elle a été reprise en 1876 dans le même volume que *Michel Strogoff* sous le titre : *Un drame au Mexique.* Le texte en a été légèrement modifié. C'est ce texte que nous donnons ici.

Cette nouvelle, sans doute la première de Jules Verne, a été annoncée dès janvier 1851 par le jeune écrivain dans une lettre adressée à son père : « Il est possible que dans quelques mois, mon cher papa, j'aurais une étude sur le Mexique imprimée dans *Le Musée des familles.* Pitre-Chevalier, avec qui j'ai fait connaissance, me l'a demandé. »

D'aucuns pourraient, à bon droit, s'étonner du titre : le Mexique n'est pas en Amérique du Sud ! La nouvelle, lors de sa parution, fut précédée de cette ligne du rédacteur en chef, conscient de son erreur : « Concernant le Mexique il fallait écrire, évidemment "Amérique centrale". »

Dans une lettre adressée à son père en mars 1851, Verne reconnaît, pour cette nouvelle, l'influence de Fenimore Cooper, l'auteur du *Dernier des Mohicans.* « Mon article Pitre-Chevalier n'est qu'une simple aventure que je fais passer dans l'intérieur du Mexique à la façon de Cooper. »

Signalons enfin une source plus proche. Jules Verne venait de faire la connaissance de Jacques Arago, dont l'influence fut décisive. L'un des frères de Jacques, François, avait été ministre de la Marine en 1848 et un autre, Jean, participa à la guerre d'indépendance du Mexique (1820) et devint général. Il est évident que le jeune Verne a suivi de près les problèmes de la jeune République mexicaine. Quant aux navires, on sait à quel point il y fut attaché dès son enfance.

I

DE L'ÎLE GUAJAN À ACAPULCO

Le 18 octobre 1825, l'*Asia*, vaisseau espagnol de haut bord, et la *Constanzia*, brick de huit canons, relâchaient à l'île de Guajan, l'une des Mariannes. Depuis six mois que ces navires avaient quitté l'Espagne, leurs équipages, mal nourris, mal payés, harassés de fatigue, agitaient sourdement des projets de révolte. Des symptômes d'indiscipline s'étaient plus spécialement révélés à bord de la *Constanzia*, commandée par le capitaine don Orteva, homme de fer, que rien ne faisait plier. Certaines avaries graves, tellement imprévues qu'on devait les attribuer à la malveillance, avaient arrêté le brick dans sa traversée. L'*Asia*, commandée par don Roque de Guzuarte, avait été forcée de relâcher avec lui. Une nuit, le compas s'était brisé on ne sait comment. Une autre, les haubans de misaine manquèrent comme s'ils avaient été coupés, et le mât tomba avec tout son gréement. Enfin, les drosses du gouvernail s'étaient rompues deux fois pendant une importante manœuvre.

L'île de Guajan dépend, comme toutes les Mariannes, de la capitainerie générale des îles Philippines. Les Espagnols, étant là chez eux, y purent donc promptement réparer leurs avaries.

Pendant ce séjour forcé à terre, don Orteva instruisit don Roque du relâchement de discipline qu'il avait remarqué à son bord, et les deux capitaines s'engagèrent à redoubler de vigilance et de sévérité.

Don Orteva eut à surveiller plus spécialement deux hommes de son équipage, le lieutenant Martinez et le gabier José.

Le lieutenant Martinez, ayant compromis sa dignité d'officier dans les conciliabules du gaillard d'avant, avait dû être plusieurs fois consigné, et, pendant ses arrêts, l'aspirant Pablo l'avait remplacé dans les fonctions de lieutenant de la *Constanzia.* Quant au gabier José, c'était un homme vil et méprisable, qui ne pesait les sentiments qu'au poids de l'or. Il se vit donc serré de près par l'honnête contremaître Jacopo, en qui don Orteva avait toute confiance.

L'aspirant Pablo était une de ces natures d'élite, franches et courageuses, auxquelles la générosité inspire de grandes choses. Orphelin, recueilli et élevé par le capitaine don Orteva, il sc fût fait tuer pour son bienfaiteur. Pendant ses longues conversations avec le contremaître Jacopo, il se laissait aller, emporté par l'ardeur de sa jeunesse et l'élan de son cœur, à parler de la tendresse filiale qu'il éprouvait pour don Orteva, et le brave Jacopo lui serrait vigoureusement la main, car il comprenait ce que l'aspirant disait si bien. Aussi, don Orteva avait-il là deux hommes dévoués, sur lesquels il pouvait compter absolument. Mais que pouvaient-ils tous trois contre les passions d'un équipage indiscipliné ? Pendant qu'ils s'employaient jour et nuit à triompher de l'esprit de discorde, Martinez, José et les autres matelots marchaient plus avant dans la révolte et la trahison.

La veille de l'appareillage, le lieutenant Martinez se trouvait à Guajan dans un cabaret de bas étage, avec quelques contremaîtres et une vingtaine de marins des deux navires.

« Camarades, disait Martinez, grâce aux avaries survenues si opportunément, le brick et le vaisseau ont dû relâcher aux Mariannes et j'ai pu venir ici m'entretenir secrètement avec vous !

— Bravo ! fit l'assemblée d'une seule voix.

— Parlez, lieutenant, dirent alors plusieurs matelots, et faites-nous connaître votre projet.

— Voici mon plan, répondit Martinez. Dès que nous nous serons emparés des deux navires, nous ferons route vers les côtes du Mexique. Vous savez que la nouvelle Confédération est dépourvue de marine. Elle achètera donc nos vaisseaux, les yeux fermés, et non seulement notre paie sera ainsi réglée, mais le surplus du prix de vente sera également partagé entre tous.

— C'est convenu !

— Et quel sera le signal pour agir avec ensemble à bord des deux bâtiments ? demanda le gabier José.

— Une fusée s'élancera de l'*Asia*, répondit Martinez. Ce sera le moment ! Nous sommes dix contre un, et les officiers du vaisseau et du brick seront faits prisonniers avant même d'avoir le temps de se reconnaître.

— Où sera donné ce signal ? demanda l'un des contremaîtres de la *Constanzia*.

— Dans quelques jours, lorsque nous serons arrivés à la hauteur de l'île Mindanao.

— Mais les Mexicains ne recevront-ils pas nos navires à coups de canon ? objecta le gabier José. Si je ne me trompe, la Confédération a rendu un décret qui met en surveillance tous les bâtiments espagnols, et au lieu d'or, c'est peut-être du fer et du plomb qu'on nous enverra par le travers !

— Sois tranquille, José ! Nous nous ferons reconnaître, et de loin, répliqua Martinez.

— Et comment ?

— En hissant à la corne de nos brigantines le pavillon du Mexique. »

Et, ce disant, le lieutenant Martinez déploya aux yeux des révoltés un pavillon vert, blanc et rouge.

Un morne silence accueillit l'apparition de cet emblème de l'indépendance mexicaine.

« Vous regrettez déjà le drapeau de l'Espagne ? s'écria le lieutenant d'un ton railleur. Eh bien ! que ceux qui éprouvent de tels regrets se séparent de nous et aillent virer, vent devant, sous les ordres du capitaine don Orteva ou du commandant don Roque ! Quant à nous, qui ne voulons plus leur obéir, nous saurons bien les réduire à l'impuissance !

— Oui ! oui ! s'écria toute l'assemblée d'une commune voix.

— Camarades ! reprit Martinez, nos officiers comptent, avec les vents alizés, voguer vers les îles de la Sonde ; mais nous leur montrerons qu'on peut, sans eux, courir des bordées contre les moussons de l'océan Pacifique ! »

Les marins qui assistaient à ce conciliabule secret se séparèrent alors, et, par divers côtés, ils revinrent à leurs bords respectifs.

Le lendemain, dès l'aube, l'*Asia* et la *Constanzia* levaient l'ancre, et, mettant le cap au sud-ouest, le vaisseau et le brick se dirigeaient à pleines voiles vers la Nouvelle-Hollande. Le lieutenant Martinez avait repris ses fonctions, mais, suivant les ordres du capitaine Orteva, il était surveillé de près.

Cependant, don Orteva était assailli de sinistres pressentiments. Il comprenait combien était imminente la chute de la marine espagnole, que l'insubordination conduisait à sa perte.

En outre, son patriotisme ne pouvait s'accoutumer aux revers successifs qui accablaient son pays, et auxquels la révolution des États mexicains avait mis le comble. Il s'entretenait quelquefois avec l'aspirant Pablo de ces graves questions, surtout en ce qui touchait à l'ancienne suprématie des flottes espagnoles sur toutes les mers.

« Mon enfant ! lui dit-il un jour, il n'y a plus de discipline chez nos marins. Les symptômes de révolte sont plus particulièrement visibles à mon bord, et il se peut – j'en ai le pressentiment – que quelque indigne trahison m'arrache la vie ! Mais tu me vengerais, n'est-ce pas, pour venger en même temps l'Espagne, qu'on veut atteindre en me frappant ?

— Je le jure, capitaine Orteva ! répondit Pablo.

— Ne te fais l'ennemi de personne sur ce brick, mais souviens-toi, le jour venu, mon enfant, qu'en ce temps de malheur, la meilleure façon de servir son pays, c'est de surveiller d'abord et de châtier s'il se peut les misérables qui veulent le trahir !

— Je vous promets de mourir, répondit l'aspirant, oui ! de mourir s'il le faut, pour punir les traîtres ! »

Il y avait trois jours que les navires avaient quitté les Mariannes. La *Constanzia* marchait grand largue par une jolie brise. Le brick gracieux, alerte, élancé, ras sur l'eau, sa mâture inclinée à l'arrière, bondissait sur les lames qui couvraient d'écume ses huit caronades de six.

« Douze nœuds, lieutenant, dit un soir l'aspirant Pablo à Martinez. Si nous continuons ainsi à toujours filer, vent sous vergue, la traversée ne sera pas longue !

— Dieu le veuille ! car nous avons assez pâti pour que nos souffrances aient enfin un terme. »

Le gabier José se trouvait en ce moment près du gaillard d'arrière, et il écoutait les paroles du lieutenant.

« Nous ne devons pas tarder à avoir une terre en vue, dit alors Martinez à voix haute.

— L'île de Mindanao, répondit l'aspirant. Nous sommes, en effet, par cent quarante degrés de longitude ouest et huit de latitude nord, et, si je ne me trompe, cette île est par...

— Cent quarante degrés trente-neuf minutes de longitude, et sept degrés de latitude », répliqua vivement Martinez.

José releva la tête, et, après avoir fait un imperceptible signe, il se dirigea vers le gaillard d'avant.

« Vous êtes du quart de minuit, Pablo ? demanda Martinez.

— Oui, lieutenant.

— Voilà six heures du soir, je ne vous retiens pas. »

Pablo se retira.

Martinez demeura seul sur la dunette et porta ses yeux vers l'*Asia*, qui naviguait sous le vent du brick. Le soir était magnifique et faisait présager une de ces belles nuits qui sont si fraîches et si calmes sous les tropiques.

Le lieutenant chercha dans l'ombre les hommes de quart. Il reconnut José et ceux des marins qu'il avait entretenus à l'île de Guajan.

Un instant, Martinez s'approcha de l'homme qui était au gouvernail. Il lui dit deux mots à voix basse, et ce fut tout.

Cependant, on aurait pu s'apercevoir que la barre avait été mise un peu plus au vent, si bien que le brick ne tarda pas à s'approcher sensiblement du vaisseau de ligne.

Contrairement aux habitudes du bord, Martinez se promenait sous le vent, afin de mieux observer l'*Asia.* Inquiet, tourmenté, il tordait dans sa main un porte-voix.

Soudain une détonation se fit entendre à bord du vaisseau.

À ce signal, Martinez sauta sur le banc de quart, et d'une voix forte :

« Tout le monde sur le pont ! cria-t-il. À carguer les basses voiles ! »

En ce moment, don Orteva, suivi de ses officiers, sortit de la dunette, et s'adressant au lieutenant :

« Pourquoi cette manœuvre ? »

Martinez, sans lui répondre, quitta le banc de quart et courut au gaillard d'avant.

« La barre dessous ! commanda-t-il. Aux bras de bâbord devant ! Brasse ! File l'écoute du grand foc ! »

En ce moment, des détonations nouvelles éclataient à bord de l'*Asia.*

L'équipage obéit aux ordres du lieutenant, et le brick, venant vivement au vent, s'arrêta immobile, en panne sous son petit hunier.

Don Orteva, se retournant alors vers les quelques hommes qui s'étaient rangés autour de lui :

« À moi, mes braves ! » s'écria-t-il.

Et s'avançant vers Martinez :

« Qu'on s'empare de cet officier ! dit-il.

— Mort au commandant ! » répondit Martinez.

Pablo et deux officiers mirent l'épée et le pistolet à la main.

Quelques matelots, Jacopo en tête, s'élancèrent pour les soutenir ; mais, arrêtés aussitôt par les mutins, ils furent désarmés et mis dans l'impuissance d'agir.

Les soldats de marine et l'équipage se rangèrent dans toute la largeur du navire et s'avancèrent contre leurs officiers. Les hommes fidèles, acculés à la dunette, n'avaient plus qu'un parti à prendre : c'était de s'élancer sur les rebelles.

Don Orteva dirigea le canon de son pistolet sur Martinez.

En ce moment, une fusée s'élança du bord de l'*Asia.*

« Vainqueurs ! » s'écria Martinez.

La balle de don Orteva alla se perdre dans l'espace.

Cette scène ne fut pas longue. Le capitaine attaqua le lieutenant corps à corps ; mais, bientôt accablé par le nombre et grièvement blessé, on se rendit maître de lui. Ses officiers, quelques instants après, eurent partagé son sort.

Des fanaux furent alors hissés dans les manœuvres du brick et répondirent à ceux de l'*Asia.* La révolte avait également éclaté et triomphé à bord du vaisseau.

Le lieutenant Martinez était maître de la *Constanzia*, et ses prisonniers furent jetés pêle-mêle dans la chambre du conseil.

Mais avec la vue du sang s'étaient ravivés les instincts féroces de l'équipage. Ce n'était pas assez d'avoir vaincu, il fallait tuer.

« Égorgeons-les ! s'écrièrent plusieurs de ces furieux. À mort ! Il n'y a qu'un homme mort qui ne parle pas ! »

Le lieutenant Martinez, à la tête de mutins sanguinaires, s'élança vers la chambre du conseil ; mais le reste de l'équipage s'opposa à ce massacre, et les officiers furent sauvés.

« Amenez don Orteva sur le pont », ordonna Martinez.

On obéit.

« Orteva, dit Martinez, je commande ces deux navires. Don Roque est mon prisonnier comme toi. Demain, nous vous abandonnerons tous les deux sur une côte déserte ; puis, nous ferons route vers les ports du Mexique, et ces navires seront vendus au Gouvernement républicain.

— Traître ! répondit don Orteva.

— Faites établir les basses voiles et orientez au plus près ! Qu'on attache cet homme sur la dunette. »

Il désignait don Orteva. On obéit.

« Les autres à fond de cale. Pare à virer vent devant. Envoyez ! Hardi ! camarades. »

La manœuvre fut promptement exécutée. Le capitaine don Orteva se trouva dès lors sous le vent du navire, masqué par la brigantine, et on l'entendait encore appeler son lieutenant « infâme » et « traître ! ».

Martinez, hors de lui, s'élança sur la dunette, une hache à la main. On l'empêcha d'arriver près du capitaine ; mais, d'un bras vigoureux, il coupa les écoutes de la brigantine. Le gui, violemment entraîné par le vent, heurta don Orteva et lui brisa le crâne.

Un cri d'horreur s'éleva du brick.

« Mort par accident ! dit le lieutenant Martinez. Jetez ce cadavre à la mer. »

Et on obéit toujours.

Les deux navires reprirent leur route au plus près, courant vers les plages mexicaines.

Le lendemain, on aperçut un îlot par le travers. Les embarcations de l'*Asia* et de la *Constanzia* furent mises à la mer, et les officiers, à l'exception de l'aspirant Pablo et du contremaître Jacopo, qui avaient fait acte de soumission au lieutenant Martinez, furent jetés sur cette île déserte. Mais, quelques jours plus tard, ils furent heureusement recueillis par un baleinier anglais et transportés à Manille.

D'où venait que Pablo et Jacopo avaient passé au camp des révoltés ? Il faut attendre pour les juger.

Quelques semaines après, les deux bâtiments mouillaient dans la baie de Monterey, au nord de la vieille Californie. Martinez fit savoir quelles étaient ses intentions au commandant militaire du port. Il offrait de livrer au Mexique, privé de marine, les deux navires espagnols avec leurs munitions, leur armement de guerre, et de mettre les équipages à la disposition de la Confédération. En retour, celle-ci devait leur payer tout ce qui leur était dû depuis le départ de l'Espagne.

À ces ouvertures, le gouverneur répondit en déclarant qu'il n'avait pas les pouvoirs suffisants pour traiter. Il engagea donc Martinez à se rendre à Mexico, où il pourrait aisément terminer lui-même cette affaire. Le lieutenant suivit ce conseil, et laissant l'*Asia* à Monterey, après un mois livré au plaisir, il reprit la mer avec la *Constanzia.* Pablo, Jacopo et José faisaient partie de l'équipage, et le brick, marchant grand largue, força de voiles pour atteindre au plus vite le port d'Acapulco.

II

D'ACAPULCO À CIGUALAN

Des quatre ports que le Mexique possède sur l'océan Pacifique, San Blas, Zacatula, Tehuantepec et Acapulco, ce dernier est celui qui offre le plus de ressources aux navires. La ville est mal construite et malsaine, il est vrai, mais la rade est sûre et pourrait aisément contenir cent vaisseaux. De hautes falaises abritent les bâtiments de toutes parts, et forment un bassin si paisible qu'un étranger, arrivant par terre, croirait voir un lac enfermé dans un circuit de montagnes.

Acapulco, à cette époque, était protégé par trois bastions qui le flanquaient sur la droite, tandis que le goulet était défendu par une batterie de sept pièces de canon, pouvant, au besoin, sous un angle droit, croiser ses feux avec ceux du fort Santo Diego. Celui-ci, pourvu de trente pièces d'artillerie, commandait la rade entière, et eût coulé immanquablement tout navire qui aurait tenté de forcer l'entrée du port.

La ville n'avait donc rien à craindre, et, pourtant, une panique générale l'avait saisie, trois mois après les événements ci-dessus racontés.

En effet, un navire venait d'être signalé au large. Très inquiets sur les intentions de ce bâtiment suspect, les habitants d'Acapulco ne laissaient pas d'être fort peu rassurés. C'est que la nouvelle Confédération craignait encore, non sans raison, le retour de la domination espagnole ! C'est que, nonobstant les traités de commerce signés avec la

Grande-Bretagne, et malgré l'arrivée du chargé d'affaires de Londres, qui avait reconnu la République, le Gouvernement mexicain n'avait pas un navire à sa disposition pour protéger ses côtes !

Quel qu'il fût, ce bâtiment ne pouvait être qu'un hardi aventurier, et les vents de nord-est, qui soufflent bruyamment dans ces parages depuis l'équinoxe d'automne jusqu'au printemps, devaient rudement prendre la mesure de ses ralingues ! Or, les habitants d'Acapulco ne savaient qu'imaginer et se préparaient à tout hasard à repousser une descente d'étrangers, quand ce bâtiment tant redouté déroula à sa corne le drapeau de l'indépendance mexicaine !

Arrivée à une demi-portée de canon du port, la *Constanzia*, dont le nom pouvait se lire visiblement alors au tableau de l'arrière, mouilla subitement. Ses voiles se relevèrent sur les vergues, et une embarcation déborda, qui eut bientôt accosté le port.

Le lieutenant Martinez, aussitôt débarqué, se rendit chez le gouverneur et le mit au fait des circonstances qui l'amenaient. Celui-ci approuva la résolution qu'avait prise le lieutenant de se rendre à Mexico pour obtenir du général Guadalupe Vittoria, président de la Confédération, la ratification du marché. Cette nouvelle fut à peine connue dans la ville que les transports de joie éclatèrent. Toute la population vint admirer le premier navire de la marine mexicaine, et vit, dans sa possession, avec une preuve de l'indiscipline espagnole, un moyen de s'opposer plus complètement encore à toute tentative nouvelle de ses anciens maîtres.

Martinez revint à son bord. Quelques heures après, le brick la *Constanzia* avait été affourché dans le port, et son équipage était hébergé chez les habitants d'Acapulco.

Seulement, lorsque Martinez fit l'appel de ses gens, Pablo et Jacopo avaient tous deux disparu.

Le Mexique est caractérisé entre toutes les contrées du globe par l'étendue et la hauteur du plateau qui en occupe le centre. La chaîne des Cordillères, sous le nom général d'Andes, traverse toute l'Amérique méridionale, sillonne le Guatemala, et, à son entrée dans le Mexique, se divise en deux branches qui accidentent parallèlement les deux côtés du territoire. Or, ces deux branches ne sont que les versants de l'immense plateau d'Anahuac, situé à deux mille cinq cents mètres au-dessus des mers voisines. Cette succession de plaines, beaucoup plus étendues et non moins uniformes que celles du Pérou et de la Nouvelle-Grenade, occupe environ les trois cinquièmes du pays. La Cordillère, en pénétrant dans l'ancienne intendance de Mexico, prend le nom de « Sierra Madre », et, à la hauteur des villes de San Miguel et de Guanaxato, après s'être divisée en trois branches, elle va se perdre jusqu'au cinquante-septième degré de latitude nord.

Entre le port d'Acapulco et la ville de Mexico, distants l'un de l'autre de quatre-vingts lieues, les mouvements de terrain sont moins brusques et les déclivités moins abruptes qu'entre Mexico et la Vera Cruz. Après avoir foulé le granit qui se montre dans les branches voisines du grand océan, et dans lequel est taillé le port d'Acapulco, le voyageur ne rencontre plus que ces roches porphyritiques, auxquelles l'industrie arrache le gypse, le basalte, le calcaire primitif, l'étain, le cuivre, le fer, l'argent et l'or. Or, précisément, la route d'Acapulco à Mexico offrait des points de vue, des systèmes de végétation tout particuliers, auxquels prenaient ou ne prenaient pas garde deux cavaliers qui chevauchaient l'un près de l'autre, quelques jours après l'arrivée au mouillage du brick la *Constanzia.*

C'étaient Martinez et José. Le gabier connaissait parfaitement cette route. Il avait tant de fois arpenté les montagnes de l'Anahuac ! Aussi le guide indien qui leur avait proposé ses services avait-il été refusé, et, montés sur d'excellents chevaux, les deux aventuriers se dirigeaient rapidement vers la capitale du Mexique.

Après deux heures d'un trot rapide qui les avait empêchés de causer, les cavaliers s'arrêtèrent.

« Au pas, lieutenant, fit José tout essoufflé. Santa Maria ! J'aimerais mieux chevaucher pendant deux heures sur le grand cacatois, pendant un coup de vent de nord-ouest !

— Hâtons-nous ! répondit Martinez. Tu connais bien la route, José, tu la connais bien ?

— Comme vous connaissez celle de Cadix à la Vera Cruz, et nous n'aurons ni les tempêtes du golfe, ni les barres de Taspan ou de Santander pour nous retarder !... Mais au pas !

— Plus vite, au contraire, reprenait Martinez, en éperonnant son cheval. Je redoute cette disparition de Pablo et de Jacopo ! Voudraient-ils profiter seuls du marché et nous voler notre part ?

— Par saint Jacques ! Il ne manquerait plus que cela ! répondit cyniquement le gabier. Voler des voleurs comme nous !

— Combien avons-nous de jours de marche à faire avant d'arriver à Mexico ?

— Quatre ou cinq, lieutenant ! Une promenade ! Mais au pas ! Vous voyez bien que le terrain monte sensiblement ! »

En effet, les premières ondulations des montagnes se faisaient sentir sur la longue plaine.

« Nos chevaux ne sont pas ferrés, reprit le gabier en s'arrêtant, et leur corne s'use vite sur ces rocs de granit ! Après tout, ne disons pas de mal du sol !... Il y a de l'or là-dessous, et, parce que nous marchons dessus, lieutenant, ça ne veut pas dire que nous le méprisons ! »

Les deux voyageurs étaient parvenus à une petite éminence, largement ombragée de palmiers à éventail, de nopals et de sauges mexicaines. À leurs pieds s'étalait une vaste plaine cultivée, et toute la luxuriante végétation des terres chaudes s'offrait à leurs yeux. Sur la gauche, une forêt d'acajous coupait le paysage. D'élégants poivriers balançaient leurs branches flexibles aux souffles brûlants de l'océan Pacifique. Des champs de cannes à sucre hérissaient la campagne. De magnifiques récoltes de coton agitaient sans bruit leurs panaches de soie grise. Çà et là poussaient le convolvulus ou jalap médicinal, et le piment coloré, avec les indigotiers, les cacaotiers, les bois de campêche et de gaïac. Tous les produits variés de la flore tropicale, dahlias, mentzelias, hélicantus, irisaient de leurs couleurs ce merveilleux terrain, qui est le plus fertile de l'intendance mexicaine.

Oui ! toute cette belle nature semblait s'animer sous les rayons brûlants que leur versait à flots le soleil ; mais aussi, sous cette insupportable chaleur, les malheureux habitants se tordaient dans les étreintes de la fièvre jaune ! C'est pourquoi ces campagnes, inanimées et désertes, demeuraient sans mouvement et sans bruit.

« Quel est ce cône qui s'élève devant nous à l'horizon ? demanda Martinez à José.

— Le cône de la Brea, et il est à peine plus élevé que la plaine ! » répondit dédaigneusement le gabier.

Ce cône était la première saillie importante de l'immense chaîne des Cordillères.

« Pressons le pas, dit Martinez, en prêchant d'exemple. Nos chevaux sont originaires des haciendas du Mexique septentrional, et, dans leurs courses à travers les savanes, ils sont habitués à ces inégalités de terrain. Profitons donc des pentes du chemin, et sortons de ces immenses solitudes, qui ne sont pas faites pour nous égayer !

— Est-ce que le lieutenant Martinez aurait des remords ? demanda José en haussant les épaules.

— Des remords !... non !... »

Martinez retomba dans un silence absolu, et tous deux marchèrent au trot rapide de leurs montures.

Ils atteignirent le cône de la Brea, qu'ils franchirent par des sentiers abrupts, le long de précipices qui n'étaient pas encore ces insondables abîmes de la Sierra Madre. Puis, le versant opposé descendu, les deux cavaliers s'arrêtèrent pour faire reposer leurs chevaux.

Le soleil allait disparaître à l'horizon, quand Martinez et son compagnon arrivèrent au village de Cigualan. Ce village ne comptait que quelques huttes habitées par de pauvres Indiens, de ceux qu'on appelle *mansos*, c'est-à-dire agriculteurs. Les indigènes sédentaires sont, en général, très paresseux, car ils n'ont qu'à ramasser les richesses que leur prodigue cette féconde terre. Aussi leur fainéantise les distingue-t-elle essentiellement et des Indiens jetés sur les plateaux supérieurs, que la nécessité a rendus industrieux, et de ces nomades du nord, qui, vivant de déprédations et de rapines, n'ont jamais de demeures fixes.

Les Espagnols ne reçurent dans ce village qu'une médiocre hospitalité. Les Indiens, les reconnaissant pour leurs anciens oppresseurs, se montrèrent peu disposés à leur être utiles.

D'ailleurs, avant eux, deux autres voyageurs venaient de traverser le village et avaient fait main basse sur le peu de nourriture disponible.

Le lieutenant et le gabier ne prirent pas garde à cette particularité, qui, d'ailleurs, n'avait rien de bien extraordinaire.

Martinez et José s'abritèrent donc sous une sorte de masure, et préparèrent pour leur repas une tête de mouton cuite à l'étuvée. Ils creusèrent un trou dans le sol, et, après l'avoir rempli de bois enflammé et de cailloux propres à conserver la chaleur, ils laissèrent se consumer les matières combustibles ; puis, sur les cendres brûlantes, ils déposèrent, sans aucune préparation, la viande entourée de feuilles aromatiques, et ils recouvrirent hermétiquement le tout de branchages et de terre pilée. Quelque temps après, leur dîner était à point, et ils le dévorèrent en hommes dont une longue route avait aiguisé l'appétit. Ce repas terminé, ils s'étendirent sur le sol, le poignard à la main. Puis, la fatigue l'emportant sur la dureté de la couche et la morsure incessante des maringouins, ils ne tardèrent pas à s'endormir.

Cependant, Martinez répéta plusieurs fois, dans un rêve agité, les noms de Jacopo et de Pablo, dont la disparition le préoccupait sans cesse.

III

DE CIGUALAN À TASCO

Le lendemain, les chevaux étaient sellés et bridés au point du jour. Les voyageurs, reprenant les sentiers demi frayés qui serpentaient devant eux, s'enfoncèrent dans l'est au-devant du soleil. Leur voyage s'annonçait sous de favorables auspices. Sans la marche taciturne du lieutenant, qui contrastait avec la bonne humeur du gabier, on les eût pris pour les plus honnêtes gens de la terre.

Le terrain montait de plus en plus. L'immense plateau de Chilpanzingo, où règne le plus beau climat du Mexique, ne tarda pas à se développer jusqu'aux limites extrêmes de l'horizon. Ce pays, qui appartient aux terres tempérées, est situé à quinze cents mètres au-dessus du niveau de la mer, et il ne connaît ni les chaleurs des terrains inférieurs, ni les froids des zones plus élevées. Mais, laissant cette oasis sur leur droite, les deux Espagnols arrivèrent au petit village de San Pedro, et, après trois heures d'arrêt, ils reprirent leur route en se dirigeant vers la petite ville de Tutela del Rio.

« Où coucherons-nous ce soir ? demanda Martinez.

— À Tasco ! répondit José. Une grande ville, lieutenant, auprès de ces bourgades !

— On y trouve une bonne auberge ?

— Oui, sous un beau ciel et dans un beau climat ! Là, le soleil est moins brûlant qu'au bord de la mer. Et c'est ainsi qu'en montant toujours, on arrive graduellement, mais sans trop s'en apercevoir, à geler sur les cimes du Popocatepetl.

— Quand franchirons-nous les montagnes, José ?

— Après-demain soir, lieutenant, et de leur sommet, bien loin, il est vrai, nous apercevrons le terme de notre voyage ! Une ville d'or que Mexico ! Savez-vous à quoi je pense, lieutenant ? »

Martinez ne répondit pas.

« Je me demande ce que peuvent être devenus les officiers du vaisseau et du brick que nous avons abandonnés sur l'îlot. »

Martinez tressaillit.

« Je ne sais !... répondit-il sourdement.

— J'aime à croire, continua José, que ces hautains personnages sont tous morts de faim ! Du reste, lorsque nous les avons débarqués, plusieurs sont tombés dans la mer, et il y a dans ces parages une espèce de requin, la tintorea, qui ne pardonne pas ! Santa Maria ! Si le capitaine don Orteva ressuscitait, ce serait le cas de nous cacher dans le ventre d'une baleine ! Mais sa tête s'est heureusement rencontrée à la hauteur du gui, et quand les écoutes ont si singulièrement cassé...

— Te tairas-tu ! » s'écria Martinez.

Le marin demeura bouche close.

« Voilà des scrupules bien placés ! » se dit intérieurement José.

« Pour lors, reprit-il à voix haute, à mon retour, je me fixerai dans ce charmant pays du Mexique ! On y court des bordées à travers les ananas et les bananes, et l'on échoue sur des écueils d'or et d'argent !

— C'est pour cela que tu as trahi ? demanda Martinez.

— Pourquoi pas, lieutenant ? Affaire de piastres !

— Ah !... fit Martinez avec dégoût.

— Et vous ? reprit José.

— Moi !... Affaire de hiérarchie ! Le lieutenant voulait surtout se venger du capitaine !

— Ah !... » fit José avec mépris.

Ces deux hommes se valaient, quels que fussent leurs mobiles.

« Chut !... dit Martinez, s'arrêtant court. Que vois-je là-bas ? »

José se dressa sur ses étriers.

« Il n'y a personne, répondit-il.

— J'ai vu un homme disparaître rapidement ! répéta Martinez.

— Imagination !

— Je l'ai vu ! reprit le lieutenant impatienté.

— Eh bien !... cherchez à votre aise... »

Et José continua sa route.

Martinez s'avança seul vers une touffe de ces mangliers, dont les branches, qui prennent racine dès qu'elles touchent le sol, forment des fourrés impénétrables.

Le lieutenant mit pied à terre. La solitude était complète.

Soudain, il aperçut une sorte de spirale remuer dans l'ombre. C'était un serpent de petite espèce, la tête écrasée sous un quartier de roche, et dont la partie postérieure du corps se tordait encore comme si elle eût été galvanisée.

« Il y avait quelqu'un ici ! » s'écria le lieutenant.

Martinez, superstitieux et coupable, regarda de toutes parts. Il se prit à frissonner.

« Qui ? qui ?... murmura-t-il.

— Eh bien ? demanda José, qui avait rejoint son compagnon.

— Ce n'est rien ! répondit Martinez. Marchons ! »

Les voyageurs côtoyèrent alors les rives de la Mexala, petit affluent du rio Balsas, dont ils remontèrent le cours. Bientôt quelques fumées trahirent la présence d'indigènes, et la petite ville de Tutela del Rio apparut. Mais les Espagnols, ayant hâte de gagner Tasco avant la nuit, la quittèrent, après quelques instants de repos.

Le chemin devenait très abrupt. Aussi le pas était-il l'allure la plus ordinaire de leurs montures. Çà et là, des forêts d'oliviers apparurent sur le flanc des monts. De notables différences se manifestaient alors dans le terrain, dans la température, dans la végétation.

Le soir ne tarda pas à tomber. Martinez suivait à quelques pas son guide José. Celui-ci ne s'orientait pas sans peine au milieu des ténèbres épaisses, et il cherchait les sentiers praticables, maugréant, tantôt contre une souche qui le faisait buter, tantôt contre une branche d'arbre qui lui fouettait la figure et menaçait d'éteindre l'excellent cigare qu'il fumait.

Le lieutenant laissait son cheval suivre celui de son compagnon. De vagues remords s'agitaient en lui, et il ne se rendait pas compte de l'obsession à laquelle il était en proie.

La nuit était tout à fait venue. Les voyageurs pressèrent le pas. Ils traversèrent sans s'arrêter les petits villages de Contepec et d'Iguala, et ils arrivèrent à la ville de Tasco.

José avait dit vrai. C'était une grande cité auprès des minces bourgades qu'ils avaient laissées en arrière. Une sorte d'auberge s'ouvrait sur la plus large rue. Après avoir remis leurs chevaux à un valet d'écurie, ils entrèrent dans la salle principale, où se dressait une longue et étroite table toute servie.

Les Espagnols y prirent place l'un vis-à-vis de l'autre, et entamèrent un repas qui eût été succulent pour des palais indigènes, mais que la faim seule pouvait rendre supportable à des palais européens. C'étaient des débris de poulets nageant dans une sauce au piment vert, des portions de riz accommodé de piment rouge et de safran, de vieilles volailles farcies d'olives, de raisins secs, d'arachides et d'oignons, de courges sucrées, des carbanzos et des pourpiers, le tout accompagné de « tortillas », sorte de galettes de maïs cuites sur une plaque de fer. Puis on servit à boire, après le repas.

Quoi qu'il en soit, à défaut du goût, la faim fut satisfaite, et la fatigue ne tarda pas à endormir Martinez et José jusqu'à une heure avancée du jour.

IV

DE TASCO À CUERNAVACA

Le lieutenant fut le premier éveillé.

« José, en route ! » dit-il.

Le gabier étendit les bras.

« Quel chemin prenons-nous ? demanda Martinez.

— Ma foi, j'en connais deux, lieutenant.

— Lesquels ?

— L'un qui passe par Zacualican, Tenancingo et Toluca. De Toluca à Mexico, la route est belle, car on a déjà escaladé la Sierra Madre.

— Et l'autre ?

— L'autre nous écarte un peu dans l'est, mais aussi, nous arrivons près des belles montagnes du Popocatepetl et de l'Icctacihualt. C'est la route la plus sûre, car c'est la moins fréquentée. Belle promenade d'une quinzaine de lieues sur une pente inclinée !

— Va pour le chemin le plus long, et en route ! dit Martinez. Où coucherons-nous ce soir ?

— Mais, en filant douze nœuds, à Cuernavaca », répondit le gabier.

Les deux Espagnols se rendirent à l'écurie, firent seller leurs chevaux, et remplirent leurs « mochillas », sorte de poches qui font partie du harnachement, de galettes de maïs, de grenades et de viandes séchées, car dans les montagnes ils couraient risque de ne pas trouver une nourriture suffisante. La dépense payée, ils enfourchèrent leurs bêtes et appuyèrent sur la droite.

Pour la première fois, ils aperçurent le chêne, arbre de bon augure, au pied duquel s'arrêtent les émanations malsaines des plateaux inférieurs. Dans ces plaines situées à quinze cents mètres au-dessus du niveau de la mer, les productions importées depuis la conquête se mêlaient à la végétation indigène. Des champs de blé s'étalaient dans cette fertile oasis, où poussent toutes les céréales européennes. Les arbres d'Asie et de France y entremêlaient leurs feuillages. Les fleurs de l'Orient émaillaient les tapis de verdure, unies aux violettes, aux bluets, à la verveine, à la pâquerette des zones tempérées. Quelques grimaçants arbustes résineux venaient accidenter çà et là le paysage, et l'odorat était parfumé des douces émanations de la vanille, que protégeait l'ombre des amyris et des liquidembars. Aussi les deux aventuriers se sentaient-ils à l'aise sous cette température moyenne de vingt à vingt-deux degrés, commune aux zones de Xalapa et de Chilpanzingo, que l'on a comprises sous la dénomination de « terres tempérées ».

Cependant, Martinez et son compagnon s'élevaient de plus en plus sur le plateau de l'Anahuac, et franchissaient les immenses barrières qui forment la plaine de Mexico.

« Ah ! s'écria José, voici le premier des trois torrents que nous devons traverser ! »

En effet, une rivière, profondément encaissée, se creusait devant les pas des voyageurs.

« À mon dernier voyage, ce torrent était à sec, dit José. Suivez-moi, lieutenant. »

Tous deux descendirent par une pente assez douce taillée dans le rocher même, et ils arrivèrent à un gué qui était aisément praticable.

« Et d'un ! fit José.

— Les autres sont-ils également franchissables ? demanda le lieutenant.

— Également, répondit José. Quand la saison des pluies grossit ces torrents, ils se jettent dans la petite rivière d'Ixtolucca que nous retrouverons dans les grandes montagnes.

— Nous n'avons rien à craindre dans ces solitudes ?

— Rien, si ce n'est le poignard mexicain !

— C'est vrai, répondit Martinez. Ces Indiens des pays élevés sont fidèles au poignard par tradition.

— Aussi, reprit le gabier en riant, que de mots pour désigner leur arme favorite : *estoque, verdugo, puna, anchillo, beldoque, navaja* ! Le nom leur vient aussi vite à la bouche que le poignard à la main ! Eh bien ! tant mieux, Santa Maria ! Au moins nous n'aurons pas à craindre les balles invisibles des longues carabines ! Je ne sais rien de plus vexant que d'ignorer quel est le coquin qui vous tue !

— Quels sont les Indiens qui habitent dans ces montagnes ? demanda Martinez.

— Eh ! lieutenant, qui peut compter les différentes races qui se multiplient dans cet Eldorado du Mexique ! Voyez plutôt tous ces croisements que j'ai soigneusement étudiés, avec l'intention de contracter un jour quelque mariage avantageux ! On y trouve le mestisa, né d'un Espagnol et d'une Indienne ; le castisa, né d'une femme métisse et d'un Espagnol ; le mulâtre, né d'une Espagnole et d'un nègre ; le monisque, né d'une mulâtresse et d'un Espagnol ; l'albino, né d'une monisque et d'un Espagnol ; le tornatras, né d'un albino et d'une Espagnole ; le tintinclaire, né d'un tornatras et d'une Espagnole ; le lovo, né d'une Indienne et d'un nègre ; le caribujo, né d'une Indienne et d'un lovo ; le barsino, né d'un coyote et d'une mulâtresse ; le grifo, né d'une négresse et d'un lovo ; l'albarazado, né d'un coyote et d'une Indienne ; le chanisa, né d'une métisse et d'un Indien ; le mechino, né d'une lova et d'un coyote ! »

José disait vrai, et la pureté des races, fort problématique dans ces contrées, rend fort incertaines les études anthropologiques. Mais, en dépit des savantes conversations du gabier, Martinez retombait sans cesse dans sa taciturnité première. Il s'écartait même volontiers de son compagnon, dont la présence semblait lui peser.

Deux autres torrents vinrent bientôt couper la route. Là, le lieutenant demeura désappointé en voyant leur lit à sec, car il comptait y faire désaltérer son cheval.

« Nous voici comme en calme plat, sans vivres et sans eau, lieutenant, dit José. Bah ! Suivez-moi ! Cherchons entre ces chênes et ces ormes un arbre qu'on appelle l'"ahuehuelt", et qui remplace avantageusement les bouchons de paille dont on décore les auberges. Sous son ombre, on rencontre toujours une source jaillissante, et, si ce n'est que de l'eau, ma foi, je vous dirai que l'eau, c'est le vin du désert ! »

Les cavaliers tournèrent le massif, et bientôt ils eurent trouvé l'arbre en question. Mais la fontaine promise était tarie, et on voyait même qu'elle l'avait été récemment.

« C'est singulier, dit José.

— N'est-ce pas que c'est singulier ! fit Martinez en pâlissant. En route, en route ! »

Les voyageurs n'échangèrent plus un mot jusqu'à la bourgade de Cacahuimilchan. Là, ils délestèrent un peu lcurs mochillas. Puis, ils sc dirigèrcnt vcrs Cucrnavaca cn s'enfonçant dans l'est.

Le pays se présentait alors sous un aspect extrêmement abrupt, et faisait pressentir les pics gigantesques dont les cimes basaltiques arrêtent les nuages venus du grand océan. Au détour d'un large rocher apparut le fort de Cochicalcho, bâti par les anciens Mexicains, et dont le plateau a neuf mille mètres carrés. Les voyageurs se dirigèrent vers le cône immense qui en forme la base et que couronnent des rochers oscillants et des ruines grimaçantes.

Après avoir mis pied à terre et attaché leurs chevaux au tronc d'un orme, Martinez et José, désireux de vérifier la direction de la route, grimpèrent au sommet du cône à l'aide des aspérités du terrain.

La nuit tombait, et, revêtant les objets de contours indécis, leur prêtait des formes fantastiques. Le vieux fort ne ressemblait pas mal à un énorme bison accroupi, la tête immobile, et le regard inquiet de Martinez croyait voir des ombres s'agiter sur le corps du monstrueux animal. Il se tut néanmoins pour ne pas donner prise aux railleries de l'incrédule José. Celui-ci s'aventurait lentement à travers les sentiers de la montagne, et, quand il avait disparu derrière quelque anfractuosité, il guidait son compagnon au bruit de ses « saint Jacques ! » et de ses « Santa Maria ! ».

Tout à coup, un énorme oiseau de nuit, jetant un cri rauque, s'éleva pesamment sur ses larges ailes.

Martinez s'arrêta court.

Un énorme quartier de roche oscillait visiblement sur sa base à trente pieds au-dessus de lui. Soudain, ce bloc se détacha, et, brisant tout sur son passage avec la rapidité et le bruit de la foudre, il alla s'engouffrer dans l'abîme.

« Santa Maria ! s'écria le gabier. Ohé ! lieutenant ?

— José ?

— Par ici ! »

Les deux Espagnols se rejoignirent.

« Quelle avalanche ! Descendons », dit le gabier.

Martinez le suivit sans mot dire, et tous deux eurent bientôt regagné le plateau inférieur.

Là, un large sillon marquait le passage du rocher.

« Santa Maria ! s'écria José. Voici que nos chevaux ont disparu, écrasés, morts !

— Vrai Dieu ? fit Martinez.

— Voyez ! »

L'arbre auquel les deux animaux étaient attachés, en effet, avait été emporté avec eux.

« Si nous avions été dessus !... » reprit philosophiquement le gabier.

Martinez était en proie à un violent sentiment de terreur.

« Le serpent, la fontaine, l'avalanche ! » murmura-t-il.

Soudain, les yeux hagards, il s'élança sur José.

« Est-ce que tu ne viens pas de parler du capitaine don Orteva ? » s'écria-t-il, les lèvres contractées par la colère.

José recula.

« Ah ! pas de folie, lieutenant ! Un dernier coup de chapeau à nos bêtes, et en route ! Il ne fait pas bon demeurer ici, quand la vieille montagne secoue sa crinière ! »

Les deux Espagnols arpentèrent alors le chemin sans mot dire, et, dans le milieu de la nuit, ils arrivèrent à Cuernavaca ; mais il leur fut impossible de se procurer des chevaux, et le lendemain matin, ce fut à pied qu'ils se dirigèrent vers la montagne du Popocatepetl.

V

DE CUERNAVACA AU POPOCATEPETL

La température était froide et la végétation nulle. Ces hauteurs inaccessibles appartiennent aux zones glaciales, appelées « terres froides ». Déjà les sapins des régions brumeuses montraient leurs sèches silhouettes entre les derniers chênes de ces climats élevés, et les sources étaient de plus en plus rares dans ces terrains composés en grande partie de trachytes fendillés et d'amygdaloïdes poreuses.

Depuis six grandes heures, le lieutenant et son compagnon se traînaient péniblement, déchirant leurs mains aux vives arêtes du roc et leurs pieds aux cailloux aigus de la route. Bientôt la fatigue les força de s'asseoir. José s'occupa de préparer quelque nourriture.

« Satanée idée, de n'avoir pas pris le chemin ordinaire ! » murmurait-il.

Tous deux espéraient trouver à Aracopistla, village entièrement perdu dans les montagnes, quelque moyen de transport pour terminer leur voyage ; mais quelle fut leur déception de n'y rencontrer que le même dénuement, le manque absolu de tout et la même inhospitalité qu'à Cuernavaca ! Il fallait arriver pourtant.

Alors se dressait devant eux l'immense cône du Popocatepetl, d'une telle altitude que l'œil s'égarait dans les nuages en cherchant le sommet de la montagne. La route était d'une aridité désespérante. De toutes parts, d'insondables précipices se creusaient entre les saillies de terrain, et les sentiers vertigineux semblaient osciller sous les pas des voyageurs. Pour reconnaître le chemin, il leur fallut gravir une partie de cette montagne, haute de cinq mille quatre cents mètres, qui, appelée la « Roche fumante » par les Indiens, porte encore la trace de récentes explosions volcaniques. De sombres crevasses lézardaient ses flancs abrupts. Depuis le dernier voyage du gabier José, de nouveaux cataclysmes avaient bouleversé ces solitudes, qu'il ne pouvait reconnaître. Aussi se perdait-il au milieu des sentiers impraticables, et s'arrêtait-il parfois en prêtant l'oreille, car de sourdes rumeurs couraient çà et là à travers les fentes de l'énorme cône.

Déjà le soleil déclinait sensiblement. De gros nuages, écrasés contre le ciel, rendaient l'atmosphère plus obscure. Il y avait menace de pluie et d'orage, phénomènes fréquents dans ces contrées où l'élévation du terrain accélère l'évaporation de l'eau. Toute espèce de végétation avait disparu sur ces rochers, dont la cime se perd sous les neiges éternelles.

« Je n'en puis plus ! dit enfin José, tombant de fatigue.

— Marchons toujours ! » répondit le lieutenant Martinez avec une fiévreuse impatience.

Quelques coups de tonnerre résonnèrent bientôt dans les crevasses du Popocatepetl.

« Que le diable me confonde, si je me retrouve parmi ces sentiers perdus ! s'écria José.

— Relève-toi, et marchons ! » répondit brusquement Martinez.

Il força José de reprendre route en trébuchant.

« Et pas un être humain pour nous guider ! murmurait le gabier.

— Tant mieux ! dit le lieutenant.

— Vous ne savez donc pas que, chaque année, il se commet un millier de meurtres à Mexico, et que les environs n'en sont pas sûrs !

— Tant mieux ! » dit Martinez.

De larges gouttes de pluie étincelaient çà et là sur les quartiers de roche, éclairés des dernières lueurs du ciel.

« Les pics qui nous environnent une fois franchis, que verrons-nous ? demanda le lieutenant.

— Mexico à gauche, Puebla à droite, répondit José, si nous voyons quelque chose ! Mais nous ne distinguerons rien ! Il fait trop noir !... Devant nous sera la montagne d'Icctacihualt, et, dans le ravin, la bonne route ! Mais du diable si nous y parviendrons !

— Marchons ! »

José disait vrai. Le plateau de Mexico est enfermé dans un immense carré de montagnes. C'est un vaste bassin ovale de dix-huit lieues de long, de douze de large et de soixante-sept de circonférence, entouré de hautes saillies, parmi lesquelles se distinguent, au sud-ouest, le Popocatepetl et l'Icctacihualt. Une fois arrivé au sommet de ces barrières, le voyageur n'éprouve plus aucune difficulté pour descendre dans le plateau d'Anahuac, et, en se prolongeant dans le nord, la route est belle jusqu'à Mexico. À travers de longues avenues d'ormes et de peupliers, on admire les cyprès plantés par les rois de la dynastie astèque, et les schinus, semblables aux saules pleureurs de l'Occident. Çà et là, les champs labourés et les jardins en fleurs étalent leurs récoltes, tandis que pommiers, grenadiers et cerisiers respirent à l'aise sous ce ciel bleu foncé, que fait l'air sec et raréfié des hauteurs terrestres.

Les éclats de tonnerre se répétaient alors avec une extrême violence dans la montagne. La pluie et le vent, qui se taisaient parfois, rendaient les échos plus sonores.

José jurait à chaque pas. Le lieutenant Martinez, pâle et silencieux, jetait de mauvais regards sur son compagnon, qui se dressait devant lui comme un complice qu'il eût voulu faire disparaître !

Soudain un éclair illumina l'obscurité ! Le gabier et le lieutenant étaient sur le bord d'un abîme !...

Martinez marcha vivement à José. Il lui mit la main sur l'épaule, et, après les derniers roulements du tonnerre, il lui dit :

« José !... j'ai peur !...

— Peur de l'orage ?

— Je ne crains pas la tempête du ciel, José, mais j'ai peur de l'orage qui se déchaîne en moi !...

— Ah ! vous pensez encore à don Orteva !... Allons, lieutenant, vous me faites rire ! » répondit José, qui ne riait pas, car Martinez avait les yeux hagards, en le regardant.

Un formidable coup de tonnerre retentit.

« Tais-toi, José, tais-toi ! s'écria Martinez, qui ne semblait plus être maître de lui.

— La nuit est bien choisie pour me sermonner ! reprit le gabier. Si vous avez peur, lieutenant, bouchez-vous les yeux et les oreilles !

— Il me semble, s'écria Martinez, que je vois le capitaine... don Orteva... la tête brisée !... là... là... »

Une ombre noire, illuminée d'un éclair blanchâtre, se dressa à vingt pas du lieutenant et de son compagnon.

Au même instant, José vit près de lui Martinez, pâle, défait, sinistre, le bras armé d'un poignard !

« Qu'est-ce que c'est ?... » s'écria-t-il.

Un éclair les enveloppa tous deux.

« À moi ! » cria José...

Il n'y avait plus qu'un cadavre à cette place. Nouveau Caïn, Martinez fuyait au milieu de la tempête, son arme ensanglantée à la main.

Quelques instants après, deux hommes se penchaient sur le cadavre du gabier, disant :

« Et d'un ! »

Martinez errait comme un fou à travers ces sombres solitudes. Il courait, tête nue, sous la pluie qui tombait à flots.

« À moi ! à moi » hurlait-il en trébuchant sur les roches glissantes.

Soudain, un bouillonnement profond se fit entendre.

Martinez regarda et il entendit le fracas d'un torrent.

C'était la petite rivière d'Ixtolucca qui se précipitait à cinq cents pieds au-dessous de lui.

À quelques pas, sur le torrent même, était jeté un pont formé de cordes d'agave. Retenu aux deux rives par quelques pieux enfoncés dans le roc, ce pont oscillait au vent comme un fil tendu dans l'espace.

Martinez, se cramponnant aux lianes, s'avança en rampant sur le pont. À force d'énergie, il parvint à la rive opposée...

Là, une ombre se dressa devant lui.

Martinez recula sans mot dire et se rapprocha de la rive qu'il venait de quitter.

Là, aussi, une autre forme humaine lui apparut.

Martinez revint, à genoux, au milieu du pont, les mains crispées par le désespoir !

« Martinez, je suis Pablo ! dit une voix.

— Martinez, je suis Jacopo ! dit une autre voix.

— Tu as trahi !... tu vas mourir !

— Tu as tué !... tu vas mourir ! »

Deux coups secs se firent entendre. Les pieux, qui retenaient les deux extrémités du pont, tombèrent sous la hache...

Un horrible rugissement éclata, et Martinez, les mains étendues, fut précipité dans l'abîme.

. . . .

Une lieue au-dessous, l'aspirant et le contremaître se rejoignaient, après avoir passé à gué la rivière d'Ixtolucca.

« J'ai vengé don Orteva ! dit Jacopo.

— Et moi, répondit Pablo, j'ai vengé l'Espagne ! »

Ainsi naquit la marine de la Confédération mexicaine. Les deux navires espagnols, livrés par les traîtres, restèrent à la nouvelle république, et ils devinrent le noyau de la petite flotte qui disputait naguère le Texas et la Californie aux vaisseaux des États-Unis d'Amérique.

FIN DE « UN DRAME AU MEXIQUE »

UN DRAME DANS LES AIRS

Cette nouvelle a été publiée en août 1851 dans *Le Musée des familles* sous le titre : *La Science en famille. Un voyage en ballon.*

Elle a été reprise en 1874 dans le recueil *Le Docteur Ox* sous le titre : *Un drame dans les airs*. Le texte en a été légèrement modifié. C'est ce texte que nous donnons ici.

C'est encore à son père que Jules Verne s'adresse, dans une lettre du 28 juin 1851, simplement pour mentionner : « J'ai corrigé deux épreuves d'articles du *Musée des familles* ! [...] Ce mois-ci ou l'autre, le premier article paraîtra ; il est intitulé : *Les Premiers Navires de la marine mexicaine*, le second s'appelle : *Un voyage en ballon.* »

Cette deuxième nouvelle est intéressante à plus d'un titre. Elle annonce, d'une façon modeste certes, le dessein que Jules Verne vient d'exposer à son ami Alexandre Dumas : faire *Le Roman de la science* tout au long d'une féconde série. Projet que le grand Dumas – on s'en doute – approuve avec enthousiasme. N'est-il pas plongé lui-même dans une grandiose histoire de l'humanité à travers le roman *Isaac Laquedem* qui paraîtra l'année suivante et qui n'aura pas de suite, sans doute pour cause de censure impériale ?

Mais le projet lui-même, l'aérostation, n'est pas indifférent : il annonce, avec dix ans d'avance, le premier des « Voyages extraordinaires », *Cinq Semaines en ballon*, paru en 1863 avec le succès que l'on sait.

Nul doute que, là aussi, l'influence de Jacques Arago a été déterminante (Jules Verne n'a pas encore rencontré Nadar). Nul doute aussi que le jeune écrivain s'est plongé dans l'historique du voyage en ballon, qui commence en 1709 par la première ascension, continue en 1783 par le premier vol captif et culmine le 21 novembre de la même année par le premier vol humain : Pilâtre de Rozier et le marquis d'Arlandes partent du château de la Muette et atteignent la Butte-aux-Cailles. Durée : vingt-sept minutes !

UN DRAME DANS LES AIRS

Au mois de septembre 185., j'arrivais à Francfort-sur-le-Main. Mon passage dans les principales villes d'Allemagne avait été brillamment marqué par des ascensions aérostatiques ; mais, jusqu'à ce jour, aucun habitant de la Confédération ne m'avait accompagné dans ma nacelle, et les belles expériences faites à Paris par MM. Green, Eugène Godard et Poitevin n'avaient encore pu décider les graves Allemands à tenter les routes aériennes.

Cependant, à peine se fut répandue à Francfort la nouvelle de mon ascension prochaine, que trois notables demandèrent la faveur de partir avec moi. Deux jours après, nous devions nous enlever de la place de la Comédie. Je m'occupai donc immédiatement de préparer mon ballon. Il était en soie préparée à la gutta-percha, substance inattaquable aux acides et aux gaz, qui est d'une imperméabilité absolue, et son volume – trois mille mètres cubes – lui permettait de s'élever aux plus grandes hauteurs.

Le jour de l'enlèvement était celui de la grande foire de septembre, qui attire tant de monde à Francfort. Le gaz d'éclairage, d'une qualité parfaite et d'une grande force ascensionnelle, m'avait été fourni dans des conditions excellentes, et, vers onze heures du matin, le ballon était rempli, mais seulement aux trois quarts, précaution indispensable, car, à mesure qu'on s'élève, les couches atmosphériques diminuent de densité, et le fluide, enfermé sous les bandes de l'aérostat, acquérant plus d'élasticité, en pourrait faire éclater les parois. Mes calculs m'avaient exactement fourni la quantité de gaz nécessaire pour emporter mes compagnons et moi.

Nous devions partir à midi. C'était un coup d'œil magnifique que le spectacle de cette foule impatiente qui se pressait autour de l'enceinte réservée, inondait la place entière, se dégorgeait dans les rues environnantes, et tapissait les maisons de la place du rez-de-chaussée aux pignons d'ardoises. Les grands vents des jours passés avaient fait silence. Une chaleur accablante tombait du ciel sans nuages. Pas un souffle n'animait l'atmosphère. Par un temps pareil, on pouvait redescendre à l'endroit même qu'on avait quitté.

J'emportais trois cents livres de lest, réparties dans des sacs ; la nacelle, entièrement ronde, de quatre pieds de diamètre sur trois de profondeur, était commodément installée ; le filet de chanvre qui la soutenait s'étendait symétriquement sur l'hémisphère supérieur de l'aérostat ; la boussole était en place, le baromètre suspendu au cercle qui réunissait les cordages de support, et l'ancre soigneusement parée. Nous pouvions partir.

Parmi les personnes qui se pressaient autour de l'enceinte, je remarquai un jeune homme à la figure pâle, aux traits agités. Sa vue me frappa. C'était un spectateur assidu de mes ascensions, que j'avais déjà rencontré dans plusieurs villes d'Allemagne. D'un air inquiet, il contemplait avidement la curieuse machine qui demeurait immobile à quelques pieds du sol, et il restait silencieux entre tous ses voisins.

Midi sonna. C'était l'instant. Mes compagnons de voyage ne paraissaient pas.

J'envoyai au domicile de chacun d'eux, et j'appris que l'un était parti pour Hambourg, l'autre pour Vienne et le troisième pour Londres. Le cœur leur avait failli au moment d'entreprendre une de ces excursions qui, grâce à l'habileté des aéronautes actuels, sont dépourvues de tout danger. Comme ils faisaient, en quelque sorte, partie du programme de la fête, la crainte les avait pris qu'on ne les obligeât à l'exécuter fidèlement, et ils avaient fui loin du théâtre à l'instant où la toile se levait. Leur courage était évidemment en raison inverse du carré de leur vitesse... à déguerpir.

La foule, à demi déçue, témoigna beaucoup de mauvaise humeur. Je n'hésitai pas à partir seul. Afin de rétablir l'équilibre entre la pesanteur spécifique du ballon et le poids qui aurait dû être enlevé, je remplaçai mes compagnons par de nouveaux sacs de sable, et je montai dans la nacelle. Les douze hommes qui retenaient l'aérostat par douze cordes fixées au cercle équatorial les laissèrent un peu filer entre leurs doigts, et le ballon fut soulevé à quelques pieds du sol. Il n'y avait pas un souffle de vent, et l'atmosphère, d'une pesanteur de plomb, semblait infranchissable.

« Tout est-il paré ? » criai-je.

Les hommes se disposèrent. Un dernier coup d'œil m'apprit que je pouvais partir.

« Attention ! »

Il se fit quelque remuement dans la foule, qui me parut envahir l'enceinte réservée.

« Lâchez tout ! »

Le ballon s'éleva lentement, mais j'éprouvai une commotion qui me renversa au fond de la nacelle.

Quand je me relevai, je me trouvai face à face avec un voyageur imprévu, le jeune homme pâle.

« Monsieur, je vous salue bien ! me dit-il avec le plus grand flegme.

— De quel droit... ?

— Suis-je ici ?... Du droit que me donne l'impossibilité où vous êtes de me renvoyer ! »

J'étais abasourdi ! Cet aplomb me décontenançait, et je n'avais rien à répondre.

Je regardais cet intrus, mais il ne prenait aucune garde à mon étonnement.

« Mon poids dérange votre équilibre, monsieur ? dit-il. Vous permettez... »

Et, sans attendre mon assentiment, il délesta le ballon de deux sacs qu'il jeta dans l'espace.

« Monsieur, dis-je alors en prenant le seul parti possible, vous êtes venu... bien ! vous resterez... bien !... mais à moi seul appartient la conduite de l'aérostat...

— Monsieur, répondit-il, votre urbanité est toute française. Elle est du même pays que moi ! Je vous serre moralement la main que vous me refusez. Prenez vos mesures et agissez comme bon vous semble ! J'attendrai que vous ayez terminé...

— Pour... ?

— Pour causer avec vous. »

Le baromètre était tombé à vingt-six pouces. Nous étions à peu près à six cents mètres de hauteur, au-dessus de la ville ; mais rien ne trahissait le déplacement horizontal du ballon, car c'est la masse d'air dans laquelle il est enfermé qui marche avec lui. Une sorte de chaleur trouble baignait les objets étalés sous nos pieds et prêtait à leurs contours une indécision regrettable.

J'examinai de nouveau mon compagnon.

C'était un homme d'une trentaine d'années, simplement vêtu. La rude arête de ses traits dévoilait une énergie indomptable, et il paraissait fort musculeux. Tout entier à l'étonnement que lui procurait cette ascension silencieuse, il demeurait immobile, cherchant à distinguer les objets qui se confondaient dans un vague ensemble.

« Fâcheuse brume ! » dit-il au bout de quelques instants.

Je ne répondis pas.

« Vous m'en voulez ! reprit-il. Bah ! Je ne pouvais payer mon voyage, il fallait bien monter par surprise.

— Personne ne vous prie de descendre, monsieur !

— Eh ! ne savez-vous donc pas que pareille chose est arrivée aux comtes de Laurencin et de Dampierre, lorsqu'ils s'élevèrent à Lyon, le 15 janvier 1784 ? Un jeune négociant, nommé Fontaine, escalada la galerie, au risque de faire chavirer la machine !... Il accomplit le voyage, et personne n'en mourut !

— Une fois à terre, nous nous expliquerons, répondis-je, piqué du ton léger avec lequel il me parlait.

— Bah ! ne songeons pas au retour !

— Croyez-vous donc que je tarderai à descendre ?

— Descendre ! dit-il avec surprise. Descendre !

Commençons par monter d'abord. »

Et avant que je pusse l'empêcher, deux sacs de sable avaient été jetés par-dessus la nacelle, sans même avoir été vidés !

« Monsieur ! m'écriai-je avec colère.

— Je connais votre habileté, répondit posément l'inconnu, et vos belles ascensions ont fait du bruit. Mais si l'expérience est sœur de la pratique, elle est quelque peu cousine de la théorie, et j'ai fait de longues études sur l'art aérostatique. Cela m'a porté au cerveau ! » ajouta-t-il tristement en tombant dans une muette contemplation.

Le ballon, après s'être élevé de nouveau, était demeuré stationnaire.

L'inconnu consulta le baromètre et dit :

« Nous voici à huit cents mètres ! Les hommes ressemblent à des insectes. Voyez ! Je crois que c'est de cette hauteur qu'il faut toujours les considérer, pour juger sainement de leurs proportions ! La place de la Comédie est transformée en une immense fourmilière. Regardez la foule qui s'entasse sur les quais et le Zeil qui diminue. Nous sommes au-dessus de l'église du Dom. Le Main n'est déjà plus qu'une ligne blanchâtre qui coupe la ville, et ce pont, le Main-Brucke, semble un fil jeté entre les deux rives du fleuve. »

L'atmosphère s'était un peu refroidie.

« Il n'est rien que je ne fasse pour vous, mon hôte, me dit mon compagnon. Si vous avez froid, j'ôterai mes habits et je vous les prêterai.

— Merci ! répondis-je sèchement.

— Bah ! Nécessité fait loi. Donnez-moi la main, je suis votre compatriote, vous vous instruirez dans ma compagnie, et ma conversation vous dédommagera de l'ennui que je vous ai causé ! »

Je m'assis, sans répondre, à l'extrémité opposée de la nacelle. Le jeune homme avait tiré de sa houppelande un volumineux cahier. C'était un travail sur l'aérostation.

« Je possède, dit-il, la plus curieuse collection de gravures et caricatures qui ont été faites à propos de nos manies aériennes. A-t-on admiré et bafoué à la fois cette précieuse découverte ! Nous n'en sommes heureusement plus à l'époque où les Montgolfier cherchaient à faire des nuages factices avec de la vapeur d'eau, et à fabriquer un gaz affectant des propriétés électriques, qu'ils produisaient par la combustion de la paille mouillée et de la laine hachée.

— Voulez-vous donc diminuer le mérite des inventeurs ? répondis-je, car j'avais pris mon parti de l'aventure. N'était-ce pas beau d'avoir prouvé par l'expérience la possibilité de s'élever dans les airs ?

— Eh ! monsieur, qui nie la gloire des premiers navigateurs aériens ? Il fallait un courage immense pour s'enlever au moyen de ces enveloppes si frêles, qui ne contenaient que de l'air échauffé ! Mais, je vous le demande, la science aérostatique a-t-elle donc fait un grand pas depuis les ascensions de Blanchard, c'est-à-dire depuis près d'un siècle ? Voyez, monsieur ! »

L'inconnu tira une gravure de son recueil.

« Voici, me dit-il, le premier voyage aérien entrepris par Pilâtre de Rozier et le marquis d'Arlandes, quatre mois après la découverte des ballons. Louis XVI refusait son consentement à ce voyage, et deux condamnés à mort devaient tenter les premiers les routes aériennes. Pilâtre de Rozier s'indigne de cette injustice, et, à force d'intrigues, il obtient de partir. On n'avait pas encore inventé cette nacelle qui rend les manœuvres faciles, et une galerie circulaire régnait autour de la partie inférieure et rétrécie de la montgolfière. Les deux aéronautes durent donc se tenir sans remuer chacun à l'extrémité de cette galerie, car la paille mouillée qui l'encombrait leur interdisait tout mouvement. Un réchaud avec du feu était suspendu au-dessous de l'orifice du ballon ; lorsque les voyageurs voulaient s'élever, ils jetaient de la paille sur ce brasier, au risque d'incendier la machine, et l'air plus échauffé donnait au ballon une nouvelle force ascensionnelle. Les deux hardis navigateurs partirent, le 21 novembre 1783, des jardins de la Muette, que le dauphin avait mis à leur disposition. L'aérostat s'éleva majestueusement, longea l'île des Cygnes, passa la Seine à la barrière de la Conférence, et, se dirigeant entre le dôme des Invalides et l'École militaire, il s'approcha de Saint-Sulpice. Alors les aéronautes forcèrent le feu, franchirent le boulevard et descendirent audelà de la barrière d'Enfer. En touchant le sol, le ballon s'affaissa et ensevelit quelques instants sous ses plis Pilâtre de Rozier !

— Fâcheux présage ! dis-je, intéressé par ces détails, qui me touchaient de près.

— Présage de la catastrophe qui devait, plus tard, coûter la vie à l'infortuné ! répondit l'inconnu avec tristesse. Vous n'avez jamais rien éprouvé de semblable ?

— Jamais.

— Bah ! les malheurs arrivent bien sans présage ! » ajouta mon compagnon.

Et il demeura silencieux.

Cependant, nous avancions dans le sud, et déjà Francfort avait fui sous nos pieds.

« Peut-être aurons-nous de l'orage, dit le jeune homme.

— Nous descendrons auparavant, répondis-je.

— Par exemple ! Il vaut mieux monter ! Nous lui échapperons plus sûrement. »

Et deux nouveaux sacs de sable s'en allèrent dans l'espace.

Le ballon s'enleva avec rapidité et s'arrêta à douze cents mètres. Un froid assez vif se fit sentir, et cependant les rayons du soleil, qui tombaient sur l'enveloppe, dilataient le gaz intérieur et lui donnaient une plus grande force ascensionnelle.

« Ne craignez rien, me dit l'inconnu. Nous avons trois mille cinq cents toises d'air respirable. Au surplus, ne vous préoccupez pas de ce que je fais. »

Je voulus me lever, mais une main vigoureuse me cloua sur mon banc.

« Votre nom ? demandai-je.

— Mon nom ? Que vous importe ?

— Je vous demande votre nom !

— Je me nomme Érostrate ou Empédocle, à votre choix. »

Cette réponse n'était rien moins que rassurante.

L'inconnu, d'ailleurs, parlait avec un sang-froid si singulier que je me demandai, non sans inquiétude, à qui j'avais affaire.

« Monsieur, continua-t-il, on n'a rien imaginé de nouveau depuis le physicien Charles. Quatre mois après la découverte des aérostats, cet habile homme avait inventé la soupape, qui laisse échapper le gaz quand le ballon est trop plein, ou que l'on veut descendre ; la nacelle, qui facilite les manœuvres de la machine ; le filet, qui contient l'enveloppe du ballon et répartit la charge sur toute sa surface ; le lest, qui permet de monter et de choisir le lieu d'atterrage ; l'enduit de caoutchouc, qui rend le tissu imperméable ; le baromètre, qui indique la hauteur atteinte. Enfin, Charles employait l'hydrogène, qui, quatorze fois moins lourd que l'air, laisse parvenir aux couches atmosphériques les plus hautes et n'expose pas aux dangers d'une combustion aérienne. Le 1er décembre 1783, trois cent mille spectateurs s'écrasaient autour des Tuileries. Charles s'enleva, et les soldats lui présentèrent les armes. Il fit neuf lieues en l'air, conduisant son ballon avec une habileté que n'ont pas dépassée les aéronautes actuels. Le roi le dota d'une pension de deux mille livres, car alors on encourageait les inventions nouvelles ! »

L'inconnu me parut alors en proie à une certaine agitation.

« Moi, monsieur, reprit-il, j'ai étudié et je me suis convaincu que les premiers aéronautes dirigeaient leurs ballons. Sans parler de Blanchard, dont les assertions peuvent être douteuses, Guyton de Morveau, à l'aide de rames et de gouvernail, imprima à sa machine des mouvements sensibles et une direction marquée. Dernièrement, à Paris, un horloger, M. Julien, a fait à l'Hippodrome de convaincantes expériences, car, grâce à un mécanisme particulier, son appareil aérien, de forme oblongue, s'est manifestement dirigé contre le vent. M. Petin a imaginé de juxtaposer quatre ballons à hydrogène, et au moyen de voiles disposées horizontalement et repliées en partie, il espère obtenir une rupture d'équilibre qui, inclinant l'appareil, lui imprimera une marche oblique. On parle bien des moteurs destinés à surmonter la résistance des courants, l'hélice par exemple ; mais l'hélice, se mouvant dans un milieu mobile, ne donnera aucun résultat. Moi, monsieur, moi j'ai découvert le seul moyen de diriger les ballons, et pas une académie n'est venue à mon secours, pas une ville n'a rempli mes listes de souscription, pas un gouvernement n'a voulu m'entendre ! C'est infâme ! »

L'inconnu se débattait en gesticulant, et la nacelle éprouvait de violentes oscillations. J'eus beaucoup de peine à le contenir.

Cependant, le ballon avait rencontré un courant plus rapide, et nous avancions dans le sud, à quinze cents mètres de hauteur.

« Voici Darmstadt, me dit mon compagnon, en se penchant par-dessus la nacelle. Apercevez-vous son château ? Pas distinctement, n'est-ce pas ! Que voulez-vous ? Cette chaleur d'orage fait osciller la forme des objets, et il faut un œil habile pour reconnaître les localités !

— Vous êtes certain que c'est Darmstadt ? demandai-je.

— Sans doute, et nous sommes à six lieues de Francfort.

— Alors il faut descendre !

— Descendre ! Vous ne prétendez pas descendre sur les clochers, dit l'inconnu en ricanant.

— Non, mais aux environs de la ville.

— Eh bien ! évitons les clochers ! »

En parlant ainsi, mon compagnon saisit des sacs de lest. Je me précipitai sur lui ; mais d'une main il me terrassa, et le ballon délesté atteignit deux mille mètres.

« Restez calme, dit-il, et n'oubliez pas que Brioschi, Biot, Gay-Lussac, Bixio et Barral sont allés à de plus grandes hauteurs faire leurs expériences scientifiques.

— Monsieur, il faut descendre, repris-je en essayant de le prendre par la douceur. L'orage se forme autour de nous. Il ne serait pas prudent...

— Bah ! Nous monterons plus haut que lui, et nous ne le craindrons plus ! s'écria mon compagnon. Quoi de plus beau que de dominer ces nuages qui écrasent la terre ! N'est-ce point un honneur de naviguer ainsi sur les flots aériens ? Les plus grands personnages ont voyagé comme nous. La marquise et la comtesse de Montalembert, la comtesse de Podenas, Mlle La Garde, le marquis de Montalembert sont partis du faubourg Saint-Antoine pour ces rivages inconnus, et le duc de Chartres a déployé beaucoup d'adresse et de présence d'esprit dans son ascension du 15 juillet 1784. À Lyon, les comtes de Laurencin et de Dampierre ; à Nantes, M. de Luynes ; à Bordeaux, d'Arbelet des Granges ; en Italie, le chevalier Andréani ; et de nos jours, le duc de Brunswick ont laissé dans les airs la trace de leur gloire. Pour égaler ces grands personnages, il faut aller plus haut qu'eux dans les profondeurs célestes ! Se rapprocher de l'infini, c'est le comprendre ! »

La raréfaction de l'air dilatait considérablement l'hydrogène du ballon, et je voyais sa partie inférieure, laissée vide à dessein, se gonfler et rendre indispensable l'ouverture de la soupape ; mais mon compagnon ne semblait pas décidé à me laisser manœuvrer à ma guise. Je résolus donc de tirer en secret la corde de la soupape, pendant qu'il parlait avec animation, car je craignais de deviner à qui j'avais affaire ! C'eût été trop horrible ! Il était environ une heure moins le quart. Nous avions quitté Francfort depuis quarante minutes, et du côté du sud arrivaient contre le vent d'épais nuages prêts à se heurter contre nous.

« Avez-vous perdu tout espoir de faire triompher vos combinaisons ? demandai-je avec un intérêt... fort intéressé.

— Tout espoir ! répondit sourdement l'inconnu. Blessé par les refus, les caricatures, ces coups de pied d'âne m'ont achevé ! C'est l'éternel supplice réservé aux novateurs ! Voyez ces caricatures de toutes les époques, dont mon portefeuille est rempli ! »

Pendant que mon compagnon feuilletait ses papiers, j'avais saisi la corde de la soupape, sans qu'il s'en fût aperçu. Il était à craindre, cependant, qu'il ne remarquât ce sifflement, semblable à une chute d'eau, que produit le gaz en fuyant.

« Que de plaisanteries faites sur l'abbé Miolan ! dit-il. Il devait s'enlever avec Janninet et Bredin. Pendant l'opération, le feu prit à leur montgolfière, et une populace ignorante la mit en pièces ! Puis la caricature des *animaux curieux* les appela *Miaulant, Jean Minet* et *Gredin.* »

Je tirai la corde de la soupape, et le baromètre commença à remonter. Il était temps ! Quelques roulements lointains grondaient dans le sud.

« Voyez cette autre gravure, reprit l'inconnu, sans soupçonner mes manœuvres. C'est un immense ballon enlevant un navire, des châteaux forts, des maisons, etc. Les caricaturistes ne pensaient pas que leurs niaiseries deviendraient un jour des vérités ! Il est complet, ce grand vaisseau ; à gauche, son gouvernail, avec le logement des pilotes ; à la proue, maisons de plaisance, orgue gigantesque et canon pour appeler l'attention des habitants de la terre ou de la lune ; au-dessus de la poupe, l'observatoire et le ballon-chaloupe ; au cercle équatorial, le logement de l'armée ; à gauche, le fanal, puis les galeries supérieures pour les promenades, les voiles, les ailerons ; au-dessous, les cafés et le magasin général des vivres. Admirez cette magnifique annonce : “Inventé pour le bonheur du genre humain, ce globe partira incessamment pour les échelles du Levant, et à son retour il annoncera ses voyages tant pour les deux pôles que pour les extrémités de l'Occident. Il ne faut se mettre en peine de rien, tout est prévu, tout ira bien. Il y aura un tarif exact pour tous les lieux de passage, mais les prix seront les mêmes pour les contrées les plus éloignées de notre hémisphère ; savoir : mille louis pour un desdits voyages quelconques. Et l'on peut dire que cette somme est bien modique, eu égard à la célérité, à la commodité et aux agréments dont on jouira dans ledit aérostat, agréments que l'on ne rencontre pas ici-bas, attendu que dans ce ballon chacun y trouvera les choses de son imagination. Cela est si vrai que, dans le même lieu, les uns seront au bal, les autres en station ; les uns feront chère exquise et les autres jeûneront ; quiconque voudra s'entretenir avec des gens d'esprit trouvera à qui parler ; quiconque sera bête ne manquera pas d'égal. Ainsi, le plaisir sera l'âme de la société aérienne !" Toutes ces inventions ont fait rire... Mais avant peu, si mes jours n'étaient comptés, on verrait que ces projets en l'air sont des réalités ! »

Nous descendions visiblement. Il ne s'en apercevait pas !

« Voyez encore cette espèce de jeu de ballons ! reprit-il, en étalant devant moi quelques-unes de ces gravures dont il avait une importante collection. Ce jeu contient toute l'histoire de l'art aérostatique. Il est à l'usage des esprits élevés, et se joue avec des dés et des jetons du prix desquels on convient, et que l'on paye ou que l'on reçoit, selon la case où l'on arrive.

— Mais, repris-je, vous paraissez avoir profondément étudié la science de l'aérostation ?

— Oui, monsieur ! oui ! Depuis Phaéton, depuis Icare, depuis Architas, j'ai tout recherché, tout compulsé, tout appris ! Par moi, l'art aérostatique rendrait d'immenses services au monde, si Dieu me prêtait vie ! Mais cela ne sera pas !

— Pourquoi ?

— Parce que je me nomme Empédocle ou Érostrate ! »

Cependant, le ballon heureusement se rapprochait de terre ; mais, quand on tombe, le danger est aussi grave à cent pieds qu'à cinq mille !

« Vous rappelez-vous la bataille de Fleurus ? reprit mon compagnon, dont la face s'animait de plus en plus. C'est à cette bataille que Coutelle, par l'ordre du gouvernement, organisa une compagnie d'aérostiers ! Au siège de Maubeuge, le général Jourdan retira de tels services de ce nouveau mode d'observation que deux fois par jour, et avec le général lui-même, Coutelle s'élevait dans les airs. La correspondance entre l'aéronaute et les aérostiers qui retenaient le ballon s'opérait au moyen de petits drapeaux blancs, rouges et jaunes. Souvent des coups de carabine et de canon furent tirés sur l'appareil à l'instant où il s'élevait, mais sans résultat. Lorsque Jourdan se prépara à investir Charleroi, Coutelle se rendit près de cette place, s'enleva de la plaine de Jumet, et resta sept ou huit heures en observation avec le général Morlot, ce qui contribua sans doute à nous donner la victoire de Fleurus. Et, en effet, le général Jourdan proclama hautement les secours qu'il avait retirés des observations aéronautiques. Eh bien ! malgré les services rendus à cette occasion et pendant la campagne de Belgique, l'année qui avait vu commencer la carrière militaire des ballons la vit aussi terminer ! Et l'école de Meudon, fondée par le gouvernement, fut fermée par Bonaparte à son retour d'Égypte ! Et cependant, qu'attendre de l'enfant qui vient de naître ? avait dit Franklin. L'enfant était né viable, il ne fallait pas l'étouffer ! »

L'inconnu courba son front sur ses mains, se prit à réfléchir quelques instants. Puis, sans relever la tête, il me dit :

« Malgré ma défense, monsieur, vous avez ouvert la soupape ? »

Je lâchai la corde.

« Heureusement, reprit-il, nous avons encore trois cents livres de lest !

— Quels sont vos projets ? dis-je alors.

— Vous n'avez jamais traversé les mers ? » me demanda-t-il.

Je me sentis pâlir.

« Il est fâcheux, ajouta-t-il, que nous soyons poussés vers la mer Adriatique ! Ce n'est qu'un ruisseau ! Mais plus haut, nous trouverons peut-être d'autres courants ? »

Et, sans me regarder, il détesta le ballon de quelques sacs de sable. Puis, d'une voix menaçante :

« Je vous ai laissé ouvrir la soupape, dit-il, parce que la dilatation du gaz menaçait de crever le ballon ! Mais n'y revenez pas ! »

Et il reprit en ces termes :

« Vous connaissez la traversée de Douvres à Calais faite par Blanchard et Jefferies ! C'est magnifique ! Le 7 janvier 1785, par un vent de nord-ouest, leur ballon fut gonflé de gaz sur la côte de Douvres. Une erreur d'équilibre, à peine furent-ils enlevés, les força à jeter leur lest pour ne pas retomber, et ils n'en gardèrent que trente livres. C'était trop peu, car le vent ne fraîchissant pas, ils n'avançaient que fort lentement vers les côtes de France. De plus, la perméabilité du tissu faisait peu à peu dégonfler l'aérostat, et au bout d'une heure et demie les voyageurs s'aperçurent qu'ils descendaient.

« — Que faire ? dit Jefferies.

« — Nous ne sommes qu'aux trois quarts du chemin, répondit Blanchard, et peu élevés ! En montant, nous rencontrerons peut-être des vents plus favorables.

« — Jetons le reste du sable !

« Le ballon reprit un peu de force ascensionnelle, mais il ne tarda pas à redescendre. Vers la moitié du voyage, les aéronautes se débarrassèrent de livres et d'outils. Un quart d'heure après, Blanchard dit à Jefferies :

« — Le baromètre ?

« — Il monte ! Nous sommes perdus, et cependant voilà les côtes de France !

« Un grand bruit se fit entendre.

« — Le ballon est déchiré ? dit Jefferies.

« — Non ! la perte du gaz a dégonflé la partie inférieure du ballon ! Mais nous descendons toujours ! Nous sommes perdus ! En bas toutes les choses inutiles !

« Les provisions de bouche, les rames et le gouvernail furent jetés à la mer. Les aéronautes n'étaient plus qu'à cent mètres de hauteur.

« — Nous remontons, dit le docteur.

« — Non, c'est l'élan causé par la diminution du poids ! Et pas un navire en vue, pas une barque à l'horizon ! À la mer nos vêtements !

« Les malheureux se dépouillèrent, mais le ballon descendait toujours !

« — Blanchard, dit Jefferies, vous deviez faire seul ce voyage ; vous avez consenti à me prendre ; je me dévouerai ! Je vais me jeter à l'eau, et le ballon soulagé remontera !

« — Non, non ! c'est affreux !

« Le ballon se dégonflait de plus en plus, et sa concavité, faisant parachute, resserrait le gaz contre les parois et en augmentait la fuite !

« — Adieu, mon ami ! dit le docteur. Dieu vous conserve !

« Il allait s'élancer, quand Blanchard le retint.

« — Il nous reste une ressource ! dit-il. Nous pouvons couper les cordages qui retiennent la nacelle et nous accrocher au filet ! Peut-être le ballon se relèvera-t-il. Tenons-nous prêts ! Mais... le baromètre descend ! Nous remontons ! Le vent fraîchit ! Nous sommes sauvés !

« Les voyageurs aperçoivent Calais ! Leur joie tient du délire ! Quelques instants plus tard, ils s'abattaient dans la forêt de Guines.

« Je ne doute pas, ajouta l'inconnu, qu'en pareille circonstance vous ne prissiez exemple sur le docteur Jefferies ! »

Les nuages se déroulaient sous nos yeux en masses éblouissantes. Le ballon jetait de grandes ombres sur cet entassement de nuées et s'enveloppait comme d'une auréole. Le tonnerre mugissait au-dessous de la nacelle. Tout cela était effrayant !

« Descendons ! m'écriai-je.

— Descendre, quand le soleil est là, qui nous attend ! En bas les sacs ! »

Et le ballon fut délesté de plus de cinquante livres !

À trois mille cinq cents mètres, nous demeurâmes stationnaires. L'inconnu parlait sans cesse. J'étais dans une prostration complète, tandis qu'il semblait, lui, vivre en son élément.

« Avec un bon vent, nous irions loin ! s'écria-t-il. Dans les Antilles, il y a des courants d'air qui font cent lieues à l'heure ! Lors du couronnement de Napoléon, Garnerin lança un ballon illuminé de verres de couleur, à onze heures du soir. Le vent soufflait du nord-ouest. Le lendemain au point du jour, les habitants de Rome saluaient son passage au-dessus du dôme de Saint-Pierre ! Nous irons plus loin... et plus haut ! »

J'entendais à peine ! Tout bourdonnait autour de moi ! Une trouée se fit dans les nuages.

« Voyez cette ville ! dit l'inconnu. C'est Spire ! »

Je me penchai en dehors de la nacelle, et j'aperçus un petit entassement noirâtre. C'était Spire. Le Rhin, si large, ressemblait à un ruban déroulé. Au-dessus de notre tête, le ciel était d'un azur foncé. Les oiseaux nous avaient abandonnés depuis longtemps, car dans cet air raréfié leur vol eût été impossible. Nous étions seuls dans l'espace, et moi en présence de l'inconnu !

« Il est inutile que vous sachiez où je vous mène, dit-il alors, et il lança la boussole dans les nuages. Ah ! c'est une belle chose qu'une chute ! Vous savez que l'on compte peu de victimes de l'aérostation depuis Pilâtre de Rozier jusqu'au lieutenant Gale, et que c'est toujours à l'imprudence que sont dus les malheurs. Pilâtre de Rozier partit avec Romain, de Boulogne, le 13 juin 1785. À son ballon à gaz il avait suspendu une montgolfière à air chaud, afin de s'affranchir, sans doute, de la nécessité de perdre du gaz ou de jeter du lest. C'était mettre un réchaud sous un tonneau de poudre ! Les imprudents arrivèrent à quatre cents mètres et furent pris par les vents opposés, qui les rejetèrent en pleine mer. Pour descendre, Pilâtre voulut ouvrir la soupape de l'aérostat, mais la corde de cette soupape se trouva engagée dans le ballon et le déchira tellement qu'il se vida en un instant. Il tomba sur la montgolfière, la fit tournoyer et entraîna les infortunés, qui se brisèrent en quelques secondes. C'est effroyable, n'est-ce pas ? »

Je ne pus répondre que ces mots :

« Par pitié ! descendons ! »

Les nuages nous pressaient de toutes parts, et d'effroyables détonations, qui se répercutaient dans la cavité de l'aérostat, se croisaient autour de nous.

« Vous m'impatientez ! s'écria l'inconnu, et vous ne saurez plus si nous montons ou si nous descendons ! »

Et le baromètre alla rejoindre la boussole avec quelques sacs de terre. Nous devions être à cinq mille mètres de hauteur. Quelques glaçons s'attachaient déjà aux parois de la nacelle, et une sorte de neige fine me pénétrait jusqu'aux os. Et cependant un effroyable orage éclatait sous nos pieds, mais nous étions plus haut que lui.

« N'ayez pas peur, me dit l'inconnu. Il n'y a que les imprudents qui deviennent des victimes. Olivari, qui périt à Orléans, s'enlevait dans une montgolfière en papier ; sa nacelle, suspendue au-dessous du réchaud et lestée de matières combustibles, devint la proie des flammes ; Olivari tomba et se tua ! Mosment s'enlevait à Lille, sur un plateau léger ; une oscillation lui fit perdre l'équilibre ; Mosment tomba et se tua ! Bittorf, à Mannheim, vit son ballon de papier s'enflammer dans les airs ; Bittorf tomba et se tua ! Harris s'éleva dans un ballon mal construit, dont la soupape trop grande ne put se refermer ; Harris tomba et se tua ! Sadler, privé de lest par son long séjour dans l'air, fut entraîné sur la ville de Boston et heurté contre les cheminées ; Sadler tomba et se tua ! Coking descendit avec un parachute convexe qu'il prétendait perfectionné ; Coking tomba et se tua ! Eh bien, je les aime, ces victimes de leur imprudence, et je mourrai comme elles ! Plus haut ! plus haut ! »

Tous les fantômes de cette nécrologie me passaient devant les yeux ! La raréfaction de l'air et les rayons du soleil augmentaient la dilatation du gaz, et le ballon montait toujours ! Je tentai machinalement d'ouvrir la soupape, mais l'inconnu en coupa la corde à quelques pieds au-dessus de ma tête... J'étais perdu !

« Avez-vous vu tomber Mme Blanchard ? me dit-il. Je l'ai vue, moi ! oui, moi ! J'étais au Tivoli le 6 juillet 1819. Mme Blanchard s'élevait dans un ballon de petite taille, pour épargner les frais de remplissage, et elle était obligée de le gonfler entièrement. Aussi le gaz fusait-il par l'appendice inférieur, laissant sur sa route une véritable traînée d'hydrogène. Elle emportait, suspendue au-dessous de sa nacelle par un fil de fer, une sorte d'auréole d'artifice qu'elle devait enflammer. Maintes fois, elle avait répété cette expérience. Ce jour-là, elle enlevait de plus un petit parachute lesté par un artifice terminé en boule à pluie d'argent. Elle devait lancer cet appareil, après l'avoir enflammé avec une lance à feu toute préparée à cet effet. Elle partit. La nuit était sombre. Au moment d'allumer son artifice, elle eut l'imprudence de faire passer la lance à feu sous la colonne d'hydrogène qui fusait hors du ballon. J'avais les yeux fixés sur elle. Tout à coup, une lueur inattendue éclaire les ténèbres. Je crus à une surprise de l'habile aéronaute. La lueur grandit, disparut soudain et reparut au sommet de l'aérostat sous la forme d'un immense jet de gaz enflammé. Cette clarté sinistre se projetait sur le boulevard et sur tout le quartier Montmartre. Alors, je vis la malheureuse se lever, essayer deux fois de comprimer l'appendice du ballon pour éteindre le feu, puis s'asseoir dans sa nacelle et chercher à diriger sa descente, car elle ne tombait pas. La combustion du gaz dura plusieurs minutes. Le ballon, s'amoindrissant de plus en plus, descendait toujours, mais ce n'était pas une chute ! Le vent soufflait du nord-ouest et le rejeta sur Paris. Alors, aux environs de la maison n° 16, rue de Provence, il y avait d'immenses jardins. L'aéronaute pouvait y tomber sans danger. Mais, fatalité ! le ballon et la nacelle portent sur le toit de la maison ! Le choc fut léger. "À moi !" crie l'infortunée. J'arrivais dans la rue à ce moment. La nacelle glissa sur le toit, rencontra un crampon de fer. À cette secousse, Mme Blanchard fut lancée hors de la nacelle et précipitée sur le pavé. Mme Blanchard se tua ! »

Ces histoires me glaçaient d'horreur ! L'inconnu était debout, tête nue, cheveux hérissés, yeux hagards !

Plus d'illusion possible ! Je voyais enfin l'horrible vérité ! J'avais affaire à un fou !

Il jeta le reste du lest, et nous dûmes être emportés au moins à neuf mille mètres de hauteur ! Le sang me sortait par le nez et par la bouche !

« Qu'y a-t-il de plus beau que les martyrs de la science ? s'écriait alors l'insensé. Ils sont canonisés par la postérité ! »

Mais je n'entendais plus. Le fou regarda autour de lui et s'agenouilla à mon oreille :

« Et la catastrophe de Zambecarri, l'avez-vous oubliée ? Écoutez. Le 7 octobre 1804, le temps parut se lever un peu. Les jours précédents, le vent et la pluie n'avaient pas cessé, mais l'ascension annoncée par Zambecarri ne pouvait se remettre. Ses ennemis le bafouaient déjà. Il fallait partir pour sauver de la risée publique la science et lui. C'était à Bologne. Personne ne l'aida au remplissage de son ballon.

« Ce fut à minuit qu'il s'enleva, accompagné d'Andreoli et de Grossetti. Le ballon monta lentement, car il avait été troué par la pluie, et le gaz fusait. Les trois intrépides voyageurs ne pouvaient observer l'état du baromètre qu'à l'aide d'une lanterne sourde. Zambecarri n'avait pas mangé depuis vingt-quatre heures. Grossetti était aussi à jeun.

« — Mes amis, dit Zambecarri, le froid me saisit, je suis épuisé. Je vais mourir !

« Il tomba inanimé dans la galerie. Il en fut de même de Grossetti. Andreoli seul restait éveillé. Après de longs efforts, il parvint à secouer Zambecarri de son engourdissement.

« — Qu'y a-t-il de nouveau ? Où allons-nous ? D'où vient le vent ? Quelle heure est-il ?

« — Il est deux heures !

« — Où est la boussole ?

« — Renversée !

« — Grand Dieu ! la bougie de la lanterne s'éteint !

« — Elle ne peut plus brûler dans cet air raréfié ! dit Zambecarri.

« La lune n'était pas levée, et l'atmosphère était plongée dans une ténébreuse horreur.

« — J'ai froid, j'ai froid, Andreoli ! Que faire ?

« Les malheureux descendirent lentement à travers une couche de nuages blanchâtres.

« — Chut ! dit Andreoli. Entends-tu ?

« — Quoi ? répondit Zambecarri.

« — Un bruit singulier !

« — Tu te trompes !

« — Non !

« Voyez-vous ces voyageurs au milieu de la nuit, écoutant ce bruit incompréhensible ! Vont-ils se heurter contre une tour ? Vont-ils être précipités sur des toits ?

« — Entends-tu ? On dirait le bruit de la mer !

« — Impossible !

« — C'est le mugissement des vagues !

« — C'est vrai !

« — De la lumière ! de la lumière !

« Après cinq tentatives infructueuses, Andreoli en obtint. Il était trois heures. Le bruit des vagues se fit entendre avec violence. Ils touchaient presque à la surface de la mer !

« — Nous sommes perdus ! cria Zambecarri, et il se saisit d'un gros sac de lest.

« — À nous ! cria Andreoli.

« La nacelle touchait l'eau, et les flots leur couvraient la poitrine !

« — À la mer les instruments, les vêtements, l'argent !

« Les aéronautes se dépouillèrent entièrement. Le ballon délesté s'enleva avec une rapidité effroyable. Zambecarri fut pris d'un vomissement considérable. Grossetti saigna abondamment. Les malheureux ne pouvaient parler, tant leur respiration était courte. Le froid les saisit, et en un moment ils furent couverts d'une couche de glace. La lune leur parut rouge comme du sang.

« Après avoir parcouru ces hautes régions pendant une demi-heure, la machine retomba dans la mer. Il était quatre heures du matin. Les naufragés avaient la moitié du corps dans l'eau, et le ballon, faisant voile, les traîna pendant plusieurs heures.

« Au point du jour, ils se trouvèrent vis-à-vis de Pesaro, à quatre milles de la côte. Ils y allaient aborder, quand un coup de vent les rejeta en pleine mer.

« Ils étaient perdus ! Les barques épouvantées fuyaient à leur approche !... Heureusement, un navigateur plus instruit les accosta, les hissa à bord, et ils débarquèrent à Ferrada.

« Voyage effrayant, n'est-ce pas ? Mais Zambecarri était un homme énergique et brave. À peine remis de ses souffrances, il recommença ses ascensions. Pendant l'une d'elles, il se heurta contre un arbre, sa lampe à esprit-de-vin se répandit sur ses vêtements ; il fut couvert de feu, et sa machine commençait à s'embraser, quand il put redescendre à demi brûlé !

« Enfin, le 21 septembre 1812, il fit une autre ascension à Bologne. Son ballon s'accrocha à un arbre, et sa lampe y mit encore le feu. Zambecarri tomba et se tua !

« Et en présence de ces faits, nous hésiterions encore ! Non ! Plus nous irons haut, plus la mort sera glorieuse ! »

Le ballon entièrement délesté de tous les objets qu'il contenait, nous fûmes emportés à des hauteurs inappréciables ! L'aérostat vibrait dans l'atmosphère. Le moindre bruit faisait éclater les voûtes célestes. Notre globe, le seul objet qui frappât ma vue dans l'immensité, semblait prêt à s'anéantir, et, au-dessus de nous, les hauteurs du ciel étoilé se perdaient dans les ténèbres profondes !

Je vis l'individu se dresser devant moi !

« Voici l'heure ! me dit-il. Il faut mourir ! Nous sommes rejetés par les hommes ! Ils nous méprisent ! Écrasons-les !

— Grâce ! fis-je.

— Coupons ces cordes ! Que cette nacelle soit abandonnée dans l'espace ! La force attractive changera de direction, et nous aborderons au soleil ! »

Le désespoir me galvanisa. Je me précipitai sur le fou, nous nous prîmes corps à corps, et une lutte effroyable se passa ! Mais je fus terrassé, et tandis qu'il me maintenait sous son genou, le fou coupait les cordes de la nacelle.

« Une !... fit-il.

— Mon Dieu !...

— Deux !... trois !... »

Je fis un effort surhumain, je me redressai et repoussai violemment l'insensé !

« Quatre ! » dit-il.

La nacelle tomba, mais, instinctivement, je me cramponnai aux cordages et je me hissai dans les mailles du filet.

Le fou avait disparu dans l'espace !

Le ballon fut enlevé à une hauteur incommensurable ! Un horrible craquement se fit entendre !... Le gaz, trop dilaté, avait crevé l'enveloppe ! Je fermai les yeux...

Quelques instants après, une chaleur humide me ranima. J'étais au milieu de nuages en feu. Le ballon tournoyait avec un vertige effrayant. Pris par le vent, il faisait cent lieues à l'heure dans sa course horizontale, et les éclairs se croisaient autour de lui.

Cependant, ma chute n'était pas très rapide. Quand je rouvris les yeux, j'aperçus la campagne. J'étais à deux milles de la mer, et l'ouragan m'y poussait avec force, quand une secousse brusque me fit lâcher prise. Mes mains s'ouvrirent, une corde glissa rapidement entre mes doigts, et je me trouvai à terre !

C'était la corde de l'ancre, qui, balayant la surface du sol, s'était prise dans une crevasse, et mon ballon, délesté une dernière fois, alla se perdre au-delà des mers.

Quand je revins à moi, j'étais couché chez un paysan, à Harderwick, petite ville de la Gueldre, à quinze lieues d'Amsterdam, sur les bords du Zuyderzee.

Un miracle m'avait sauvé la vie, mais mon voyage n'avait été qu'une série d'imprudences, faites par un fou, auxquelles je n'avais pu parer !

Que ce terrible récit, en instruisant ceux qui me lisent, ne décourage donc pas les explorateurs des routes de l'air !

MARTIN PAZ

Cette nouvelle a été publiée en juillet-août 1852 dans *Le Musée des familles* sous le titre : *L'Amérique du Sud. Mœurs péruviennes. Martin Paz. Nouvelle historique.*

Elle a été reprise en 1875 dans le même volume que *Le Chancellor* sous le titre : *Martin Paz.* Le texte en a été légèrement modifié. C'est ce texte que nous donnons ici.

Verne, si l'on en croit la préface de la nouvelle rédigée par Pitre-Chevalier, le directeur de la revue, a trouvé son inspiration dans un album d'aquarelles du peintre péruvien Ignacio Merino (1817-1876) qui avait fait ses études en France. Devant ces dessins, Verne aurait eu l'idée d'imaginer un récit qui ferait vivre les personnages qu'il voyait. Les illustrations de la nouvelle reproduisent les aquarelles de Merino.

Si l'écrivain subit encore l'influence d'un romantisme flamboyant, s'il n'évite pas certains clichés comme la vision négative du Juif que véhicule le catholicisme bien-pensant de l'époque, en revanche, on trouve en germe cette véritable sympathie pour les faibles et les opprimés qui fera le fonds de tant de romans et la description quasi ethnologique de groupes sociaux, ici les métis péruviens pris entre les Espagnols et les Indiens.

Certes, le critique péruvien Estuardo Nunez relèvera en 1908 les nombreuses inexactitudes géographiques du texte, bien que Verne ait sans doute connu le récit de Max Radiguet, *Souvenirs de l'Amérique espagnole*, dont la publication commença dès les années 1840. Mais l'essentiel de l'inspiration vernienne a bien été visuelle, fruit de la fréquentation chez Jacques Arago de Merino, qui s'y était installé.

I

Le soleil venait de disparaître au-delà des pics neigeux des Cordillères ; mais sous ce beau ciel péruvien, à travers le voile transparent des nuits, l'atmosphère s'imprégnait d'une lumineuse fraîcheur. C'était l'heure à laquelle on pouvait vivre de la vie européenne et chercher en dehors des vérandas quelque souffle bienfaisant.

Tandis que les premières étoiles se levaient à l'horizon, de nombreux promeneurs allaient par les rues de Lima, enveloppés de leur manteau léger et causant gravement des affaires les plus futiles. Il y avait un grand mouvement de population sur la Plaza Mayor, ce forum de l'ancienne Cité des rois. Les artisans profitaient de la fraîcheur pour vaquer à leurs travaux journaliers, et ils circulaient activement au milieu de la foule, criant à grand bruit l'excellence de leur marchandise. Les femmes, soigneusement encapuchonnées dans la mante qui leur masquait le visage, ondoyaient à travers les groupes de fumeurs. Quelques señoras, en toilette de bal, coiffées seulement de leur abondante chevelure relevée de fleurs naturelles, se prélassaient dans de larges calèches. Les Indiens passaient sans lever les yeux, se sachant trop bas pour être aperçus, ne trahissant ni par un geste ni par un mot la sourde envie qui les dévorait, et ils contrastaient ainsi avec ces métis, rebutés comme eux, mais dont les protestations étaient plus bruyantes.

Quant aux Espagnols, ces fiers descendants de Pizarre, ils marchaient tête haute, comme au temps où leurs ancêtres fondaient la Cité des rois. Leur mépris traditionnel enveloppait tout à la fois et les Indiens qu'ils avaient vaincus, et les métis, nés de leurs relations avec les indigènes du Nouveau Monde. Les Indiens, eux, comme toutes les classes réduites à la servitude, ne songeant qu'à briser leurs fers, confondaient dans une même aversion les vainqueurs de l'ancien empire des Incas et les métis, sorte de bourgeoisie, pleine d'une morgue insolente.

Mais ces métis, espagnols par le mépris dont ils accablaient les Indiens, indiens par la haine qu'ils avaient vouée aux Espagnols, se consumaient entre ces deux sentiments également vivaces.

C'était le groupe de ces jeunes gens qui s'agitait près de la jolie fontaine qui s'élève au milieu de la Plaza Mayor. Drapés dans leur poncho, pièce de coton taillée en carré long et percée d'une ouverture qui donne passage à la tête, vêtus de larges pantalons rayés de mille couleurs, coiffés de chapeaux à vastes bords en paille de Guayaquil, ils parlaient, criaient et gesticulaient.

« Tu as raison, André », disait un petit homme fort obséquieux, que l'on nommait Millaflores.

Ce Millaflores était le parasite d'André Certa, jeune métis, fils d'un riche marchand qui avait été tué dans une des dernières émeutes du conspirateur Lafuente. André Certa avait hérité d'une grande fortune, et il la faisait habilement valoir au profit de ses amis, auxquels il ne demandait que d'humbles condescendances en échange de ses poignées d'or.

« À quoi bon ces changements de pouvoir, ces pronunciamientos éternels qui bouleversent le Pérou ? reprit André à haute voix. Que ce soit Gambarra ou Santa Cruz qui gouverne, il n'importe, si l'égalité ne règne pas ici !

— Bien parlé, bien parlé ! s'écria le petit Millaflores, qui, même sous un gouvernement égalitaire, n'eût jamais pu être l'égal d'un homme d'esprit.

— Comment ! reprit André Certa, moi, fils d'un négociant, je ne puis me faire traîner que dans une calèche attelée de mules ? Est-ce que mes navires n'ont pas amené la richesse et la prospérité dans ce pays ? Est-ce que l'utile aristocratie des piastres ne vaut pas tous les vains titres de l'Espagne ?

— C'est une honte ! répondit un jeune métis. Et tenez ! Voilà don Fernand, qui passe dans sa voiture à deux chevaux ! Don Fernand d'Aguillo ! C'est à peine s'il a de quoi nourrir son cocher, et il vient se pavaner fièrement sur la place ! Bon ! En voilà un autre ! le marquis don Végal ! »

Un magnifique carrosse débouchait, en ce moment, sur la Plaza Mayor. C'était celui du marquis don Végal, chevalier d'Alcantara, de Malte et de Charles III. Mais ce grand seigneur ne venait là que par ennui, et non par ostentation. De tristes pensées se concentraient sous son front péniblement courbé, et il n'entendit même pas les envieuses réflexions des métis, quand ses quatre chevaux se frayèrent un passage à travers la foule.

« Je hais cet homme ! dit André Certa.

— Tu ne le haïras pas longtemps ! lui répondit un des jeunes cavaliers.

— Non, car tous ces nobles étalent les dernières splendeurs de leur luxe, et je puis dire où vont leur argenterie et leurs bijoux de famille !

— Oui ! Tu en sais quelque chose, toi qui fréquentes la maison du juif Samuel !

— Et là, sur les livres de comptes du vieux juif s'inscrivent les créances aristocratiques, et dans son coffre-fort s'entassent les débris de ces grandes fortunes. Et le jour où tous ces Espagnols seront gueux comme leur César de Bazan, nous aurons beau jeu !

— Toi surtout, André, lorsque tu seras monté sur tes millions ! répondit Millaflores. Et tu vas encore doubler ta fortune !... Ah çà ! Quand épouses-tu cette belle jeune fille du vieux Samuel, qui est liménienne jusque dans le bout des ongles et qui n'a évidemment de juif que son nom de Sarah ?

— Dans un mois, répondit André Certa, et dans un mois il n'y aura pas de fortune au Pérou qui puisse lutter avec la mienne !

— Mais pourquoi, demanda un des jeunes métis, ne pas avoir épousé une Espagnole de haut parage ?

— Je méprise ces sortes de gens autant que je les hais ! »

André Certa ne voulait pas avouer qu'il avait été pitoyablement éconduit de plusieurs nobles familles dans lesquelles il avait tenté de s'introduire.

En ce moment, André Certa fut vivement coudoyé par un homme de haute taille, aux cheveux grisonnants, mais dont les membres trapus attestaient la force musculaire.

Cet homme, un Indien des montagnes, était vêtu d'une veste brune qui laissait passer une chemise de grosse toile à large col et s'ouvrait sur sa poitrine velue ; sa culotte courte, rayée de bandes vertes, se rattachait par des jarretières rouges à des bas d'une couleur terreuse ; il avait aux pieds des sandales faites de cuir de bœuf, et sous son chapeau pointu brillaient de larges boucles d'oreilles.

Après avoir heurté André Certa, il le regarda fixement.

« Misérable Indien ! » s'écria le métis en levant la main.

Ses compagnons le retinrent, et Millaflores s'écria :

« André ! André ! prends garde !

— Un vil esclave, oser me coudoyer !

— C'est un fou ! c'est le Sambo ! »

Le Sambo continua de fixer des yeux le métis qu'il avait heurté avec intention. Celui-ci, dont la colère débordait, saisit un poignard passé à sa ceinture, et il allait se précipiter sur son agresseur, quand un cri guttural, semblable à celui du linot du Pérou, retentit au milieu du tumulte des promeneurs. Le Sambo disparut.

« Brutal et lâche ! s'écria André Certa.

— Contiens-toi, fit doucement Millaflores, et quittons la Plaza Mayor. Les Liméniennes sont trop hautaines ici ! »

Le groupe des jeunes gens se dirigea alors vers le fond de la place. La nuit était venue, et les Liméniennes méritaient bien leur nom de « tapadas[1] », car on ne distinguait plus leur figure sous la mante qui les couvrait étroitement.

La Plaza Mayor était encore en pleine animation. Les cris et le tumulte redoublaient. Les gardes à cheval, postés devant le portique central du palais du vice-roi, situé au nord de la place, avaient peine à demeurer immobiles au milieu de cette foule remuante. Les industries les plus variées semblaient s'être donné rendez-vous sur cette place, qui n'était plus qu'un immense étalage d'objets de toutes sortes. Le rez-de-chaussée du palais du vice-roi et le

1. Cachées.

soubassement de la cathédrale, occupés par des boutiques, faisaient de cet ensemble un véritable bazar ouvert à toutes les productions tropicales.

Cette place était donc bruyante ; mais quand l'Angelus vint à sonner au clocher de la cathédrale, tout ce bruit s'apaisa soudain. Aux grandes clameurs succéda le chuchotement de la prière. Les femmes s'arrêtèrent dans leur promenade et portèrent la main à leur rosaire.

Tandis que tous s'arrêtaient et se courbaient, une vieille duègne qui accompagnait une jeune fille cherchait à se frayer passage au milieu de la foule. De là, des qualifications malsonnantes à l'adresse de ces deux femmes qui troublaient la prière. La jeune fille voulut s'arrêter, mais la duègne l'entraîna plus vivement.

« Voyez-vous cette fille de Satan ? dit-on près d'elle.

— Qu'est-ce que cette danseuse damnée ?

— C'est encore une de ces femmes de "Carcaman[1]" ! »

La jeune fille s'arrêta enfin, toute confuse.

Soudain, un muletier la prit par l'épaule et voulut la forcer à s'agenouiller ; mais il avait à peine porté la main sur elle, qu'un bras vigoureux le terrassait. Cette scène, rapide comme l'éclair, fut suivie d'un moment de confusion.

« Fuyez, mademoiselle ! » dit une voix douce et respectueuse à l'oreille de la jeune fille.

Celle-ci se retourna, pâle de frayeur, et vit un jeune Indien de haute taille, qui, les bras croisés, attendait son adversaire de pied ferme.

« Sur mon âme, nous sommes perdues ! » s'écria la duègne.

Et elle entraîna la jeune fille.

1. Nom injurieux que les Péruviens donnent aux Européens.

Le muletier s'était redressé, tout meurtri de sa chute ; mais, jugeant prudent de ne pas demander sa revanche à un adversaire aussi résolument campé que le jeune Indien, il rejoignit ses mules et s'en alla en grommelant d'inutiles menaces.

II

La ville de Lima est blottie dans la vallée de la Rimac, à neuf lieues de son embouchure. Au nord et à l'est commencent les premières ondulations de terrain qui font partie de la grande chaîne des Andes. La vallée de Lurigancho, formée par les montagnes de San Cristoval et des Amancaës, qui s'élèvent derrière Lima, vient se terminer à ses faubourgs. La ville s'étale sur une seule rive du fleuve. L'autre est occupée par le faubourg de San Lazaro et se relie par un pont à cinq arches, dont les piles en amont opposent au courant leur arête triangulaire. Celles d'aval offrent aux promeneurs des bancs sur lesquels les élégants viennent s'étendre pendant les soirs d'été, et d'où ils peuvent contempler une jolie cascade.

La ville a deux milles de long de l'est à l'ouest, et seulement un mille un quart de large du pont jusqu'aux murs. Ceux-ci, hauts de douze pieds, épais de dix à leur base, construits en « adobes », sortes de briques séchées au soleil et faites d'une terre glaise mêlée à une grande quantité de paille hachée, sont propres, dès lors, à résister aux tremblements de terre.

L'enceinte, percée de sept portes et de trois poternes, se termine, à son extrémité sud-est, par la petite citadelle de Sainte-Catherine.

Telle est l'ancienne Cité des rois, fondée en 1534, par Pizarre, le jour de l'Épiphanie. Elle a été et est encore le théâtre de révolutions toujours renaissantes. Lima était jadis le principal entrepôt de l'Amérique sur l'océan Pacifique, grâce à son port du Callao, qui fut construit en 1779, d'une singulière façon. On fit échouer sur le rivage un vieux vaisseau de premier rang, rempli de pierres, de sable, de débris de toute espèce, et des pilotis de mangliers, envoyés de Guayaquil, et inaltérables à l'eau, furent enfoncés autour de cette carcasse qui devint l'inébranlable base sur laquelle s'éleva le môle du Callao.

Le climat, plus tempéré, plus doux que celui de Carthagène ou Bahia, situées sur le côté opposé de l'Amérique, fait de Lima l'une des plus agréables villes du Nouveau Monde. Le vent a deux directions qui ne varient pas : ou il souffle du sud-ouest et se rafraîchit en traversant l'océan Pacifique, ou il vient du sud-est, tout imprégné de la fraîcheur qu'il a puisée sur le sommet glacé des Cordillères.

Les nuits sont belles et pures sous les latitudes des tropiques ; elles distillent cette bienfaisante rosée qui féconde un sol exposé aux rayons d'un ciel sans nuages. Aussi, le soir venu, les habitants de Lima prolongent-ils leurs réceptions nocturnes dans les maisons rafraîchies par l'ombre ; bientôt les rues sont désertes, et c'est à peine si quelque hôtellerie est encore hantée par les buveurs d'eau-de-vie ou de bière.

Ce soir-là, la jeune fille, suivie de la duègne, arriva sans rencontre fâcheuse au pont de la Rimac, prêtant l'oreille au moindre bruit, que son émotion dénaturait, et n'entendant que les clochettes d'un attelage de mules, ou le sifflement d'un Indien.

Cette jeune fille, nommée Sarah, rentrait chez le juif Samuel, son père. Elle était vêtue d'une jupe de couleur foncée, plissée de plis à demi élastiques, et fort étroite du bas, ce qui l'obligeait à faire de petits pas et lui donnait cette grâce délicate, particulière aux Liméniennes ; cette jupe, garnie de dentelles et de fleurs, était en partie recouverte par une mante de soie, qui se relevait par-dessus la tête et la recouvrait d'un capuchon ; des bas d'une grande finesse et de petits souliers de satin apparaissaient sous le gracieux vêtement ; des bracelets d'un grand prix s'enroulaient aux bras de la jeune fille, dont toute la personne était imprégnée de ce charme qu'exprime si bien le « donayre » en espagnol.

Millaflores avait bien dit. La fiancée d'André Certa ne devait avoir de juif que le nom, car elle était le type le plus fidèle de ces admirables señoras dont la beauté est au-dessus de toute louange.

La duègne, vieille juive, sur le visage de laquelle se montraient l'avarice et la cupidité, était une dévouée servante de Samuel, qui la payait à sa valeur.

Au moment où les deux femmes entraient dans le faubourg de San Lazaro, un homme, vêtu d'une robe de moine, la tête recouverte de sa cagoule, passa près d'elles en les regardant avec attention. Cet homme, de grosse taille, avait une de ces excellentes figures qui respirent le calme et la bonté. C'était le père Joachim de Camarones, et, en passant, il jeta un sourire d'intelligence à Sarah, qui regarda aussitôt sa suivante, après avoir fait au moine un gracieux signe de la main.

« Eh bien, señora ? dit aigrement la vieille. Ce n'est pas assez d'avoir été insultée par ces fils du Christ ! il faut encore que vous saluiez un prêtre. Est-ce que nous vous verrons un jour, le rosaire à la main, suivre les cérémonies d'église ? »

Les cérémonies d'église sont la grande affaire des Liméniennes.

« Vous faites d'étranges suppositions, répliqua la jeune fille en rougissant.

— Étranges comme votre conduite ! Que dirait mon maître Samuel, s'il apprenait ce qui s'est passé ce soir ?

— Est-ce parce qu'un muletier brutal m'a insultée que je suis coupable ?

— Je m'entends, señora, fit la vieille en branlant la tête, et ne veux point parler du muletier.

— Alors ce jeune homme a mal agi en me défendant contre les injures de la populace ?

— Est-ce la première fois que cet Indien se trouve sur votre passage ? » demanda la duègne.

Le visage de la jeune fille était heureusement abrité par sa mante, car l'obscurité n'aurait pas suffi à dérober son trouble au regard inquisiteur de la vieille suivante.

« Mais laissons l'Indien où il est, reprit celle-ci. C'est mon affaire de veiller sur lui. Ce dont je me plains, c'est que, pour ne point déranger ces chrétiens, vous ayez voulu demeurer à leur oraison. N'avez-vous pas eu quelque envie de vous agenouiller comme eux ? Ah ! señora, votre père me chasserait à l'instant, s'il apprenait que j'eusse souffert une pareille apostasie ! »

Mais la jeune fille ne l'écoutait plus. La remarque de la vieille au sujet du jeune Indien l'avait ramenée à des pensées plus douces. Il lui semblait que l'intervention du jeune homme avait été providentielle, et plusieurs fois elle se retourna pour voir s'il ne la suivait pas dans l'ombre. Sarah avait dans le cœur une certaine hardiesse qui lui seyait à merveille. Superbe comme une Espagnole, si elle avait fixé ses regards sur cet homme, c'est que cet homme était fier et n'avait pas mendié un coup d'œil pour prix de sa protection.

En s'imaginant que l'Indien ne l'avait pas quittée des yeux, Sarah ne se trompait guère. Martin Paz, après avoir secouru la jeune fille, voulut assurer sa retraite. Aussi, lorsque les promeneurs se furent dispersés, il se mit à la suivre, sans être aperçu d'elle.

C'était un beau jeune homme, ce Martin Paz, et qui portait avec noblesse le costume national de l'Indien des montagnes ; de son chapeau de paille à larges bords s'échappait une belle chevelure noire, dont les boucles s'harmonisaient avec le ton cuivré de sa figure. Ses yeux brillaient avec une douceur infinie, et son nez surmontait une jolie bouche, ce qui est rare chez les hommes de sa race. C'était un de ces courageux descendants de Manco-Capac, et ses veines devaient être remplies de ce sang plein d'ardeur qui pousse à l'accomplissement des grandes choses.

Martin Paz était fièrement drapé dans son poncho aux couleurs éclatantes ; à sa ceinture était passé un de ces poignards malais, terribles dans une main exercée, car ils semblent rivés au bras qui les manie. Dans le nord de l'Amérique, sur les bords du lac Ontario, cet Indien eût été chef de ces tribus errantes, qui livrèrent aux Anglais tant de combats héroïques.

Martin Paz savait que Sarah était fille du riche Samuel et fiancée à l'opulent métis André Certa ; il savait que par sa naissance, sa position et sa richesse, elle ne pouvait lui appartenir, mais il oubliait toutes ces impossibilités pour ne sentir que son propre entraînement.

Plongé dans ses réflexions, Martin Paz hâtait sa marche, quand il fut rejoint par deux Indiens qui l'arrêtèrent.

« Martin Paz, lui dit l'un d'eux, tu dois ce soir même revoir nos frères dans les montagnes !

— Je les reverrai, répondit froidement l'Indien.

— La goëlette l'*Annonciacion* s'est montrée à la hauteur du Callao, a louvoyé quelques instants, puis, protégée par la pointe, a bientôt disparu. Sans doute, elle se sera approchée de terre vers l'embouchure de la Rimac, et il sera bon que nos canots d'écorce aillent l'alléger de ses marchandises. Il faudra que tu sois là !

— Martin Paz sait ce qu'il doit faire, et il le fera.

— C'est au nom du Sambo que nous te parlons ici.

— Et moi, c'est en mon nom que je vous parle !

— Ne crains-tu pas qu'il trouve inexplicable ta présence à cette heure dans le faubourg de San Lazaro ?

— Je suis là où il me plaît d'être.

— Devant la maison du juif ?

— Ceux de mes frères qui le trouveront mauvais me rencontreront cette nuit dans la montagne. »

Les yeux de ces trois hommes étincelèrent, et ce fut tout. Les Indiens regagnèrent la berge de la Rimac, et le bruit de leurs pas se perdit dans l'obscurité.

Martin Paz s'était vivement rapproché de la maison du juif. Cette maison, comme toutes celles de Lima, n'avait que deux étages ; le rez-de-chaussée, construit en briques, était surmonté de murs formés de cannes liées ensemble et recouvertes de plâtre. Toute cette partie du bâtiment, propre à résister aux tremblements de terre, imitait, par une habile peinture, les briques des premières assises ; le toit, carré, était couvert de fleurs et formait une terrasse pleine de parfums.

Une vaste porte cochère, placée entre deux pavillons, donnait accès dans une cour ; mais, suivant la coutume, ces pavillons n'avaient aucune fenêtre percée sur la rue.

Onze heures sonnaient à l'église paroissiale, quand Martin Paz s'arrêta devant la demeure de Sarah. Un profond silence régnait aux alentours.

Pourquoi l'Indien demeurait-il immobile devant ces murs ? C'est qu'une ombre blanche avait apparu sur la terrasse au milieu de ces fleurs auxquelles la nuit ne laissait plus qu'une forme vague, sans leur rien enlever de leurs parfums.

Martin Paz leva ses deux mains involontairement et les joignit avec adoration.

Soudain l'ombre blanche s'affaissa, comme effrayée.

Martin Paz se retourna et se trouva face à face avec André Certa.

« Depuis quand les Indiens passent-ils ainsi la nuit en contemplation ? demanda André Certa avec colère.

— Depuis que les Indiens foulent aux pieds le propre sol de leurs ancêtres », répondit Martin Paz.

André Certa fit un pas vers son rival, immobile.

« Misérable ! me laisseras-tu la place libre ?

— Non », dit Martin Paz.

Et deux poignards brillèrent au bras droit des deux adversaires. Ils étaient d'égale taille, et ils semblaient d'égale force.

André Certa leva rapidement son bras, qu'il laissa retomber plus rapidement encore. Son poignard avait rencontré le poignard malais de l'Indien, et il roula aussitôt à terre, frappé à l'épaule.

« À l'aide ! à moi ! » cria-t-il.

La porte de la maison du juif s'ouvrit. Des métis accoururent d'une maison voisine. Les uns poursuivirent l'Indien, qui prit rapidement le large ; les autres relevèrent le blessé.

« Quel est cet homme ? dit l'un d'eux. Si c'est un marin, à l'hôpital du Saint-Esprit. Si c'est un Indien, à l'hôpital de Sainte-Anne. »

Un vieillard s'approcha du blessé, et à peine l'eut-il vu, qu'il s'écria :

« Que l'on transporte ce jeune homme chez moi. Voilà un étrange malheur ! »

Ce vieillard était le juif Samuel, et il venait de reconnaître dans le blessé le fiancé de sa fille.

Cependant, Martin Paz, grâce à l'obscurité et à la rapidité de sa course, espérait échapper à ceux qui le poursuivaient. Il y allait de sa vie. S'il avait pu gagner la campagne, il eût été en sûreté ; mais les portes de la ville, fermées à onze heures du soir, ne se rouvraient que vers les quatre heures du matin.

Il arriva sur le pont de pierre qu'il avait déjà traversé. En ce moment, les métis et quelques soldats, qui s'étaient joints à eux, le pressaient de près. Par malheur, une patrouille débouchait à l'extrémité opposée. Martin Paz, ne pouvant ni avancer, ni revenir sur ses pas, franchit le parapet et s'élança dans le courant rapide qui se brisait sur un lit de pierre.

Les deux troupes coururent vers les berges inférieures du pont, pour saisir le fugitif au moment où il prendrait terre.

Mais ce fut en vain. Martin Paz ne reparut pas.

III

André Certa, une fois introduit dans la maison de Samuel et couché dans un lit préparé en toute hâte, reprit ses sens et serra la main du vieux juif. Le médecin, averti par un des domestiques, était promptement accouru. La blessure lui parut être sans gravité ; l'épaule du métis se trouvait traversée de telle façon que l'acier avait seulement glissé entre les chairs. Dans quelques jours, André Certa devait se trouver sur pied.

Lorsque Samuel et André Certa furent seuls, ce dernier lui dit :

« Vous voudrez bien faire murer la porte qui conduit à votre terrasse, maître Samuel.

— Que craignez-vous donc ? demanda le juif.

— Je crains que Sarah ne retourne s'y offrir aux contemplations des Indiens ! Ce n'est point un voleur qui m'a attaqué, c'est un rival, auquel je n'ai échappé que par miracle !

— Ah ! par les saintes Tables, s'écria le juif, vous vous trompez ! Sarah sera une épouse accomplie, et je n'oublie rien pour qu'elle vous fasse honneur. »

André Certa se leva à demi sur son coude.

« Maître Samuel, une chose dont vous ne vous souvenez pas assez, c'est que je vous paie la main de Sarah cent mille piastres.

— André Certa, répondit le juif avec un ricanement cupide, je m'en souviens tellement que je suis prêt à échanger ce reçu contre des espèces sonnantes. »

Et, ce disant, Samuel tira de son portefeuille un papier qu'André Certa repoussa de la main.

« Le marché n'existe pas entre nous, tant que Sarah ne sera pas ma femme, et elle ne le sera jamais, s'il me faut la disputer à un pareil rival ! Vous savez, maître Samuel, quel est mon but. En épousant Sarah, je veux devenir l'égal de toute cette noblesse qui n'a pour moi que des regards de mépris !

— Et vous le pourrez, André Certa, car, une fois marié, vous verrez nos plus fiers Espagnols se presser dans vos salons !

— Où Sarah a-t-elle été ce soir ?

— Au temple israélite, avec la vieille Ammon.

— À quoi bon faire suivre à Sarah vos rites religieux ?

— Je suis juif, répliqua Samucl, ct Sarah serait-elle ma fille, si elle n'accomplissait pas les devoirs de ma religion ? »

C'était un homme vil que le juif Samuel. Trafiquant de tout et partout, il descendait en droite ligne de ce Judas qui livra son maître pour trente deniers. Son installation à Lima datait de dix ans. Par goût et par calcul, il avait choisi sa demeure à l'extrémité du faubourg de San Lazaro, et il se mit dès lors à l'affût de véreuses spéculations. Puis, peu à peu, il afficha un grand luxe ; sa maison fut somptueusement entretenue, et ses nombreux domestiques, ses brillants équipages lui firent attribuer des revenus immenses.

Lorsque Samuel vint se fixer à Lima, Sarah avait huit ans. Déjà gracieuse et charmante, elle plaisait à tous et semblait l'idole du juif. Quelques années plus tard, sa beauté attirait tous les regards, et l'on comprend que le métis André Certa devint épris de la jeune juive. Ce qui eût paru inexplicable, c'étaient les cent mille piastres, prix de la main de Sarah ; mais ce marché était secret. D'ailleurs, il fallait bien que ce Samuel trafiquât des sentiments comme des produits indigènes. Banquier, prêteur, marchand, armateur, il avait le talent de faire affaire avec tout le monde. La goëlette l'*Annonciacion*, qui cherchait à atterrir cette nuit-là vers l'embouchure de la Rimac, appartenait au juif Samuel.

Au milieu de ce mouvement d'affaires, par un entêtement traditionnel, cet homme accomplissait les rites de sa religion avec une superstition minutieuse, et sa fille avait été soigneusement instruite des pratiques israélites.

Aussi, lorsque, dans cette conversation, le métis lui eut laissé voir son déplaisir à ce sujet, le vieillard demeura-t-il muet et pensif. Ce fut André Certa qui rompit le silence, en lui disant :

« Oubliez-vous donc que le motif pour lequel j'épouse Sarah l'obligera à se convertir au catholicisme ?

— Vous avez raison, répondit tristement Samuel ; mais, de par la Bible, Sarah sera juive tant qu'elle sera ma fille ! »

En ce moment, la porte de la chambre s'ouvrit, et le majordome entra.

« Le meurtrier est-il arrêté ? demanda Samuel.

— Tout nous porte à croire qu'il est mort ! répondit le majordome.

— Mort ! fit André Certa avec un mouvement de joie.

— Pris entre nous et une troupe de soldats, il s'est vu forcé de franchir le parapet du pont et de se précipiter dans la Rimac.

— Mais qui vous prouve qu'il n'a pu gagner l'une des rives ? demanda Samuel.

— La fonte des neiges a rendu le courant torrentiel en cet endroit, répondit le majordome. D'ailleurs, nous nous sommes postés des deux côtés du fleuve, et le fugitif n'a pas reparu. J'ai laissé des sentinelles qui passeront la nuit à surveiller les rives de la Rimac.

— Bien, dit le vieillard, il s'est fait justice lui-même ! L'avez-vous reconnu, dans sa fuite ?

— Parfaitement. C'était Martin Paz, l'Indien des montagnes.

— Est-ce que cet homme épiait Sarah depuis quelque temps ? demanda le juif.

— Je ne sais, répondit le majordome.

— Faites venir la vieille Ammon. »

Le majordome se retira.

« Ces Indiens, fit le vieillard, ont entre eux des affiliations secrètes. Il faut savoir si les poursuites de cet homme remontent à une époque éloignée. »

La duègne entra et demeura debout devant son maître.

« Ma fille, demanda Samuel, ne sait rien de ce qui s'est passé ce soir ?

— Je l'ignore, répondit la duègne, mais quand les cris de vos serviteurs m'ont réveillée, j'ai couru à la chambre de la señora, et je l'ai trouvée presque sans mouvement.

— Continue, dit Samuel.

— À mes demandes pressantes sur la cause de son agitation, la señora n'a rien voulu répondre ; elle s'est mise au lit sans accepter mes services, et j'ai dû me retirer.

— Est-ce que cet Indien se trouvait souvent sur sa route ?

— Je ne sais trop, maître ! Cependant, je l'ai rencontré souvent dans les rues de San Lazaro, et, ce soir, il a secouru la señora sur la Plaza Mayor.

— Secouru ! et comment ? »

La vieille raconta la scène qui s'était passée.

« Ah ! ma fille voulait s'agenouiller parmi ces chrétiens ! s'écria le juif en colère, et je ne sais rien de tout cela ! Tu veux donc que je te chasse ?

— Maître, pardonnez-moi !

— Va-t'en ! » répondit durement le vieillard.

La vieille sortit toute confuse.

« Vous voyez qu'il faut nous marier promptement ! dit alors André Certa. Mais j'ai besoin de repos, maintenant, et je vous prierai de me laisser seul. »

Sur ces paroles, le vieillard se retira lentement. Toutefois, avant de regagner son lit, il voulut s'assurer de l'état de sa fille, et il entra doucement dans sa chambre. Sarah dormait d'un sommeil agité, au milieu des riches soieries drapées autour d'elle. Une veilleuse d'albâtre, suspendue aux arabesques du plafond, versait sa douce lumière, et la fenêtre entrouverte laissait passer, au travers des stores abaissés, la fraîcheur du ciel, tout imprégnée du parfum pénétrant des aloès et des magnolias. Le luxe créole éclatait dans les mille objets d'art que le bon goût avait dispersés sur les étagères précieusement sculptées de la chambre, et, sous les vagues lueurs de la nuit, on eût dit que l'âme de la jeune fille se jouait parmi ces merveilles.

Le vieillard s'approcha du lit de Sarah et se pencha sur elle pour épier son sommeil. La jeune juive semblait tourmentée par une pensée douloureuse, et, une fois, le nom de Martin Paz s'échappa de ses lèvres.

Samuel regagna sa chambre.

Aux premiers rayons du soleil, Sarah se leva en toute hâte. Liberta, Indien noir attaché à son service, accourut près d'elle, et, suivant ses ordres, il sella une mule pour sa maîtresse, un cheval pour lui.

Sarah avait coutume de faire de matinales promenades, suivie de ce serviteur, qui lui était tout dévoué.

Elle revêtit une jupe de couleur brune et une mante de cachemire à gros glands ; elle s'abrita sous les larges bords d'un chapeau de paille, laissant flotter sur son dos ses longues tresses noires, et, pour mieux dissimuler ses préoccupations, elle roula entre ses lèvres une cigarette de tabac parfumé.

Une fois en selle, Sarah sortit de la ville et se mit à courir par la campagne en se dirigeant vers le Callao. Le port était en grande animation ; les garde-côtes avaient eu à batailler pendant la nuit avec la goëlette *Annonciacion*, dont les manœuvres indécises trahissaient quelque intention frauduleuse. L'*Annonciacion* avait semblé attendre quelques embarcations suspectes vers l'embouchure de la Rimac ; mais avant que celles-ci l'eussent accostée, elle avait pu fuir et échapper aux chaloupes du port.

Divers bruits circulaient sur la destination de cette goëlette. Selon les uns, chargée de troupes colombiennes, elle cherchait à s'emparer des principaux bâtiments du Callao et à venger l'affront fait aux soldats de Bolivar, qui avaient été honteusement chassés du Pérou.

Selon d'autres, la goëlette se livrait simplement à la contrebande des lainages d'Europe.

Sans se préoccuper de ces nouvelles plus ou moins vraies, Sarah, dont la promenade au port n'avait été qu'un prétexte, revint vers Lima, qu'elle atteignit près des bords de la Rimac.

Elle remonta le fleuve jusqu'au pont. Là, des rassemblements de soldats et de métis se tenaient sur divers points de la rive.

Liberta avait appris à la jeune fille les événements de la nuit. Suivant son ordre, il interrogea quelques soldats penchés sur le parapet, et il apprit que non seulement Martin Paz s'était noyé, mais qu'on n'avait pas même retrouvé son corps.

Il fallut à Sarah, prête à défaillir, toute sa force d'âme pour ne pas s'abandonner à sa douleur.

Parmi les gens qui erraient sur les rives, elle remarqua un Indien aux traits farouches : c'était Sambo, qui semblait en proie au désespoir.

Sarah, en passant près du vieux montagnard, entendit ces mots :

« Malheur ! malheur ! Ils ont tué le fils du Sambo ! Ils ont tué mon fils ! »

La jeune fille se redressa, fit signe à Liberta de la suivre. Cette fois, sans s'inquiéter d'être aperçue, elle se rendit à l'église de Sainte-Anne, laissa sa monture à l'Indien, entra dans le temple catholique, fit demander le père Joachim, et, s'agenouillant sur les dalles de pierre, elle pria pour l'âme de Martin Paz.

IV

Tout autre que Martin Paz eût péri dans les eaux de la Rimac. Pour échapper à la mort, il lui avait fallu sa force surprenante, son insurmontable volonté, et surtout ce sang-froid qui est un des privilèges des libres Indiens du Nouveau Monde.

Martin Paz savait que les soldats concentreraient leurs efforts pour le saisir au-dessous du pont, où le courant semblait impossible à vaincre ; mais, par les élans d'une coupe vigoureuse, il parvint à le refouler. Trouvant alors moins de résistance dans les couches d'eau inférieure, il put gagner la rive et se blottir derrière une touffe de mangliers.

Mais que devenir ? Les soldats pouvaient se raviser et remonter le cours du fleuve. Martin Paz serait infailliblement capturé. Sa décision fut rapidement prise : il résolut de rentrer dans la ville et de s'y cacher.

Pour éviter quelques indigènes attardés, Martin Paz dut suivre une des plus larges rues. Mais il lui semblait qu'il était épié. Il n'y avait pas à hésiter. Une maison, encore brillamment éclairée, s'offrit à ses yeux ; la porte cochère était ouverte pour donner passage aux équipages qui sortaient de la cour et ramenaient à leurs demeures les sommités de l'aristocratie espagnole.

Martin Paz, sans être vu, se glissa dans cette habitation, et les portes furent presque aussitôt fermées sur lui. Il franchit alors prestement un riche escalier en bois de cèdre, orné de tentures de prix ; les salons étaient encore éclairés, mais absolument vides ; il les traversa avec la vitesse de l'éclair et se cacha enfin dans une sombre chambre.

Bientôt les derniers lustres furent éteints, et la maison redevint silencieuse.

Martin Paz s'occupa alors de reconnaître la place. Les fenêtres de cette chambre donnaient sur un jardin intérieur ; il lui sembla donc que la fuite était praticable, et il allait s'élancer, quand il entendit ces paroles :

« Señor, vous avez oublié de voler les diamants que j'avais laissés sur cette table ! »

Martin Paz se retourna. Un homme de physionomie fière lui montrait un écrin du doigt.

Martin Paz, ainsi insulté, se rapprocha de l'Espagnol, dont le sang-froid semblait être inaltérable, et, tirant un poignard qu'il tourna contre lui-même :

« Señor, dit-il d'une voix sourde, si vous répétez de semblables paroles, je me tue à vos pieds ! »

L'Espagnol, étonné, considéra plus attentivement l'Indien, et il sentit une sorte de sympathie lui monter au cœur. Il alla vers la fenêtre, la ferma doucement, et, revenant vers l'Indien, dont le poignard était tombé à terre :

« Qui êtes-vous ? lui demanda-t-il.

— L'Indien Martin Paz... Je suis poursuivi par les soldats, pour m'être défendu contre un métis qui m'attaquait et l'avoir jeté à terre d'un coup de poignard ! Ce métis est le fiancé d'une jeune fille que j'aime ! Maintenant, señor, vous pouvez me livrer à mes ennemis, si vous le jugez convenable !

— Monsieur, répondit simplement l'Espagnol, je pars demain pour les bains de Chorillos. S'il vous plaît de m'y accompagner, vous serez momentanément à l'abri de toutes poursuites, et vous n'aurez jamais à vous plaindre de l'hospitalité du marquis don Végal ! »

Martin Paz s'inclina froidement.

« Vous pouvez jusqu'à demain vous jeter sur ce lit de repos, reprit don Végal. Il n'est personne au monde qui puisse soupçonner votre retraite. »

L'Espagnol sortit de la chambre et laissa l'Indien ému d'une si généreuse confiance ; puis, Martin Paz, s'abandonnant à la protection du marquis, s'endormit paisiblement.

Le lendemain, au lever du soleil, le marquis donna les derniers ordres pour son départ et fit prier le juif Samuel de venir chez lui ; mais, auparavant, il se rendit à la première messe du matin.

C'était une pratique généralement observée par toute l'aristocratie péruvienne. Dès sa fondation, Lima avait été essentiellement catholique ; outre ses nombreuses églises, elle comptait encore vingt-deux couvents, dix-sept monastères et quatre maisons de retraite pour les femmes qui ne prononçaient pas de vœux. Chacun de ces établissements possédait une chapelle particulière, si bien qu'il existait à Lima plus de cent maisons affectées au culte, où huit cents prêtres séculiers ou réguliers, trois cents religieuses, frères lais et sœurs, accomplissaient les cérémonies de la religion.

Don Végal, en entrant à Sainte-Anne, remarqua d'abord une jeune fille agenouillée, tout en prières et en pleurs. Elle paraissait éprouver une douleur telle que le marquis ne put la considérer sans émotion, et il se disposait à lui adresser quelques bienveillantes paroles, lorsque le père Joachim arriva et lui dit à voix basse :

« Don Végal, par grâce ! n'approchez pas ! »

Puis le prêtre fit un signe à Sarah, qui le suivit dans une chapelle sombre et déserte.

Don Végal se dirigea vers l'autel et entendit la messe ; puis, en revenant, il songea involontairement à cette jeune fille, dont l'image restait profondément gravée dans son esprit.

Don Végal trouva au salon le juif Samuel, qui s'était rendu à ses ordres. Samuel semblait avoir oublié les événements de la nuit. L'espoir du gain animait son visage.

« Que veut Votre Seigneurie ? demanda-t-il à l'Espagnol.

— Il me faut trente mille piastres avant une heure.

— Trente mille piastres !... Et qui les possède ?... Par le saint roi David, señor, je suis plus empêché de les trouver que Votre Grâce ne se l'imagine !

— Voici quelques écrins d'une grande valeur, reprit don Végal, sans s'arrêter aux paroles du juif. En outre, je puis vous vendre à bas prix une terre considérable auprès de Cusco...

— Ah ! señor, s'écria Samuel, les terres nous ruinent ! Nous n'avons plus assez de bras pour les cultiver. Les Indiens se retirent dans les montagnes, et les récoltes ne paient même plus ce qu'elles coûtent !

— Combien estimez-vous ces diamants ? » demanda le marquis.

Samuel tira de sa poche une petite balance de précision et se mit à peser les pierres avec une minutieuse attention. Tout en agissant ainsi, il parlait, et, selon son habitude, dépréciait le gage qui lui était offert.

« Les diamants !... mauvais placement !... Que rapportent-ils ?... Autant vaut enterrer son argent !... Vous remarquerez, señor, que l'eau de celui-ci n'est pas d'une limpidité parfaite... Savez-vous que je ne trouve point à revendre aisément ces coûteuses parures ? Il me faut expédier ces marchandises-là jusqu'aux provinces de l'Union !... Les Américains me les achètent, sans doute, mais pour les céder à ces fils d'Albion. Ils veulent, dès lors, et c'est fort juste, gagner une commission honnête, si bien que cela retombe sur mon dos... Je pense que dix mille piastres contenteront Votre Seigneurie !... C'est peu, sans doute, mais...

— Ai-je dit, reprit l'Espagnol avec un profond air de mépris, ai-je dit que dix mille piastres ne me suffisaient pas ?

— Señor, je ne pourrais mettre un demi-réal de plus !

— Emportez ces écrins et faites-moi tenir la somme à l'instant même. Pour me compléter les trente mille piastres dont j'ai besoin, vous prendrez une hypothèque suffisante sur cette maison... Vous semble-t-elle solide ?

— Eh ! señor, dans cette ville sujette aux tremblements de terre, on ne sait ni qui vit ni qui meurt, ni qui se tient debout ni qui tombe ! »

Et, ce disant, Samuel se laissait aller plusieurs fois sur les talons pour éprouver la solidité des parquets.

« Enfin, pour obliger Votre Seigneurie, dit-il, j'en passerai par où elle voudra, bien que, dans ce moment, je tienne à ne pas me dégarnir d'espèces sonnantes, car je marie ma fille au cavalier André Certa... Vous le connaissez, señor ?

— Je ne le connais pas, et je vous prie de m'envoyer à l'instant la somme dont nous sommes convenus. Emportez ces écrins !

— En voulez-vous un reçu ? » demanda le juif.

Don Végal ne lui répondit pas et passa dans la chambre voisine.

« Orgueilleux Espagnol ! marmotta Samuel entre ses dents, je veux écraser ton insolence comme je dissiperai ta richesse ! De par Salomon ! je suis un habile homme, puisque mes intérêts vont de pair avec mes sentiments ! »

Don Végal, en quittant le juif, avait trouvé Martin Paz dans un accablement profond.

« Qu'avez-vous ? lui demanda-t-il avec affection.

— Señor, c'est la fille de ce juif que j'aime !

— Une juive ! » fit don Végal avec un sentiment répulsif qu'il ne put maîtriser.

Mais, voyant la tristesse de l'Indien, il ajouta :

« Partons, ami, nous reparlerons de toutes ces choses ! »

Une heure plus tard, Martin Paz, revêtu d'habits étrangers, sortait de la ville, accompagnant don Végal, qui n'emmenait aucun de ses gens avec lui.

Les bains de mer de Chorillos sont situés à deux lieues de Lima. Cette paroisse indienne possède une jolie église. Pendant les saisons chaudes, elle est le rendez-vous de l'élégante société liménienne. Les jeux publics, interdits à Lima, sont ouverts à Chorillos pendant tout l'été. Les señoras y déploient une ardeur inimaginable, et, en pariant contre ces jolies partners, plus d'un riche cavalier a vu sa fortune se dissiper en quelques nuits.

Chorillos était encore peu fréquenté. Aussi don Végal et Martin Paz, retirés dans un cottage bâti sur le bord de la mer, purent-ils vivre en paix en contemplant les vastes plaines du Pacifique.

Le marquis don Végal, qui appartenait à l'une des plus anciennes familles espagnoles du Pérou, voyait finir en lui la superbe lignée dont il s'enorgueillissait à bon droit. Aussi son visage laissait-il apercevoir les traces d'une profonde tristesse. Après s'être mêlé pendant quelque temps aux affaires politiques, il avait ressenti un inexprimable dégoût pour ces révolutions incessantes, faites au profit d'ambitions personnelles, et il s'était retiré dans une sorte de solitude, que seuls les devoirs d'une stricte politesse interrompaient à de rares intervalles.

Son immense fortune s'en allait de jour en jour. L'abandon auquel ses domaines étaient livrés par le manque de bras l'obligeait à des emprunts onéreux ; mais la perspective d'une ruine prochaine ne l'effrayait pas. L'insouciance naturelle à la race espagnole, jointe à l'ennui d'une existence inutile, l'avait rendu fort insensible aux menaces de l'avenir. Époux autrefois d'une femme adorée, père d'une charmante petite fille, il s'était vu ravir, par une catastrophe horrible, ces deux objets de son amour !... Depuis lors, aucun lien d'affection ne l'attachait plus au monde, et il laissait sa vie aller au gré des événements.

Don Végal croyait donc son cœur bien mort, lorsqu'il le sentit palpiter de nouveau au contact de Martin Paz. Cette nature ardente réveilla le feu sous la cendre ; la fière prestance de l'Indien allait à l'hidalgo chevaleresque ; puis, lassé des nobles espagnols, dans lesquels il n'avait plus confiance, dégoûté des métis égoïstes qui voulaient se grandir à sa taille, le marquis eut plaisir à se rattacher à cette race primitive, qui disputa si vaillamment le sol américain aux soldats de Pizarre.

L'Indien passait pour mort à Lima, suivant les nouvelles que le marquis avait reçues ; mais don Végal, regardant l'attachement de Martin Paz pour une juive comme pire que la mort même, résolut de le sauver doublement, en laissant marier la fille de Samuel à André Certa.

Aussi, tandis que Martin Paz sentait une tristesse infinie lui envahir le cœur, le marquis évitait toute allusion au passé et entretenait le jeune Indien de sujets indifférents.

Un jour, cependant, don Végal, attristé de ses préoccupations, lui dit :

« Pourquoi, mon ami, renier par un sentiment vulgaire la noblesse de votre nature ? N'avez-vous pas pour ancêtre ce hardi Manco-Capac, que son patriotisme a placé au rang des héros ? Quel beau rôle aurait à jouer un homme qui ne se laisserait pas abattre par une passion indigne !

N'avez-vous donc pas à cœur de reconquérir un jour votre indépendance ?

— Nous y travaillons, señor, dit l'Indien, et le jour où mes frères se lèveront en masse n'est peut-être pas éloigné.

— Je vous entends ! Vous parlez de cette guerre sourde que vos frères préparent dans leurs montagnes ! À un signal, ils descendront sur la ville, les armes à la main... et ils seront vaincus, comme ils l'ont toujours été ! Voyez donc enfin combien vos intérêts disparaissent au milieu de ces révolutions perpétuelles dont le Pérou est le théâtre, révolutions qui perdront Indiens et Espagnols au profit des métis !

— Nous sauverons notre pays ! s'écria Martin Paz.

— Oui, vous le sauverez, si vous comprenez votre rôle ! répondit don Végal. Écoutez-moi, vous que j'aime comme un fils ! Je le dis avec douleur, mais, nous autres Espagnols, fils dégénérés d'une puissante race, nous n'avons plus l'énergie nécessaire pour relever un État. C'est donc à vous de triompher de ce malheureux *américanisme*, qui tend à rejeter au-dehors tout colon étranger ! Oui, sachez-le ! Il n'y a qu'une immigration européenne qui puisse sauver le vieil empire péruvien. Au lieu de cette guerre intestine que vous préparez et qui tend à exclure toutes les castes, à l'exception d'une seule, tendez donc franchement la main aux populations travailleuses de l'Ancien Monde !

— Les Indiens, señor, verront toujours un ennemi dans les étrangers, quels qu'ils soient, et ils ne souffriront jamais que l'on respire impunément l'air de leurs montagnes. L'espèce de domination que j'exerce sur eux sera sans effet le jour où je ne jurerai pas la mort de leurs oppresseurs. Et, d'ailleurs, que suis-je maintenant ? ajouta

Martin Paz avec une grande tristesse. Un fugitif qui n'aurait pas trois heures à vivre dans les rues de Lima !

— Ami, il faut me promettre de n'y pas retourner...

— Eh ! puis-je vous le promettre, don Végal ? Je ne parlerais pas selon mon cœur ! »

Don Végal demeura silencieux. La passion du jeune Indien s'accroissait de jour en jour. Le marquis tremblait de le voir courir à une mort certaine, s'il reparaissait à Lima... Il hâtait de tous ses vœux, il eût voulu hâter de tous ses efforts le mariage de la juive !

Pour s'assurer par lui-même de l'état des choses, il quitta Chorillos un matin et revint à la ville. Là, il apprit que, remis de sa blessure, André Certa était sur pied, et que son prochain mariage faisait l'objet de toutes les conversations.

Don Végal voulut connaître cette jeune fille, aimée de Martin Paz. Il se rendit, le soir, sur la Plaza Mayor, où la foule était toujours nombreuse. Là, il fit la rencontre du père Joachim, son vieil ami. Quel fut l'étonnement du prêtre, quand don Végal lui apprit l'existence de Martin Paz, et avec quel empressement il promit de veiller sur le jeune Indien et de faire parvenir au marquis les nouvelles qui l'intéresseraient !

Tout à coup, les regards de don Végal se portèrent sur une jeune fille enveloppée d'une mante noire, qui était assise dans le fond d'une calèche.

« Quelle est cette belle personne ? demanda-t-il au père Joachim.

— C'est la fiancée d'André Certa, la fille du juif Samuel.

— Elle ! la fille du juif ! »

Le marquis contint à peine son étonnement, et, serrant la main du père Joachim, il reprit le chemin de Chorillos.

Sa surprise s'expliquait, puisqu'il venait de reconnaître, dans la prétendue juive, cette jeune fille qu'il avait vue prier à l'église Sainte-Anne.

V

Depuis que les troupes colombiennes, mises par Bolivar aux ordres du général Santa Cruz, avaient été chassées du bas Pérou, ce pays, jusqu'alors agité par les révoltes militaires, avait repris quelque calme et quelque tranquillité. En effet, les ambitions particulières ne tendaient plus à se faire jour, et le président Gambarra paraissait inébranlable dans son palais de la Plaza Mayor. De ce côté, il n'y avait donc rien à craindre ; mais le danger véritable, imminent, ne venait pas de ces rébellions, aussi promptement éteintes qu'allumées, et qui semblaient flatter le goût des Américains pour les parades militaires.

Or, ce péril échappait aux regards des Espagnols, trop haut placés pour le voir, et à l'attention des métis, qui ne voulaient jamais regarder au-dessous d'eux.

Et, cependant, il y avait une agitation inaccoutumée parmi les Indiens de la ville, qui se mêlaient souvent aux habitants des montagnes. Ces gens semblaient avoir secoué leur apathie naturelle. Au lieu de se rouler dans leur poncho, les pieds tournés au soleil, ils se répandaient dans la campagne, s'arrêtaient les uns les autres, se reconnaissaient à des signes particuliers, et hantaient les hôtelleries les moins achalandées, dans lesquelles ils pouvaient sans danger s'entretenir.

Ce mouvement pouvait être observé principalement sur une des places écartées de la ville. À l'angle de cette place s'élevait une maison, formée d'un rez-de-chaussée seulement, et dont l'apparence assez misérable choquait les regards.

C'était une taverne de dernier ordre, tenue par une vieille Indienne, qui offrait aux plus infimes chalands sa bière de maïs fermenté et une boisson faite avec la canne à sucre.

Le rassemblement des Indiens sur cette place n'avait lieu qu'à de certaines heures, lorsqu'une longue perche se dressait sur le toit de l'auberge, comme un signal. Alors les indigènes de toute profession, conducteurs de convoi, muletiers, charretiers, entraient un à un et disparaissaient aussitôt dans la grande salle. L'hôtesse semblait fort affairée, et, laissant à sa servante le soin de la boutique, courait servir elle-même ses pratiques accoutumées.

Quelques jours après la disparition de Martin Paz, il y eut une assemblée nombreuse dans la salle de l'auberge. C'est à peine si dans les ténèbres, obscurcies par la fumée du tabac, l'on pouvait distinguer les habitués de cette taverne. Une cinquantaine d'Indiens étaient rangés autour d'une longue table : les uns chiquaient une sorte de feuille de thé, mêlée à un petit morceau de terre odorante ; les autres buvaient, à même de grands pots, de la bière de maïs fermenté ; mais ces occupations ne les distrayaient aucunement, et ils écoutaient avec attention la parole d'un Indien.

C'était le Sambo, dont les regards avaient une étrange fixité.

Après avoir minutieusement examiné ses auditeurs, le Sambo reprit la parole :

« Les fils du Soleil peuvent causer de leurs affaires. Il n'est pas d'oreille perfide qui puisse les entendre. Sur la place, quelques-uns de nos amis, déguisés en chanteurs des rues, attirent les passants autour d'eux, et nous jouissons d'une liberté entière. »

En effet, les sons d'une mandoline retentissaient au-dehors.

Les Indiens de l'auberge, se sachant en sûreté, prêtèrent donc une attention extrême aux paroles du Sambo, en qui ils mettaient toute leur confiance.

« Quelles nouvelles de Martin Paz le Sambo peut-il nous donner ? demanda un Indien.

— Aucune. Est-il mort, ou non ?... C'est ce que le Grand Esprit peut seul savoir. J'attends quelques-uns de nos frères, qui ont descendu le fleuve jusqu'à son embouchure. Peut-être auront-ils trouvé le corps de Martin Paz !

— C'était un bon chef ! dit Manangani, farouche Indien, fort redouté. Mais pourquoi n'était-il pas à son poste, le jour où la goëlette nous apportait des armes ? »

Le Sambo ne répondit pas et baissa la tête.

« Mes frères, reprit Manangani, ne savent-ils pas qu'il y a eu échange de coups de fusil entre l'*Annonciacion* et les garde-côtes, et que la prise de ce bâtiment eût fait échouer tous nos plans ? »

Un murmure approbateur accueillit les paroles de l'Indien.

« Ceux de mes frères qui voudront attendre pour juger seront les bienvenus ! reprit le Sambo. Qui sait si mon fils, Martin Paz, ne reparaîtra pas quelque jour !... Écoutez maintenant : les armes qui nous ont été envoyées de

Sechura sont en notre pouvoir ; elles sont cachées dans les montagnes des Cordillères, et prêtes à faire leur office, quand vous serez préparés à faire votre devoir !

— Et qui nous retarde ? s'écria un jeune Indien. Nous avons aiguisé nos couteaux, et nous attendons.

— Laissez venir l'heure, répondit le Sambo. Mes frères savent-ils quel ennemi leur bras doit frapper d'abord ?

— Ce sont ces métis qui nous traitent en esclaves, dit un des assistants, ces insolents qui nous frappent de la main et du fouet, comme les mules rétives !

— Non pas, répondit un autre, ce sont les accapareurs de toutes les richesses du sol !

— Vous vous trompez, et vos premiers coups doivent porter ailleurs ! reprit le Sambo en s'animant. Ces hommes ne sont pas ceux qui ont osé, il y a trois cents ans, mcttrc le pied sur la terre de vos ancêtres ! Ces richards ne sont pas ceux qui ont traîné dans la tombe les fils de Manco-Capac. Non ! ce sont ces orgueilleux Espagnols, les vrais vainqueurs dont vous êtes les vrais esclaves ! S'ils n'ont plus la richesse, ils ont l'autorité, et, en dépit de l'émancipation péruvienne, ils foulent aux pieds nos droits naturels ! Oublions donc ce que nous sommes, pour nous souvenir de ce que nos pères ont été !

— Oui ! oui ! » s'écria l'assemblée avec des trépignements d'approbation.

Après quelques moments de silence, le Sambo s'assura, en interrogeant divers conjurés, que leurs amis de Cusco et de toute la Bolivie étaient prêts à frapper comme un seul homme.

Puis, reprenant avec feu :

« Et nos frères des montagnes, brave Manangani, s'ils ont tous dans le cœur une haine égale à la tienne, un courage égal au tien, ne tomberont-ils pas sur Lima, comme une avalanche du haut des Cordillères ?

— Le Sambo ne se plaindra pas de leur hardiesse au jour marqué, répondit Manangani. Que le Sambo sorte de la ville, il n'ira pas loin sans voir surgir autour de lui des Indiens ardents à la vengeance ! Dans les gorges de San Cristoval et des Amancaës, plus d'un est couché dans son poncho, le poignard à la ceinture, attendant qu'une carabine soit confiée à sa main ! Eux aussi n'ont pas oublié qu'ils ont à venger sur les Espagnols la défaite de Manco-Capac.

— Bien, Manangani ! reprit le Sambo. C'est le Dieu de la haine qui parle par ta bouche ! Mes frères sauront avant peu celui que leurs chefs auront choisi. Le président Gambarra ne cherche qu'à se consolider au pouvoir, Bolivar est loin, Santa Cruz est chassé. Nous pouvons agir à coup sûr. Dans quelques jours, la fête des Amancaës appellera nos oppresseurs au plaisir. Donc, que chacun soit prêt à se mettre en marche, et que la nouvelle en arrive jusqu'aux villages les plus reculés de la Bolivie ! »

En ce moment, trois Indiens pénétrèrent dans la grande salle. Le Sambo marcha vivement à eux :

« Eh bien ? leur demanda-t-il.

— Le corps de Martin Paz n'a pu être retrouvé, répondit un de ces Indiens. Nous avons sondé la rivière dans tous les sens, nos plus habiles plongeurs l'ont explorée avec soin, et nous pensons que le fils du Sambo ne peut avoir péri dans les eaux de la Rimac.

— L'ont-ils donc tué ? Qu'est-il devenu ? Oh ! malheur à eux, s'ils ont tué mon fils !... Que mes frères se séparent en silence ! Que chacun retourne à son poste, regarde, veille et attende ! »

Les Indiens sortirent et se dispersèrent. Le Sambo demeura seul avec Manangani, qui lui demanda :

« Le Sambo sait-il quel sentiment conduisait, ce soir-là, son fils au quartier de San Lazaro ? Le Sambo est-il sûr de son fils ? »

Un éclair jaillit des yeux de l'Indien. Manangani recula.

Mais l'Indien se contint et dit :

« Si Martin Paz trahissait ses frères, je tuerais d'abord tous ceux auxquels il a donné son amitié, toutes celles auxquelles il a donné son amour. Puis, je le tuerais lui-même, et je me tuerais ensuite, pour ne rien laisser sous le soleil d'une race déshonorée ! »

En ce moment, l'hôtesse ouvrit la porte de la salle, s'avança vers le Sambo et lui remit un billet à son adresse.

« Qui vous a donné cela ? dit-il.

— Je ne sais, répondit l'hôtesse. Ce papier aura été oublié à dessein par un buveur, car je l'ai trouvé sur une table.

— Il n'est venu que des Indiens ici ?

— Il n'est venu que des Indiens. »

L'hôtesse sortit. Le Sambo déploya le billet et lut à haute voix :

« Une jeune fille a prié pour Martin Paz, car elle n'oublie pas l'Indien qui a risqué sa vie pour elle ! Si le Sambo a quelque nouvelle de son fils, ou quelque espoir de le retrouver, qu'il entoure son bras d'un foulard rouge. Il y a des yeux qui le voient passer tous les jours. »

Le Sambo froissa le billet.

« Le malheureux, dit-il, s'est laissé prendre aux yeux d'une femme !

— Quelle est cette femme ? demanda Manangani.

— Ce n'est pas une Indienne, répondit le Sambo, en regardant le billet. C'est quelque jeune fille élégante... Ah ! Martin Paz, je ne te reconnais plus !

— Ferez-vous ce que cette femme vous prie de faire ?

— Non pas, répondit violemment l'Indien. Qu'elle perde tout espoir de jamais revoir mon fils, et qu'elle en meure ! »

Et le Sambo déchira le billet avec rage.

« C'est un Indien qui a dû apporter ce billet, fit observer Manangani.

— Oh ! il ne peut être des nôtres ! Il aura su que je venais souvent à cette auberge, mais je n'y remettrai plus les pieds. Que mon frère retourne aux montagnes, je reste à veiller sur la ville. Nous verrons si la fête des Amancaës sera joyeuse pour les oppresseurs ou pour les opprimés ! »

Les deux Indiens se séparèrent.

Le plan était bien conçu et l'heure de son exécution bien choisie. Le Pérou, presque dépeuplé alors, ne comptait qu'un petit nombre d'Espagnols et de métis. L'invasion des Indiens, accourant des forêts du Brésil aussi bien que des montagnes du Chili et des plaines de la Plata, devait couvrir d'une armée redoutable le théâtre de la rébellion. Une fois les grandes villes, telles que Lima, Cusco, Puno, détruites de fond en comble, il n'était pas à croire que les troupes colombiennes, chassées depuis peu par le gouvernement péruvien, vinssent au secours de leurs ennemis en péril.

Ce bouleversement social devait donc réussir, si le secret demeurait enseveli dans le cœur des Indiens, et, certes, il n'y avait pas de traîtres parmi eux.

Mais ils ignoraient qu'un homme avait obtenu une audience particulière du président Gambarra ; ils ignoraient que cet homme lui apprenait que la goëlette l'*Annonciacion* avait débarqué des armes de toutes sortes dans des pirogues indiennes à l'embouchure de la Rimac. Et cet homme venait réclamer une forte indemnité pour le service qu'il rendait au gouvernement péruvien, en dénonçant ces faits.

Or, cet homme jouait un double jeu. Après avoir loué son navire aux agents du Sambo pour un prix considérable, il venait vendre au président le secret des conjurés.

On reconnaît, à ces traits, le juif Samuel.

VI

André Certa, entièrement rétabli, et croyant à la mort de Martin Paz, pressait son mariage. Il lui tardait de promener à travers les rues de Lima la jeune et belle juive.

Sarah, cependant, lui témoignait toujours une hautaine indifférence ; mais il n'y prenait pas garde, car il ne la considérait que comme un objet de haut prix qu'il avait payé cent mille piastres.

Il faut dire ici qu'André Certa se défiait du juif, et à bon droit. Si le contrat était peu honorable, les contractants l'étaient encore moins. Aussi le métis voulut-il avoir avec Samuel une entrevue secrète, et l'emmena-t-il un jour à Chorillos. Le métis n'était pas d'ailleurs fâché de tenter les chances du jeu avant ses noces.

Les jeux s'étaient ouverts, dans cette station de bains, quelques jours après l'arrivée du marquis don Végal, et, depuis cette époque, il y avait un perpétuel mouvement sur la route de Lima. Tel venait à pied, qui s'en retournait en équipage ; tel autre allait perdre les derniers débris de sa fortune.

Don Végal et Martin Paz ne prenaient aucune part à ces plaisirs, et les insomnies du jeune Indien avaient de plus nobles causes.

Après ses promenades du soir avec le marquis, Martin Paz rentrait dans sa chambre, et, s'accoudant sur la fenêtre, il passait de longues heures à songer.

Don Végal se souvenait toujours de la fille de Samuel, qu'il avait vue prier au temple catholique ; mais il n'avait osé confier ce secret à Martin Paz, bien qu'il l'instruisît peu à peu des vérités chrétiennes. Il aurait craint de ranimer dans son cœur les sentiments qu'il voulait y éteindre, car l'Indien proscrit devait renoncer à toute espérance d'obtenir Sarah. Cependant, la police avait fini par abandonner l'affaire de Martin Paz, et, avec le temps et l'influence de son protecteur, l'Indien pouvait un jour prendre rang dans la société péruvienne.

Mais il arriva que, désespéré, Martin Paz résolut de savoir ce que devenait la jeune juive. Grâce à ses vêtements espagnols, il pouvait se glisser dans une salle de jeu et y écouter les propos des habitués. André Certa était un homme assez considérable pour que son mariage, s'il était prochain, fût l'objet de leurs conversations.

Un soir donc, au lieu de tourner ses pas du côté de la pleine mer, l'Indien prit par les hautes roches sur lesquelles reposent les principales habitations de Chorillos, et il entra dans une maison précédée d'un large escalier de pierre.

C'était la maison de jeux. La journée avait été rude pour plus d'un Liménien. Quelques-uns, brisés par les fatigues de la nuit précédente, reposaient à terre, enveloppés dans leur poncho.

D'autres joueurs étaient assis devant un large tapis vert, divisé en quatre tableaux par deux lignes qui se coupaient au centre à angles droits ; sur chacun des compartiments se trouvaient les premières lettres des mots *azar* et *suerte* (hasard et sort), A et S. Les joueurs pontaient sur l'une ou l'autre de ces lettres ; le banquier tenait les enjeux et jetait sur la table deux dés, dont les points combinés faisaient gagner l'A ou l'S.

En ce moment, les parties du « monté » étaient animées. Un métis poursuivait la chance défavorable avec une ardeur fébrile.

« Deux mille piastres ! » s'écria-t-il.

Le banquier agita ses dés, et le joueur éclata en imprécations.

« Quatre mille piastres ! » dit-il de nouveau.

Il les perdit encore.

Martin Paz, protégé par l'ombre du salon, put regarder le joueur en face.

C'était André Certa.

Debout, près de lui, se tenait le juif Samuel.

« Assez joué, señor, lui dit Samuel. La veine n'est pas pour vous aujourd'hui !

— Que vous importe ! » répondit brusquement le métis.

Samuel se pencha à son oreille.

« S'il ne m'importe pas à moi, dit-il, il vous importe de rompre avec ces habitudes pendant les derniers jours qui précèdent votre mariage !

— Huit mille piastres ! » répondit André Certa, en pontant sur l'S.

L'A sortit. Le métis laissa échapper un blasphème.

Le banquier reprit :

« Faites vos jeux ! »

André Certa, tirant des billets de sa poche, allait hasarder une somme considérable ; il la déposa même sur un des tableaux, et le banquier remuait déjà ses dés, quand un signe de Samuel l'arrêta court. Le juif se pencha de nouveau à l'oreille du métis et lui dit :

« S'il ne vous reste rien pour conclure notre marché, ce soir tout sera rompu ! »

André Certa leva les épaules, fit un geste de rage ; puis, reprenant son argent, il sortit.

« Continuez maintenant, dit Samuel au banquier. Vous ruinerez ce señor après son mariage ! »

Le banquier s'inclina avec soumission, car le juif était le fondateur et le propriétaire des jeux de Chorillos. Partout où il y avait un réal à gagner, on rencontrait cet homme.

Samuel suivit le métis, et, le trouvant sur le perron de pierre, il lui dit :

« J'ai les choses les plus graves à vous apprendre. Où pouvons-nous causer en sûreté ?

— Où vous voudrez ! répondit brusquement André Certa.

— Señor, que votre mauvaise humeur ne perde pas votre avenir ! Je ne me fie ni aux chambres les mieux closes, ni aux plaines les plus désertes pour vous livrer mon secret. Si vous me le payez cher, c'est qu'il vaut la peine d'être bien gardé ! »

En parlant ainsi, ces deux hommes étaient arrivés sur la plage, devant les cabanes destinées aux baigneurs. Ils ne se savaient pas vus et écoutés par Martin Paz, qui se glissait comme un serpent dans l'ombre.

« Prenons un canot, dit André Certa, et allons en pleine mer. »

André Certa détacha du rivage une petite embarcation et jeta quelque monnaie à son gardien. Samuel s'embarqua avec lui, et le métis poussa au large.

Mais, en voyant le canot s'éloigner, Martin Paz, caché dans l'anfractuosité d'une roche, s'était déshabillé à la hâte, et, ne gardant qu'un poignard passé à sa ceinture, il nagea vigoureusement vers le canot.

Le soleil venait d'éteindre ses derniers rayons dans les flots du Pacifique, et de silencieuses ténèbres enveloppaient le ciel et la mer.

Martin Paz n'avait seulement pas songé que des requins de la plus dangereuse espèce sillonnaient ces funestes parages. Il s'arrêta non loin de l'embarcation du métis et à portée de la voix.

« Mais quelle preuve de l'identité de la fille apporterai-je au père ? demandait André Certa au juif.

— Vous lui rappellerez les circonstances dans lesquelles il a perdu cette enfant.

— Quelles sont ces circonstances ?

— Les voici. »

Martin Paz, se tenant à peine au-dessus des flots, écoutait, mais sans pouvoir comprendre.

« Le père de Sarah, dit le juif, habitait Concepcion, au Chili. C'était le grand seigneur que vous connaissez déjà. Seulement sa fortune rivalisait encore avec sa noblesse. Obligé de venir à Lima pour des affaires d'intérêt, il partit seul, laissant à Concepcion sa femme et sa petite fille, âgée de quinze mois. Le climat du Pérou lui convint sous tous les rapports, et il manda à la marquise de venir le rejoindre. Elle s'embarqua sur le *San Jose*, de Valparaiso, avec quelques domestiques de confiance. Je me rendais au Pérou par le même navire. Le *San Jose* devait relâcher à Lima ; mais, à la hauteur de Juan-Fernandez, il fut assailli par un ouragan terrible, qui le désempara et le coucha sur le côté. Les gens de l'équipage et les passagers se réfugièrent dans la chaloupe ; mais, à la vue de la mer en fureur, la marquise refusa d'y mettre le pied ; elle serra son enfant dans ses bras et demeura sur le navire. J'y restai avec elle. La chaloupe s'éloigna et fut engloutie à cent brasses du *San Jose*, avec tout son équipage. Nous demeurâmes seuls. La tempête se déchaînait avec une extrême violence. Comme ma fortune n'était pas à bord, je ne me désespérais pas autrement. Le *San Jose*, ayant cinq pieds d'eau dans la cale, dériva sur les rochers de la côte, où il se brisa entièrement. La jeune femme fut jetée à la mer avec sa fille. Heureusement pour moi, je pus saisir l'enfant, dont la mère périt sous mes yeux, et gagner le rivage.

— Tous ces détails sont exacts ?

— Parfaitement exacts. Le père ne les démentira pas. Ah ! j'avais fait une bonne journée, señor, puisqu'elle va me valoir les cent mille piastres que vous allez me compter ! »

« Qu'est-ce que cela veut dire ? » se demandait Martin Paz.

« Voici mon portefeuille avec les cent mille piastres, répondit André Certa.

— Merci ! señor, dit Samuel en saisissant le trésor. Prenez vous-même ce reçu en échange. Je m'y engage à vous restituer le double de cette somme, si vous ne faites pas partie d'une des premières familles de l'Espagne ! »

Mais l'Indien n'avait pas entendu cette dernière phrase. Il avait dû plonger pour éviter l'approche de l'embarcation, et ses yeux purent voir alors une masse informe glisser rapidement vers lui.

C'était une tintorea, requin de la plus cruelle espèce.

Martin Paz vit l'animal s'approcher de lui, et plongea ; mais bientôt il dut venir respirer à la surface de l'eau. Un coup de queue de la tintorea frappa Martin Paz, qui sentit les visqueuses écailles du monstre froisser sa poitrine. Le requin, pour happer sa proie, se retourna sur le dos, entrouvrant sa mâchoire armée d'un triple rang de dents ; mais Martin Paz, ayant vu briller le ventre blanc de l'animal, le frappa de son poignard.

Soudain, il se trouva dans des eaux rouges de sang. Il plongea de nouveau, revint à dix brasses de là, et, n'apercevant plus l'embarcation du métis, il regagna la côte en quelques brassées, ayant oublié déjà qu'il venait d'échapper à une mort terrible.

Le lendemain, Martin Paz avait quitté Chorillos, et don Végal, bourrelé d'inquiétudes, revenait en toute hâte à Lima pour tâcher de l'y rejoindre.

VII

C'était un véritable événement que le mariage d'André Certa avec la fille du riche Samuel. Les señoras n'avaient plus un moment de repos ; elles s'épuisaient à inventer quelque joli corsage ou quelque coiffure nouvelle, et se fatiguaient à essayer les toilettes les plus variées.

De nombreux préparatifs se faisaient aussi dans la maison de Samuel, qui voulait donner un grand retentissement au mariage de Sarah. Les fresques qui paraient sa demeure, selon la coutume espagnole, avaient été somptueusement restaurées ; les tentures les plus riches retombaient en larges plis aux fenêtres et aux portes de l'habitation ; les meubles sculptés, en bois précieux ou odoriférants, s'entassaient dans de vastes salons imprégnés d'une bienfaisante fraîcheur ; les arbustes rares, les productions des terres chaudes serpentaient le long des balustrades et des terrasses.

La jeune fille, cependant, n'avait plus d'espoir, puisque le Sambo n'en avait pas, et le Sambo n'espérait plus, puisqu'il ne portait pas à son bras le signe de l'espérance ! Liberta avait épié les démarches du vieil Indien... il n'avait rien pu découvrir.

Ah ! si la pauvre Sarah eût pu suivre les mouvements de son cœur, elle se fût réfugiée dans un couvent pour y finir sa vie ! Poussée par un irrésistible attrait vers les dogmes du catholicisme, secrètement convertie par les soins du père Joachim, elle s'était ralliée à cette religion qui sympathisait si bien avec les croyances de son cœur.

Le père Joachim, afin d'éviter tout scandale, et, d'ailleurs, lisant plus son bréviaire que le cœur humain, avait laissé Sarah croire à la mort de Martin Paz. La conversion de la jeune fille lui importait avant tout, et, la voyant assurée par son union avec André Certa, il tâchait de l'habituer à ce mariage, dont il était loin de soupçonner les conditions.

Enfin ce jour, si joyeux pour les uns, si triste pour les autres, était arrivé. André Certa avait convié la ville entière à la soirée nuptiale, mais ses invitations furent sans résultat vis-à-vis des familles nobles, qui s'excusèrent par des motifs plus ou moins plausibles.

Cependant l'heure était venue, à laquelle le contrat devait être signé, et la jeune fille ne paraissait pas...

Le juif Samuel était en proie à un secret mécontentement. André Certa fronçait le sourcil d'une façon peu patiente. Une sorte d'embarras se peignait sur le visage des invités, tandis que des milliers de bougies, reflétées par les glaces, remplissaient les salons d'éclatantes lumières.

Au-dehors, dans la rue, un homme errait dans une anxiété mortelle : c'était le marquis don Végal.

VIII

Sarah, cependant, en proie aux plus vives angoisses, était demeurée seule. Elle ne pouvait s'arracher de sa chambre. Un instant, suffoquée par l'émotion, elle s'appuya au balcon qui donnait sur les jardins intérieurs.

Soudain, elle aperçut un homme qui se glissait entre les allées de magnolias. Elle reconnut Liberta, son serviteur. Liberta semblait épier quelque invisible ennemi, tantôt s'abritant derrière une statue, tantôt se couchant à terre.

Tout à coup, Sarah pâlit. Liberta était aux prises avec un homme de grande taille qui l'avait terrassé, et quelques soupirs étouffés prouvaient qu'une main robuste pressait les lèvres du nègre.

La jeune fille allait crier, lorsqu'elle vit se redresser les deux hommes. Le nègre regardait son adversaire.

« Vous ! vous ! c'est vous ! » dit-il.

Et il suivit cet homme, qui, avant que Sarah eût pu jeter un seul cri, lui apparut ainsi qu'un fantôme de l'autre monde. Et, comme le nègre terrassé sous le genou de l'Indien, la jeune fille, courbée sous le regard de Martin Paz, ne put à son tour laisser échapper que ces mots :

« Vous ! vous ! c'est vous ! »

Martin Paz fixa son regard sur elle et lui dit :

« La fiancée entend-elle les bruits de la fête ? Les invités se pressent dans les salons pour voir rayonner le bonheur sur son visage ! Est-ce donc une victime, préparée pour le sacrifice, qui va s'offrir à leurs yeux ? Est-ce avec ces traits pâlis par la douleur que la jeune fille peut se présenter à son fiancé ? »

Pendant que Martin Paz parlait, Sarah l'entendait à peine.

Le jeune Indien reprit alors :

« Puisque la jeune fille est en pleurs, qu'elle regarde plus loin que la maison de son père, plus loin que la ville où elle souffre ! »

Sarah releva la tête. Martin Paz s'était redressé de toute sa hauteur, et, le bras étendu vers le sommet des Cordillères, il montrait à la jeune fille le chemin de la liberté.

Sarah se sentit entraînée par une puissance insurmontable. Déjà le bruit de quelques voix arrivait jusqu'à elle. On s'approchait de sa chambre. Son père allait y entrer sans doute ; son fiancé l'accompagnait peut-être ! Martin Paz éteignit subitement la lampe suspendue au-dessus de sa tête... Un sifflement, rappelant celui qui s'était fait entendre sur la Plaza Mayor, perça les ténèbres de la nuit.

La porte s'ouvrit brusquement. Samuel et André Certa entrèrent. L'obscurité était profonde. Quelques serviteurs accoururent avec des flambeaux... La chambre était vide !

« Mort et furie ! s'écria le métis.

— Où est-elle ? dit Samuel.

— Vous en êtes responsable envers moi », lui répondit brutalement André Certa.

À ces paroles, le juif sentit une sueur froide le glacer jusqu'aux os.

« À moi ! » s'écria-t-il.

Et, suivi de ses domestiques, il s'élança hors de la maison.

Cependant, Martin Paz fuyait rapidement à travers les rues de la ville. À deux cents pas de la demeure du juif, il trouva quelques Indiens qui s'étaient rassemblés au sifflement poussé par lui.

« À nos montagnes ! s'écria-t-il.

— À la maison du marquis don Végal ! dit une voix derrière lui. »

Martin Paz se retourna.

L'Espagnol était à ses côtés.

« Ne me confierez-vous pas cette jeune fille ? » lui demanda don Végal.

L'Indien courba la tête, et d'une voix sourdc :

« À la demeure du marquis don Végal ! » répondit-il.

Martin Paz, subissant l'ascendant du marquis, lui avait confié la jeune fille. Il savait qu'elle était en sûreté dans sa maison, et, comprenant à quoi l'honneur l'engageait, il ne voulut point passer la nuit sous le toit de don Végal.

Il sortit donc ; sa tête était brûlante, et la fièvre faisait bouillir son sang dans ses veines.

Mais il n'avait pas fait cent pas que cinq ou six hommes se jetèrent sur lui, et, malgré sa défense opiniâtre, parvinrent à le garrotter. Martin Paz poussa un rugissement de désespoir. Il se crut au pouvoir de ses ennemis.

Quelques instants après, il était déposé dans une chambre, et on lui enlevait le bandeau qui lui couvrait les yeux. Il regarda autour de lui et se vit dans la salle basse de cette taverne où ses frères avaient organisé leur première révolte.

Le Sambo, qui avait assisté à l'enlèvement de la jeune fille, était là. Manangani et d'autres l'entouraient. Un éclair de haine jaillit des yeux de Martin Paz.

« Mon fils n'a donc pas pitié de mes larmes, dit le Sambo, puisqu'il me laisse si longtemps croire à sa mort ?

— Est-ce à la veille d'une révolte, demanda Manangani, que Martin Paz, notre chef, devait se trouver dans le camp de nos ennemis ? »

Martin Paz ne répondit ni à son père ni à l'Indien.

« Ainsi, nos intérêts les plus graves ont été sacrifiés à une femme ? »

Et, en parlant ainsi, Manangani s'était rapproché de Martin Paz, un poignard à la main. Martin Paz ne le regarda même pas.

« Parlons d'abord, dit le Sambo. Nous agirons plus tard. Si mon fils manque à ses frères, je saurai maintenant sur qui venger sa trahison. Qu'il prenne garde ! la fille du juif Samuel n'est pas si bien cachée qu'elle puisse nous échapper ! Mon fils réfléchira, d'ailleurs. Frappé d'une condamnation à mort, il n'a plus dans cette ville une pierre pour reposer sa tête. Si, au contraire, il délivre son pays, c'est pour lui l'honneur et la liberté ! »

Martin Paz demeura silencieux, mais un combat terrible se livrait en lui. Le Sambo venait de faire vibrer les cordes de cette fière nature.

Martin Paz était indispensable aux projets des révoltés ; il jouissait d'une autorité suprême sur les Indiens de la ville ; il les manœuvrait à sa guise, et, rien que d'un signe, il les eût entraînés à la mort.

Les liens qui l'enchaînaient furent détachés par l'ordre du Sambo. Martin Paz se releva.

« Mon fils, lui dit l'Indien, qui l'observait avec attention, demain, pendant la fête des Amancaës, nos frères tomberont comme une avalanche sur les Liméniens désarmés. Voici le chemin des Cordillères, voici le chemin de la ville. Tu es libre.

— Aux montagnes ! s'écria Martin Paz. Aux montagnes, et malheur à nos ennemis ! »

Et le soleil levant éclaira de ses premiers rayons le conciliabule des chefs indiens au sein des Cordillères.

IX

Le jour de la grande fête des Amancaës, le 24 juin, était arrivé. Les habitants, à pied, à cheval, en voiture, se rendaient sur un plateau célèbre, situé à une demi-lieue de la ville. Métis et Indiens s'entremêlaient dans la fête commune ; ils marchaient gaiement par groupes de parents ou d'amis. Chaque groupe portait ses provisions, précédé d'un joueur de guitare, qui chantait les airs les plus populaires. Ces promeneurs s'avançaient par les champs de maïs et d'*alfalfa*, à travers les bosquets de bananiers, et ils traversaient ces belles allées plantées de saules, pour retrouver les bois de citronniers et d'orangers, dont les parfums se confondaient avec les sauvages odeurs de la montagne. Tout le long de la route, des cabarets ambulants offraient l'eau-de-vie et la bière, dont les copieuses libations excitaient aux rires et aux clameurs. Les cavaliers faisaient caracoler leurs chevaux au milieu de la foule et luttaient de vitesse, d'adresse et d'habileté.

Il régnait dans cette fête, qui tire son nom des petites fleurs de la montagne, une fougue et une liberté inconcevables ; et, cependant, jamais une rixe n'éclatait entre les mille cris de la joie publique. À peine si quelques lanciers à cheval, ornés de leurs cuirasses étincelantes, maintenaient çà et là l'ordre parmi la population.

Et quand toute cette foule arriva enfin sur le plateau des Amancaës, une immense clameur d'admiration fut répétée par les profondeurs de la montagne.

Aux pieds des spectateurs s'étendait l'ancienne Cité des rois, qui dressait hardiment vers le ciel ses tours et ses clochers pleins d'étourdissants carillons. San Pedro, Saint-Augustin, la cathédrale appelaient le regard sur leurs toitures resplendissantes des rayons du soleil ; San Domingo, la riche église dont la madone n'est jamais vêtue deux jours de suite des mêmes draperies, élevait plus haut que ses voisines sa flèche évidée. Sur la droite, l'océan Pacifique faisait onduler ses vastes plaines bleues au souffle de la brise, et l'œil, en revenant du Callao à Lima, se promenait sur tous ces monuments funéraires qui contenaient les restes de la grande dynastie des Incas. À l'horizon, le cap Morro-Solar encadrait les splendeurs de ce tableau.

Mais, pendant que les Liméniens admiraient ces pittoresques points de vue, un drame sanglant se préparait sur les sommets glacés des Cordillères.

En effet, pendant que la ville était presque désertée par ses habitants ordinaires, un grand nombre d'Indiens erraient dans les rues. Ces hommes, qui d'ordinaire prenaient une part active aux jeux des Amancaës, se promenaient alors silencieusement avec de singulières préoccupations.

Souvent, quelque chef affairé leur jetait un ordre secret et reprenait sa route, et tous se réunissaient peu à peu dans les riches quartiers de la ville.

Cependant le soleil commençait à baisser à l'horizon. C'était l'heure à laquelle l'aristocratie liménienne allait à son tour aux Amancaës. Les plus riches toilettes resplendissaient dans les équipages qui défilaient à droite et à gauche sous les arbres de la route. Ce fut alors une inextricable mêlée de piétons, de voitures et de cavaliers.

Cinq heures sonnèrent à la tour de la cathédrale.

Un cri immense retentit dans la ville. De toutes les places, de toutes les rues, de toutes les maisons s'élancèrent des Indiens, les armes à la main. Les beaux quartiers furent bientôt encombrés de ces révoltés, dont quelques-uns secouaient au-dessus de leur tête des torches embrasées.

« Mort aux Espagnols ! Mort aux oppresseurs ! », tel était le mot d'ordre.

Aussitôt, le sommet des collines se couvrit d'autres Indiens qui rejoignirent leurs frères de la ville.

On se figure l'aspect que Lima présentait en ce moment. Les révoltés s'étaient répandus dans tous les quartiers. À la tête d'une des colonnes, Martin Paz agitait le drapeau noir, et, tandis que les Indiens attaquaient les maisons désignées à la ruine, il abordait la Plaza Mayor avec sa troupe. Près de lui, Manangani poussait des hurlements féroces.

Là, les soldats du gouvernement, prévenus de la révolte, étaient rangés en bataille devant le palais du président. Une fusillade effroyable accueillit les insurgés à leur entrée sur la place. Surpris d'abord par cette décharge inattendue, qui coucha bon nombre des leurs sur le terrain, ils s'élancèrent contre les troupes avec un emportement insurmontable. Il s'ensuivit une horrible mêlée, où les hommes se prirent corps à corps. Martin Paz et Manangani firent des prodiges de valeur, et ils n'échappèrent que par miracle à la mort.

Il leur fallait à tout prix enlever le palais et s'y retrancher.

« En avant ! » cria Martin Paz.

Et sa voix entraîna les siens à l'assaut.

Bien qu'ils fussent écrasés de toutes parts, les Indiens parvinrent à faire reculer le cordon de troupes enroulé autour du palais. Déjà Manangani s'élançait sur les premières marches du perron, quand il s'arrêta soudain. Les rangs des soldats ouverts avaient démasqué deux pièces de canon, prêtes à mitrailler les assiégeants.

Il n'y avait pas une seconde à perdre. Il fallait sauter sur la batterie avant qu'elle eût éclaté.

« À nous deux ! » s'écria Manangani, en s'adressant à Martin Paz.

Mais Martin Paz venait de se baisser et n'écoutait plus, car un nègre lui glissait ces mots à l'oreille :

« On pille la maison de don Végal. On l'assassine peut-être ! »

À ces paroles, Martin Paz recula. Manangani voulut l'entraîner, mais à ce moment les canons éclataient, et la mitraille balayait les Indiens.

« À moi ! » cria Martin Paz.

Et, quelques dévoués compagnons se joignant à lui, il put se faire jour à travers les soldats.

Cette fuite eut toutes les conséquences d'une trahison. Les Indiens se crurent abandonnés par leur chef. Manangani essaya vainement de les ramener au combat. Une épaisse fusillade les enveloppa. Dès lors il ne fut plus possible de les rallier. La confusion fut à son comble et la déroute complète. Les flammes qui s'élevaient de certains quartiers attirèrent quelques fuyards au pillage ; mais les soldats les poursuivirent l'épée dans les reins, et ils en tuèrent un grand nombre.

Pendant ce temps, Martin Paz avait gagné la maison de don Végal, qui était le théâtre d'une lutte acharnée, dirigée par le Sambo lui-même. Le vieil Indien avait un double intérêt à se trouver là : tout en combattant l'Espagnol, il voulait s'emparer de Sarah, gage de la fidélité de son fils.

La porte et les murailles de la cour, renversées, laissaient voir don Végal, l'épée à la main, entouré de ses serviteurs et tenant tête à une masse envahissante. La fierté de cet homme et son courage avaient quelque chose de sublime. Il s'offrait le premier aux coups, et son bras redoutable l'avait entouré de cadavres.

Mais que faire contre cette foule d'Indiens, qui s'augmentait alors de tous les vaincus de la Plaza Mayor ? Don Végal sentait faiblir ses défenseurs, et il n'avait plus qu'à se faire tuer, lorsque Martin Paz, rapide comme la foudre, chargea les agresseurs par-derrière, les força de se retourner contre lui, et, au milieu des balles, il arriva jusqu'à don Végal, auquel il fit un rempart de son corps.

« Bien, mon fils, bien ! » dit don Végal à Martin Paz en lui étreignant la main.

Mais le jeune Indien était sombre.

« Bien, Martin Paz ! » s'écria une autre voix, qui lui alla jusqu'à l'âme.

Il reconnut Sarah, et son bras traça un vaste cercle de sang autour de lui.

Cependant, la troupe du Sambo pliait à son tour. Vingt fois, ce nouveau Brutus avait dirigé ses coups contre son fils, sans pouvoir l'atteindre, et vingt fois Martin Paz avait détourné son arme prête à frapper son père.

Soudain, Manangani, couvert de sang, parut auprès du Sambo.

« Tu as juré, lui dit-il, de venger la trahison d'un infâme sur ses proches, sur ses amis, sur lui-même ! Il est temps ! Voici les soldats qui arrivent ! Le métis André Certa est avec eux !

— Viens donc, Manangani, dit le Sambo avec un rire féroce, viens donc ! »

Et tous deux, abandonnant la maison de don Végal, coururent vers la troupe qui arrivait au pas de course. On les coucha en joue, mais, sans être intimidé, le Sambo alla droit au métis.

« Vous êtes André Certa, lui dit-il. Eh bien, votre fiancée est dans la maison de don Végal, et Martin Paz va l'entraîner dans les montagnes ! »

Cela dit, les Indiens disparurent.

Ainsi, le Sambo avait mis face à face les deux mortels ennemis, et, trompés par la présence de Martin Paz, les soldats s'élancèrent contre la maison du marquis.

André Certa était ivre de fureur. Dès qu'il aperçut Martin Paz, il se précipita sur lui.

« À nous deux ! » hurla le jeune Indien.

Et, quittant l'escalier de pierre qu'il avait si vaillamment défendu, il rejoignit le métis.

Ils étaient là, pied contre pied, poitrine contre poitrine, leurs visages se touchant, leurs regards se confondant dans un seul éclair. Amis et ennemis ne pouvaient les approcher. Ils s'étreignirent alors, et, dans cette terrible étreinte, la respiration leur manqua. Mais André Certa se redressa contre Martin Paz, dont le poignard s'était échappé. Le métis leva son bras, que l'Indien parvint à saisir avant qu'il eût frappé. André Certa voulut en vain se dégager.

Martin Paz, retournant le poignard contre le métis, le lui plongea tout entier dans le cœur.

Puis il se jeta dans les bras de don Végal.

« Aux montagnes, mon fils, s'écria le marquis, fuis aux montagnes ! maintenant je te l'ordonne ! »

En ce moment, le juif Samuel apparut et se précipita sur le cadavre d'André Certa, auquel il arracha un portefeuille. Mais il avait été vu de Martin Paz, qui, le lui reprenant à son tour, l'ouvrit, le feuilleta, poussa un cri de joie, et, s'élançant vers le marquis, lui remit un papier où se trouvaient ces lignes :

« Reçu du señor André Certa la somme de 100 000 piastres que je m'engage à lui restituer, si Sarah, que j'ai sauvée lors du naufrage du *San Jose*, n'est pas la fille et l'unique héritière du marquis don Végal.

« Samuel. »

« Ma fille ! » s'écria l'Espagnol.

Et il s'élança vers la chambre de Sarah...

La jeune fille n'y était plus, et le père Joachim, baigné dans son sang, ne put articuler que ces mots :

« Le Sambo !... Enlevée !... Rivière de Madeira !... »

X

« En route ! » s'écria Martin Paz.

Et, sans prononcer un seul mot, don Végal suivit l'Indien. Sa fille !... Il lui fallait retrouver sa fille !

Des mules furent amenées ; les deux hommes les enfourchèrent ; de grandes guêtres furent attachées par des courroies au-dessus de leurs genoux, et de larges chapeaux de paille leur abritèrent la tête. Des pistolets remplissaient les fontes de leur selle ; une carabine était pendue à leur côté. Martin Paz avait enroulé autour de lui son lazo, dont une extrémité se fixait au harnachement de sa mule.

Martin Paz connaissait les plaines et les montagnes qu'ils allaient franchir. Il savait dans quel pays perdu le Sambo entraînait sa fiancée. Sa fiancée ! Oserait-il donner ce nom à la fille du marquis don Végal ?

L'Espagnol et l'Indien, n'ayant qu'une idée, qu'un but, s'enfoncèrent bientôt dans les gorges des Cordillères, plantées de cocotiers et de pins. Les cèdres, les cotonniers, les aloès restaient derrière eux, avec les plaines couvertes de maïs et de luzerne. Quelques cactus épineux piquaient parfois leurs mules et les faisaient hésiter sur le penchant des précipices.

C'était une rude tâche que de traverser les montagnes à cette époque. La fonte des neiges sous le soleil de juin faisait jaillir des cataractes, et souvent des masses effroyables, se détachant du sommet des pics, allaient s'engouffrer dans les abîmes sans fond.

Mais le père et le fiancé couraient jour et nuit sans se reposer un instant.

Ils parvinrent au sommet des Andes, à quatorze mille pieds au-dessus du niveau de la mer. Là, plus d'arbres, plus de végétation. Souvent, ils étaient enveloppés par ces formidables orages des Cordillères, qui soulèvent des tourbillons de neige au-dessus des cimes les plus élevées. Don Végal s'arrêtait parfois malgré lui, mais Martin Paz le soutenait et l'abritait contre les immenses entassements de neige.

À ce point, le plus élevé des Andes, en proie à cet état maladif qui dépouille l'homme le plus intrépide de son courage, il leur fallut une volonté surhumaine pour résister à la fatigue.

Sur le versant oriental des Cordillères, ils retrouvèrent les traces des Indiens et purent enfin redescendre la chaîne des montagnes.

Ils atteignirent les immenses forêts vierges qui hérissent les plaines situées entre le Pérou et le Brésil, et là, au milieu de ces bois inextricables, Martin Paz fut bien servi par sa sagacité indienne.

Un feu à moitié éteint, des empreintes de pas, la cassure des petites branches, la nature des vestiges, tout était pour lui un sujet d'études.

Don Végal craignait que sa malheureuse fille n'eût été entraînée à pied à travers les pierres et les ronccs ; mais l'Indien lui montra quelques cailloux incrustés en terre, qui indiquaient la pression du pied d'un animal ; au-dessus, des branchages avaient été repoussés dans la même direction et ne pouvaient être atteints que par une personne à cheval. Don Végal se reprenait à espérer. Martin Paz était si confiant, si habile, qu'il n'y avait pour lui ni obstacles infranchissables, ni insurmontables périls !

Un soir, Martin Paz et don Végal furent contraints par la fatigue de s'arrêter. Ils étaient arrivés sur le bord d'une rivière. C'étaient les premiers courants de la Madeira, que l'Indien reconnut parfaitement. D'immenses mangliers se penchaient au-dessus des eaux et s'unissaient aux arbres de l'autre rive par des lianes capricieuses.

Les ravisseurs avaient-ils remonté les rives ou descendu le cours du fleuve ? l'avaient-ils traversé en droite ligne ? Telles étaient les questions que se posait Martin Paz. En suivant avec une peine infinie quelques empreintes fugitives, il fut amené à longer les berges jusqu'à une clairière un peu moins sombre. Là, quelques piétinements indiquaient qu'une troupe d'hommes avait franchi le fleuve à cet endroit.

Martin Paz cherchait à s'orienter, quand il vit une sorte de masse noire remuer près d'un taillis. Il prépara vivement son lazo et se tint prêt à une attaque ; mais, s'étant avancé de quelques pas, il aperçut une mule couchée à terre, en proie aux dernières convulsions. La pauvre bête expirante avait dû être frappée loin de l'endroit où elle s'était traînée, en laissant de longues traces de sang que Martin Paz retrouva. Il ne douta plus que les Indiens, ne pouvant lui faire traverser le fleuve, ne l'eussent tuée d'un coup de poignard. Il ne conçut donc plus de doute sur la direction de ses ennemis et revint près de son compagnon.

« Demain peut-être nous serons arrivés, lui dit-il.

— Partons à l'instant, répondit l'Espagnol.

— Mais il faut traverser ce fleuve !

— Nous le traverserons à la nage ! »

Tous deux se dépouillèrent de leurs habits, que Martin Paz réunit en paquet sur sa tête, et ils se glissèrent silencieusement dans l'eau, de peur d'éveiller quelques-uns de ces dangereux caïmans, si nombreux dans les rivières du Brésil et du Pérou.

Ils arrivèrent à l'autre rive. Le premier soin de Martin Paz fut de rechercher les traces des Indiens, mais il eut beau examiner les feuilles, les cailloux, il ne put rien découvrir. Comme le courant assez rapide les avait entraînés à la dérive, don Végal et l'Indien remontèrent la berge du fleuve, et, là, ils retrouvèrent des empreintes auxquelles ils ne pouvaient se tromper.

C'était là que le Sambo avait traversé la Madeira avec sa troupe, qui s'était augmentée sur son passage.

En effet, les Indiens des plaines et des montagnes, qui attendaient avec impatience le triomphe de la révolte, apprenant qu'ils avaient été trahis, poussèrent des rugissements de rage, et, voyant qu'ils avaient une victime à sacrifier, suivirent la troupe du vieil Indien.

La jeune fille n'avait plus le sentiment de ce qui se passait autour d'elle. Elle allait, parce que des mains la poussaient en avant. On l'eût abandonnée au milieu de ces solitudes, qu'elle n'aurait pas fait un pas pour échapper à la mort. Parfois le souvenir du jeune Indien passait devant ses yeux ; puis, elle retombait comme une masse inerte sur le cou de sa mule. Lorsque, au-delà du fleuve, elle dut suivre à pied ses ravisseurs, deux Indiens la traînèrent rapidement, et une trace de sang marqua son passage.

Mais le Sambo s'inquiétait peu que ce sang trahît sa direction. Il approchait de son but, et bientôt les cataractes du fleuve firent entendre leurs assourdissantes rumeurs.

La troupe d'Indiens arriva à une sorte de bourgade composée d'une centaine de huttes faites de joncs entrelacés et de terre. À son approche, une multitude de femmes et d'enfants s'élancèrent avec de grands cris de joie ; mais cette joie se changea en fureur, quand ils apprirent la défection de Martin Paz.

Sarah, immobile devant ses ennemis, les regardait d'un œil éteint. Toutes ces hideuses figures grimaçaient autour d'elle, et les menaces les plus terribles étaient proférées à ses oreilles !

« Où est mon époux ? disait l'une. C'est toi qui l'as fait tuer !

— Et mon frère, qui ne reviendra plus à sa cabane, qu'en as-tu fait ?

— À mort ! Que chacun de nous ait un morceau de sa chair ! À mort ! »

Et ces femmes, brandissant des couteaux, agitant des tisons enflammés, soulevant des pierres énormes, s'approchaient de la jeune fille.

« Arrière ! s'écria le Sambo, et que tous attendent la décision des chefs ! »

Les femmes obéirent aux paroles du vieil Indien, en jetant d'effroyables regards à la jeune fille. Sarah, couverte de sang, était étendue sur les cailloux de la rive.

Au-dessous de cette bourgade, la Madeira, resserrée dans un lit profond, précipitait ses masses d'eau, avec une rapidité foudroyante, de plus de cent pieds de hauteur, et ce fut dans ces cataractes que les chefs condamnèrent Sarah à trouver la mort.

Aux premiers rayons du soleil, elle devait être attachée dans un canot d'écorce et abandonnée au courant de la Madeira.

Ainsi le décida le conseil, et s'il avait retardé jusqu'au lendemain le supplice de la victime, c'était pour lui donner une nuit d'angoisses et de terreurs.

Lorsque la sentence fut connue, des hurlements de joie l'accueillirent, et un délire furieux s'empara de tous les Indiens.

Ce fut une nuit d'orgie. L'eau-de-vie fermenta dans ces têtes exaltées. Des danseurs échevelés entourèrent la jeune fille. Des Indiens couraient à travers les champs incultes, brandissant des branches de pin enflammées.

Ce fut ainsi jusqu'au lever du soleil, et pis encore, quand ses premiers rayons vinrent éclairer la scène.

La jeune fille fut détachée du poteau, et cent bras voulurent à la fois la traîner au supplice. Quand le nom de Martin Paz s'échappait de ses lèvres, des cris de haine et de vengeance lui répondaient aussitôt. Il fallut gravir par des sentiers abrupts l'immense entassement de rochers qui conduisaient au niveau supérieur du fleuve, et la victime y arriva tout ensanglantée. Un canot d'écorce l'attendait à cent pas de la chute. Elle y fut déposée et attachée par des liens qui lui entraient dans les chairs.

« Vengeance ! » s'écria la tribu entière d'une seule et même voix.

Le canot fut entraîné rapidement et tournoya sur lui-même...

Soudain deux hommes parurent sur la rive opposée. C'étaient Martin Paz et don Végal.

« Ma fille ! ma fille ! » s'écria le père, en tombant à genoux sur la rive.

Le canot courait vers la cataracte.

Martin Paz, debout sur un rocher, balança son lazo, qui siffla autour de sa tête. À l'instant où l'embarcation allait être précipitée, la longue lanière de cuir se déroula et saisit le canot de son nœud coulant.

« À mort ! » hurla la horde sauvage des Indiens.

Martin Paz se raidit alors, et le canot, suspendu sur l'abîme, peu à peu, vint à lui...

Soudain une flèche siffla à travers les airs, et Martin Paz, tombant en avant dans la barque de la victime, alla s'engloutir avec Sarah dans le tourbillon de la cataracte.

Presque au même instant, une seconde flèche atteignait don Végal et lui perçait le cœur.

Martin Paz et Sarah étaient fiancés pour la vie éternelle, car, dans leur suprême réunion, le dernier geste de la jeune fille avait imprimé le sceau du baptême au front de l'Indien régénéré.

MAÎTRE ZACHARIUS

Cette nouvelle a été publiée en avril-mai 1854 dans *Le Musée des familles* sous le titre : *Maître Zacharius ou l'horloger qui avait perdu son âme. Tradition génevoise* (*sic*).

Elle a été reprise en 1874 dans le recueil *Le Docteur Ox*. Le texte en a été parfois profondément modifié. C'est ce texte que nous donnons ici.

Maître Zacharius est un récit fantastique à la façon d'Hoffmann ou de Poe. Si, en 1854, Verne ne pouvait connaître le second que par des nouvelles traduites et publiées en ordre dispersé dès 1848 dans des revues, en revanche, les œuvres d'Hoffmann étaient tout à fait disponibles.

Cette nouvelle fut écrite à la demande du journal comme une sorte de complément à un article paru en février 1854 dans *Le Musée* sur Gerbert d'Aurillac (v. 938-1003), devenu pape sous le nom de Sylvestre II, dont les *Lettres et Discours* venaient d'être traduits. Le pape Gerbert était animé par la passion de la mécanique, de l'astronomie, de la physique et des mathématiques.

Le cadre du récit est, tout naturellement, ce cœur de l'industrie horlogère qu'était Genève. Verne y a-t-il été avant 1853, date vraisemblable de la composition de la nouvelle ? Il semble bien que oui : il a fait, à une date incertaine, un voyage à Lausanne puis à Sion. S'étant installé dans un vieil immeuble près de l'église, l'écrivain y serait resté enfermé, allant même jusqu'à se faire porter ses repas par le restaurateur du coin.

Quoi qu'il en soit, la description du vieux Genève dans la nouvelle a été faite par quelqu'un qui le connaissait.

Verne reviendra sur sa nouvelle dans une lettre à son père en juin 1854 : il avait envoyé un poème à sa sœur Marie pour sa communion et il signale que « la pensée de la dernière strophe a été prise dans *Maître Zacharius* ».

MAÎTRE ZACHARIUS

I

UNE NUIT D'HIVER

La ville de Genève est située à la pointe occidentale du lac auquel elle a donné ou doit son nom. Le Rhône, qui la traverse à sa sortie du lac, la partage en deux quartiers distincts, et est divisé lui-même, au centre de la cité, par une île jetée entre ses deux rives. Cette disposition topographique se reproduit souvent dans les grands centres de commerce ou d'industrie. Sans doute les premiers indigènes furent séduits par les facilités de transport que leur offraient les bras rapides des fleuves, « ces chemins qui marchent tout seuls », suivant le mot de Pascal. Avec le Rhône, ce sont des chemins qui courent.

Au temps où des constructions neuves et régulières ne s'élevaient pas encore sur cette île, ancrée comme une galiote hollandaise au milieu du fleuve, le merveilleux entassement des maisons grimpées les unes sur les autres offrait à l'œil une confusion pleine de charmes. Le peu d'étendue de l'île avait forcé quelques-unes de ces constructions à se jucher sur des pilotis, engagés pêle-mêle dans les rudes courants du Rhône. Ces gros madriers, noircis par les temps, usés par les eaux, ressemblaient aux pattes d'un crabe immense et produisaient un effet fantastique. Quelques filets jaunis, véritables toiles d'araignée tendues au sein de cette substruction séculaire, s'agitaient dans l'ombre comme s'ils eussent été le feuillage de ces vieux bois de chêne, et le fleuve, s'engouffrant au milieu de cette forêt de pilotis, écumait avec de lugubres mugissements.

Une des habitations de l'île frappait par son caractère d'étrange vétusté. C'était la maison du vieil horloger, maître Zacharius, de sa fille Gérande, d'Aubert Thün, son apprenti, et de sa vieille servante Scholastique.

Quel homme à part que ce Zacharius ! Son âge semblait indéchiffrable. Nul des plus vieux de Genève n'eût pu dire depuis combien de temps sa tête maigre et pointue vacillait sur ses épaules, ni quel jour, pour la première fois, on le vit marcher par les rues de la ville, en laissant flotter à tous les vents sa longue chevelure blanche. Cet homme ne vivait pas. Il oscillait à la façon du balancier de ses horloges. Sa figure, sèche et cadavérique, affectait des teintes sombres. Comme les tableaux de Léonard de Vinci, il avait poussé au noir.

Gérande habitait la plus belle chambre de la vieille maison, d'où, par une étroite fenêtre, son regard allait mélancoliquement se reposer sur les cimes neigeuses du Jura ; mais la chambre à coucher et l'atelier du vieillard occupaient une sorte de cave, située presque au ras du fleuve et dont le plancher reposait sur les pilotis mêmes. Depuis un temps immémorial, maître Zacharius n'en sortait qu'aux heures des repas et quand il allait régler les différentes horloges de la ville. Il passait le reste du temps près d'un établi couvert de nombreux instruments d'horlogerie, qu'il avait pour la plupart inventés.

Car c'était un habile homme. Ses œuvres se prisaient fort dans toute la France et l'Allemagne. Les plus industrieux ouvriers de Genève reconnaissaient hautement sa supériorité, et c'était un honneur pour cette ville, qui le montrait en disant :

« À lui revient la gloire d'avoir inventé l'échappement ! »

En effet, de cette invention, que les travaux de Zacharius feront comprendre plus tard, date la naissance de la véritable horlogerie.

Or, après avoir longuement et merveilleusement travaillé, Zacharius remettait avec lenteur ses outils en place, recouvrait de légères verrines les fines pièces qu'il venait d'ajuster, et rendait le repos à la roue active de son tour ; puis il soulevait un judas pratiqué dans le plancher de son réduit, et là, penché des heures entières, tandis que le Rhône se précipitait avec fracas sous ses yeux, il s'enivrait à ses brumeuses vapeurs.

Un soir d'hiver, la vieille Scholastique servit le souper, auquel, selon les antiques usages, elle prenait part avec le jeune ouvrier. Bien que des mets soigneusement apprêtés lui fussent offerts dans une belle vaisselle bleue et blanche, maître Zacharius ne mangea pas. Il répondit à peine aux douces paroles de Gérande, que la taciturnité plus sombre de son père préoccupait visiblement, et le babillage de Scholastique elle-même ne frappa pas plus son oreille que ces grondements du fleuve auxquels il ne prenait plus garde. Après ce repas silencieux, le vieil horloger quitta la table sans embrasser sa fille, sans donner à tous le bonsoir accoutumé. Il disparut par l'étroite porte qui conduisait à sa retraite, et, sous ses pas pesants, l'escalier gémit avec de lourdes plaintes.

Gérande, Aubert et Scholastique demeurèrent quelques instants sans parler. Ce soir-là, le temps était sombre ; les nuages se traînaient lourdement le long des Alpes et menaçaient de se fondre en pluie ; la sévère température de la Suisse emplissait l'âme de tristesse, tandis que les vents du midi rôdaient aux alentours et jetaient de sinistres sifflements.

« Savez-vous bien, ma chère demoiselle, dit enfin Scholastique, que notre maître est tout en dedans depuis quelques jours ? Sainte Vierge ! Je comprends qu'il n'ait pas eu faim, car ses paroles lui sont restées dans le ventre, et bien adroit serait le diable qui lui en tirerait quelqu'une !

— Mon père a quelque secret motif de chagrin que je ne puis même pas soupçonner, répondit Gérande, tandis qu'une douloureuse inquiétudc s'imprimait sur son visage.

— Mademoiselle, ne permettez pas à tant de tristesse d'envahir votre cœur. Vous connaissez les singulières habitudes de maître Zacharius. Qui peut lire sur son front ses pensées secrètes ? Quelque ennui sans doute lui est survenu, mais demain il ne s'en souviendra pas et se repentira vraiment d'avoir causé quelque peine à sa fille. »

C'était Aubert qui parlait de cette façon, en fixant ses regards sur les beaux yeux de Gérande. Aubert, le seul ouvrier que maître Zacharius eût jamais admis à l'intimité de ses travaux, car il appréciait son intelligence, sa discrétion et sa grande bonté d'âme, Aubert s'était attaché à Gérande avec cette foi mystérieuse qui préside aux dévouements héroïques.

Gérande avait dix-huit ans. L'ovale de son visage rappelait celui des naïves madones que la vénération suspend encore au coin des rues des vieilles cités de Bretagne. Ses yeux respiraient une simplicité infinie. On l'aimait, comme la plus suave réalisation du rêve d'un poète. Ses vêtements affectaient des couleurs peu voyantes, et le linge blanc qui se plissait sur ses épaules avait cette teinte et cette senteur particulières au linge d'Église. Elle vivait d'une existence mystique dans cette ville de Genève, qui n'était pas encore livrée à la sécheresse du calvinisme.

Ainsi que, soir et matin, elle lisait ses prières latines dans son missel à fermoir de fer, Gérande avait lu un sentiment caché dans le cœur d'Aubert Thün, quel dévouement profond le jeune ouvrier avait pour elle. Et en effet, à ses yeux, le monde entier se condensait dans cette vieille maison de l'horloger, et tout son temps se passait près de la jeune fille, quand, le travail terminé, il quittait l'atelier de son père.

La vieille Scholastique voyait cela, mais n'en disait mot. Sa loquacité s'exerçait de préférence sur les malheurs de son temps et les petites misères du ménage. On ne cherchait point à l'arrêter. Il en était d'elle comme de ces tabatières à musique que l'on fabriquait à Genève : une fois montée, il aurait fallu la briser pour qu'elle ne jouât pas tous ses airs.

En trouvant Gérande plongée dans une taciturnité douloureuse, Scholastique quitta sa vieille chaise de bois, fixa un cierge sur la pointe d'un chandelier, l'alluma et le posa près d'une petite vierge de cire abritée dans sa niche de pierre. C'était la coutume de s'agenouiller devant cette madone protectrice du foyer domestique, en lui demandant d'étendre sa grâce bienveillante sur la nuit prochaine ; mais, ce soir-là, Gérande demeura silencieuse à sa place.

« Eh bien ! ma chère demoiselle, dit Scholastique avec étonnement, le souper est fini, et voici l'heure du bonsoir. Voulez-vous donc fatiguer vos yeux dans des veilles prolongées ?... Ah ! Sainte Vierge ! c'est pourtant le cas de dormir et de retrouver un peu de joie dans de jolis rêves ! À cette époque maudite où nous vivons, qui peut se promettre une journée de bonheur ?

— Ne faudrait-il pas envoyer chercher quelque médecin pour mon père ? demanda Gérande.

— Un médecin ! s'écria la vieille servante. Maître Zacharius a-t-il jamais prêté l'oreille à toutes leurs imaginations et sentences ! Il peut y avoir des médecines pour les montres, mais non pour les corps !

— Que faire ? murmura Gérande. S'est-il remis au travail ? s'est-il livré au repos ?

— Gérande, répondit doucement Aubert, quelque contrariété morale chagrine maître Zacharius, et voilà tout.

— La connaissez-vous, Aubert ?

— Peut-être, Gérande.

— Racontez-nous cela, s'écria vivement Scholastique, en éteignant parcimonieusement son cierge.

— Depuis plusieurs jours, Gérande, dit le jeune ouvrier, il se passe un fait absolument incompréhensible. Toutes les montres que votre père a faites et vendues depuis quelques années s'arrêtent subitement. On lui en a rapporté un grand nombre. Il les a démontées avec soin ; les ressorts étaient en bon état et les rouages parfaitement établis. Il les a remontées avec plus de soin encore ; mais, en dépit de son habileté, elles n'ont plus marché.

— Il y a du diable là-dessous ! s'écria Scholastique.

— Que veux-tu dire ? demanda Gérande. Ce fait me semble naturel. Tout est borné sur terre, et l'infini ne peut sortir de la main des hommes.

— Il n'en est pas moins vrai, répondit Aubert, qu'il y a en cela quelque chose d'extraordinaire et de mystérieux. J'ai aidé moi-même maître Zacharius à rechercher la cause de ce dérangement de ses montres, je n'ai pu la trouver, et, plus d'une fois, désespéré, les outils me sont tombés des mains.

— Aussi, reprit Scholastique, pourquoi se livrer à tout ce travail de réprouvé ? Est-il naturel qu'un petit instrument de cuivre puisse marcher tout seul et marquer les heures ? On aurait dû s'en tenir au cadran solaire !

— Vous ne parlerez plus ainsi, Scholastique, répondit Aubert, quand vous saurez que le cadran solaire fut inventé par Caïn.

— Seigneur mon Dieu ! que m'apprenez-vous là ?

— Croyez-vous, reprit ingénument Gérande, que l'on puisse prier Dieu de rendre la vie aux montres de mon père ?

— Sans aucun doute, répondit le jeune ouvrier.

— Bon ! Voici des prières inutiles, grommela la vieille servante, mais le Ciel en pardonnera l'intention. »

Le cierge fut rallumé. Scholastique, Gérande et Aubert s'agenouillèrent sur les dalles de la chambre, et la jeune fille pria pour l'âme de sa mère, pour la sanctification de la nuit, pour les voyageurs et les prisonniers, pour les bons et les méchants, et surtout pour les tristesses inconnues de son père.

Puis, ces trois dévotes personnes se relevèrent avec quelque confiance au cœur, car elles avaient remis leur peine dans le sein de Dieu.

Aubert regagna sa chambre, Gérande s'assit toute pensive près de sa fenêtre, pendant que les dernières lueurs s'éteignaient dans la ville de Genève, et Scholastique, après avoir versé un peu d'eau sur les tisons embrasés et poussé les deux énormes verrous de la porte, se jeta sur son lit, où elle ne tarda pas à rêver qu'elle mourait de peur.

Cependant, l'horreur de cette nuit d'hiver avait augmenté. Parfois, avec les tourbillons du fleuve, le vent s'engouffrait sous les pilotis, et la maison frissonnait tout entière ; mais la jeune fille, absorbée par sa tristesse, ne songeait qu'à son père. Depuis les paroles d'Aubert Thün, la maladie de maître Zacharius avait pris à ses yeux des proportions fantastiques, et il lui semblait que cette chère existence, devenue purement mécanique, ne se mouvait plus qu'avec effort sur ses pivots usés.

Soudain l'abat-vent, violemment poussé par la rafale, heurta la fenêtre de la chambre. Gérande tressaillit et se leva brusquement, sans comprendre la cause de ce bruit qui secoua sa torpeur. Dès que son émotion se fut calmée, elle ouvrit le châssis. Les nuages avaient crevé, et une pluie torrentielle crépitait sur les toitures environnantes. La jeune fille se pencha au-dehors pour attirer le volet ballotté par le vent, mais elle eut peur. Il lui parut que la pluie et le fleuve, confondant leurs eaux tumultueuses, submergeaient cette fragile maison dont les ais craquaient de toutes parts. Elle voulut fuir sa chambre ; mais elle aperçut au-dessous d'elle la réverbération d'une lumière qui devait venir du réduit de maître Zacharius, et dans un de ces calmes momentanés pendant lesquels se taisent les éléments, son oreille fut frappée par des sons plaintifs. Elle tenta de refermer sa fenêtre et ne put y parvenir. Le vent la repoussait avec violence, comme un malfaiteur qui s'introduit dans une habitation.

Gérande pensa devenir folle de terreur ! Que faisait donc son père ? Elle ouvrit la porte, qui lui échappa des mains et battit bruyamment sous l'effort de la tempête. Gérande se trouva alors dans la salle obscure du souper, parvint, en tâtonnant, à gagner l'escalier qui aboutissait à l'atelier de maître Zacharius, et s'y laissa glisser, pâle et mourante.

Le vieil horloger était debout au milieu de cette chambre que remplissaient les mugissements du fleuve. Ses cheveux hérissés lui donnaient un aspect sinistre. Il parlait, il gesticulait, sans voir, sans entendre ! Gérande demeura sur le seuil.

« C'est la mort ! disait maître Zacharius d'une voix sourde, c'est la mort !... Que me reste-t-il à vivre, maintenant que j'ai dispersé mon existence par le monde ! car moi, maître Zacharius, je suis bien le créateur de toutes ces montres que j'ai fabriquées ! C'est bien une partie de mon âme que j'ai enfermée dans chacune de ces boîtes de fer, d'argent ou d'or ! Chaque fois que s'arrête une de ces horloges maudites, je sens mon cœur qui cesse de battre, car je les ai réglées sur ses pulsations ! »

Et, en parlant de cette façon étrange, le vieillard jeta les yeux sur son établi. Là se trouvaient toutes les parties d'une montre qu'il avait soigneusement démontée. Il prit une sorte de cylindre creux, appelé barillet, dans lequel est enfermé le ressort, et il en retira la spirale d'acier, qui, au lieu de se détendre, suivant les lois de son élasticité, demeura roulée sur elle-même, ainsi qu'une vipère endormie. Elle semblait nouée, comme ces vieillards impotents dont le sang s'est figé à la longue. Maître Zacharius essaya vainement de la dérouler de ses doigts amaigris, dont la silhouette s'allongeait démesurément sur la muraille, mais il ne put y parvenir, et bientôt, avec un terrible cri de colère, il la précipita par le judas dans les tourbillons du Rhône.

Gérande, les pieds cloués à terre, demeurait sans souffle, sans mouvement. Elle voulait et ne pouvait s'approcher de son père. De vertigineuses hallucinations s'emparaient d'elle. Soudain, elle entendit dans l'ombre une voix murmurer à son oreille :

« Gérande, ma chère Gérande ! La douleur vous tient encore éveillée ! Rentrez, je vous prie, la nuit est froide.

— Aubert ! murmura la jeune fille à mi-voix. Vous ! vous !

— Nc dcvais-jc pas m'inquiétcr dc cc qui vous inquiète ! » répondit Aubert.

Ces douces paroles firent revenir le sang au cœur de la jeune fille. Elle s'appuya au bras de l'ouvrier et lui dit :

« Mon père est bien malade, Aubert ! Vous seul pouvez le guérir, car cette affection de l'âme ne céderait pas aux consolations de sa fille. Il a l'esprit frappé d'un accident fort naturel, et, en travaillant avec lui à réparer ses montres, vous le ramènerez à la raison. Aubert, il n'est pas vrai, ajouta-t-elle, encore tout impressionnée, que sa vie se confonde avec celle de ses horloges ? »

Aubert ne répondit pas.

« Mais ce serait donc un métier réprouvé du Ciel que le métier de mon père ? fit Gérande en frissonnant.

— Je ne sais, répondit l'ouvrier, qui réchauffa de ses mains les mains glacées de la jeune fille. Mais retournez à votre chambre, ma pauvre Gérande, et, avec le repos, reprenez quelque espérance ! »

Gérande regagna lentement sa chambre, et elle y demeura jusqu'au jour, sans que le sommeil appesantît ses paupières, tandis que maître Zacharius, toujours muet et immobile, regardait le fleuve couler bruyamment à ses pieds.

II

L'ORGUEIL ET LA SCIENCE

La sévérité du marchand genevois en affaires est devenue proverbiale. Il est d'une probité rigide et d'une excessive droiture. Quelle dut donc être la honte de maître Zacharius, quand il vit ces montres, qu'il avait montées avec une si grande sollicitude, lui revenir de toutes parts !

Or, il était certain que ces montres s'arrêtaient subitement et sans aucune raison apparente. Les rouages étaient en bon état et parfaitement établis, mais les ressorts avaient perdu toute élasticité. L'horloger essaya vainement de les remplacer : les roues demeurèrent immobiles. Ces dérangements inexplicables firent un tort immense à maître Zacharius. Ses magnifiques inventions avaient laissé maintes fois planer sur lui des soupçons de sorcellerie, qui reprirent dès lors consistance. Le bruit en parvint jusqu'à Gérande, et elle trembla souvent pour son père, lorsque des regards malintentionnés se fixaient sur lui.

Cependant, le lendemain de cette nuit d'angoisses, maître Zacharius parut se remettre au travail avec quelque confiance. Le soleil du matin lui rendit quelque courage. Aubert ne tarda pas à le rejoindre à son atelier et en reçut un bonjour plein d'affabilité.

« Je vais mieux, dit le vieil horloger. Je ne sais quels étranges maux de tête m'obsédaient hier, mais le soleil a chassé tout cela avec les nuages de la nuit.

— Ma foi ! maître, répondit Aubert, je n'aime la nuit ni pour vous, ni pour moi !

— Et tu as raison, Aubert ! Si tu deviens jamais un homme supérieur, tu comprendras que le jour t'est nécessaire comme la nourriture ! Un savant de grand mérite se doit aux hommages du reste des hommes.

— Maître, voilà le péché d'orgueil qui vous reprend.

— De l'orgueil, Aubert ! Détruis mon passé, anéantis mon présent, dissipe mon avenir, et alors il me sera permis de vivre dans l'obscurité ! Pauvre garçon, qui ne comprends pas les sublimes choses auxquelles mon art se rattache tout entier ! N'es-tu donc qu'un outil entre mes mains ?

— Cependant, maître Zacharius, reprit Aubert, j'ai plus d'une fois mérité vos compliments pour la manière dont j'ajustais les pièces les plus délicates de vos montres et de vos horloges !

— Sans aucun doute, Aubert, répondit maître Zacharius, tu es un bon ouvrier que j'aime ; mais, quand tu travailles, tu ne crois avoir entre tes doigts que du cuivre, de l'or, de l'argent, et tu ne sens pas ces métaux, que mon génie anime, palpiter comme une chair vivante ! Aussi, tu ne mourrais pas, toi, de la mort de tes œuvres ! »

Maître Zacharius demeura silencieux après ces paroles ; mais Aubert chercha à reprendre la conversation.

« Par ma foi ! maître, dit-il, j'aime à vous voir travaillant ainsi sans relâche ! Vous serez prêt pour la fête de notre corporation, car je vois que le travail de cette montre de cristal avance rapidement.

— Sans doute, Aubert, s'écria le vieil horloger, et ce ne sera pas un mince honneur pour moi que d'avoir pu tailler et couper cette matière qui a la dureté du diamant ! Ah ! Louis Berghem a bien fait de perfectionner l'art des diamantaires, qui m'a permis de polir et percer les pierres les plus dures ! »

Maître Zacharius tenait en ce moment de petites pièces d'horlogerie en cristal taillé et d'un travail exquis. Les rouages, les pivots, le boîtier de cette montre étaient de la même matière, et, dans cette œuvre de la plus grande difficulté, il avait déployé un talent inimaginable.

« N'est-ce pas, reprit-il, tandis que ses joues s'empourpraient, qu'il sera beau de voir palpiter cette montre à travers son enveloppe transparente, et de pouvoir compter les battements de son cœur !

— Je gage, maître, répondit le jeune ouvrier, qu'elle ne variera pas d'une seconde par an !

— Et tu gageras à coup sûr ! Est-ce que je n'ai pas mis là le plus pur de moi-même ? Est-ce que mon cœur varie, lui ? »

Aubert n'osa pas lever les yeux sur son maître.

« Parle-moi franchement, reprit mélancoliquement le vieillard. Ne m'as-tu jamais pris pour un fou ? Ne me crois-tu pas livré parfois à de désastreuses folies ? Oui, n'est-ce pas ! Dans les yeux de ma fille et dans les tiens, j'ai lu souvent ma condamnation. Oh ! s'écria-t-il avec douleur, n'être pas même compris des êtres que l'on aime le plus au monde ! Mais à toi, Aubert, je te prouverai victorieusement que j'ai raison ! Ne secoue pas la tête, car tu seras stupéfié ! Le jour où tu sauras m'écouter et me comprendre, tu verras que j'ai découvert les secrets de l'existence, les secrets de l'union mystérieuse de l'âme et du corps ! »

En parlant ainsi, maître Zacharius se montrait superbe de fierté. Ses yeux brillaient d'un feu surnaturel, et l'orgueil lui courait à pleines veines. Et, en vérité, si jamais vanité eût pu être légitime, c'eût bien été celle de maître Zacharius !

En effet, l'horlogerie, jusqu'à lui, était presque demeurée dans l'enfance de l'art. Depuis le jour où Platon, quatre cents ans avant l'ère chrétienne, inventa l'horloge nocturne, sorte de clepsydre qui indiquait les heures de la nuit par le son et le jeu d'une flûte, la science resta presque stationnaire. Les maîtres travaillèrent plutôt l'art que la mécanique, et ce fut l'époque des belles horloges en fer, en cuivre, en bois, en argent, qui étaient finement sculptées, comme une aiguière de Cellini. On avait un chef-d'œuvre de ciselure, qui mesurait le temps d'une façon fort imparfaite, mais on avait un chef-d'œuvre. Quand l'imagination de l'artiste ne se tourna plus du côté de la perfection plastique, elle s'ingénia à créer ces horloges à personnages mouvants, à sonneries mélodiques, et dont la mise en scène était réglée d'une façon fort divertissante. Au surplus, qui s'inquiétait, à cette époque, de régulariser la marche du temps ? Les délais de droit n'étaient pas inventés ; les sciences physiques et astronomiques n'établissaient pas leurs calculs sur des mesures scrupuleusement exactes ; il n'y avait ni établissements fermant à heure fixe, ni convois partant à la seconde. Le soir, on sonnait le couvre-feu, et la nuit, on criait les heures au milieu du silence. Certes, on vivait moins de temps, si l'existence se mesure à la quantité des affaires faites, mais on vivait mieux. L'esprit s'enrichissait de ces nobles sentiments nés de la contemplation des chefs-d'œuvre, et l'art ne se faisait pas à la course. On bâtissait une église en deux siècles ; un peintre ne faisait que quelques tableaux en sa vie ; un poète ne composait qu'une œuvre éminente, mais c'étaient autant de chefs-d'œuvre que les siècles se chargeaient d'apprécier.

Lorsque les sciences exactes firent enfin des progrès, l'horlogerie suivit leur essort, bien qu'elle fût toujours arrêtée par une insurmontable difficulté : la mesure régulière et continue du temps.

Or, ce fut au milieu de cette stagnation que maître Zacharius inventa l'échappement, qui lui permit d'obtenir une régularité mathématique, en soumettant le mouvement du pendule à une force constante. Cette invention avait tourné la tête du vieil horloger. L'orgueil, montant dans son cœur, comme le mercure dans le thermomètre, avait atteint la température des folies transcendantes. Par analogie, il s'était laissé aller à des conséquences matérialistes, et, en fabriquant ses montres, il s'imaginait avoir surpris les secrets de l'union de l'âme au corps.

Aussi, ce jour-là, voyant qu'Aubert l'écoutait avec attention, il lui dit d'un ton simple et convaincu :

« Sais-tu ce qu'est la vie, mon enfant ? As-tu compris l'action de ces ressorts qui produisent l'existence ? As-tu regardé dans toi-même ? Non, et pourtant, avec les yeux de la science, tu aurais vu le rapport intime qui existe entre l'œuvre de Dieu et la mienne, car c'est sur sa créature que j'ai copié la combinaison des rouages de mes horloges.

— Maître, reprit vivement Aubert, pouvez-vous comparer une machine de cuivre et d'acier à ce souffle de Dieu nommé l'âme, qui anime les corps, comme la brise communique le mouvement aux fleurs ? Peut-il exister des roues imperceptibles qui fassent mouvoir nos jambes et nos bras ? Quelles pièces seraient si bien ajustées qu'elles engendrassent les pensées en nous ?

— Là n'est pas la question, répondit doucement maître Zacharius, mais avec l'entêtement de l'aveugle qui marche à l'abîme. Pour me comprendre, rappelle-toi le but de l'échappement que j'ai inventé. Quand j'ai vu l'irrégularité de la marche d'une horloge, j'ai compris que le mouvement renfermé en elle ne suffisait pas et qu'il fallait le soumettre à la régularité d'une autre force indépendante. J'ai donc pensé que le balancier pourrait me rendre ce service, si j'arrivais à régulariser les oscillations ! Or, ne fut-ce pas une idée sublime que celle qui me vint de lui faire rendre sa force perdue par ce mouvement même de l'horloge, qu'il était chargé de réglementer ? »

Aubert fit un signe d'assentiment.

« Maintenant, Aubert, continua le vieil horloger en s'animant, jette un regard sur toi-même ! Ne comprends-tu donc pas qu'il y a deux forces distinctes en nous : celle de l'âme et celle du corps, c'est-à-dire un mouvement et un régulateur ? L'âme est le principe de la vie : donc c'est le mouvement. Qu'il soit produit par un poids, par un ressort ou par une influence immatérielle, il n'en est pas moins au cœur. Mais, sans le corps, ce mouvement serait inégal, irrégulier, impossible ! Aussi le corps vient-il régler l'âme, et, comme le balancier, est-il soumis à des oscillations régulières. Et ceci est tellement vrai que l'on se porte mal lorsque le boire, le manger, le sommeil, en un mot les fonctions du corps ne sont pas convenablement réglées ! Ainsi que dans mes montres, l'âme rend au corps la force perdue par ses oscillations. Eh bien ! qui produit donc cette union intime du corps et de l'âme, sinon un échappement merveilleux, par lequel les rouages de l'un viennent s'engrener dans les rouages de l'autre ? Or, voilà ce que j'ai deviné, appliqué, et il n'y a plus de secrets pour moi dans cette vie, qui n'est, après tout, qu'une ingénieuse mécanique ! »

Maître Zacharius était sublime à voir dans cette hallucination, qui le transportait jusqu'aux derniers mystères de l'infini. Mais sa fille Gérande, arrêtée sur le seuil de la porte, avait tout entendu. Elle se précipita dans les bras de son père, qui la pressa convulsivement sur son sein.

« Qu'as-tu, ma fille ? lui demanda maître Zacharius.

— Si je n'avais qu'un ressort ici, dit-elle en mettant la main sur son cœur, je ne vous aimerais pas tant, mon père ! »

Maître Zacharius regarda fixement sa fille et ne répondit pas.

Soudain, il poussa un cri, porta vivement la main sur son cœur et tomba défaillant sur son vieux fauteuil de cuir.

« Mon père ! qu'avez-vous ?

— Du secours ! s'écria Aubert. Scholastique ! »

Mais Scholastique n'accourut pas aussitôt. On avait heurté le marteau de la porte d'entrée. Elle était allée ouvrir, et quand elle revint à l'atelier, avant qu'elle eût ouvert la bouche, le vieil horloger, ayant repris ses sens, lui disait :

« Je devine, ma vieille Scholastique, que tu m'apportes encore une de ces montres maudites qui s'est arrêtée !

— Jésus ! C'est pourtant la vérité, répondit Scholastique, en remettant une montre à Aubert.

— Mon cœur ne peut pas se tromper ! » dit le vieillard avec un soupir.

Cependant, Aubert avait remonté la montre avec le plus grand soin, mais elle ne marchait plus.

III

UNE VISITE ÉTRANGE

La pauvre Gérande aurait vu sa vie s'éteindre avec celle de son père, sans la pensée d'Aubert qui la rattachait au monde.

Le vieil horloger s'en allait peu à peu. Ses facultés tendaient évidemment à s'amoindrir en se concentrant sur une pensée unique. Par une funeste association d'idées, il ramenait tout à sa monomanie, et la vie terrestre semblait s'être retirée de lui pour faire place à cette existence extra-naturelle des puissances intermédiaires. Aussi quelques rivaux malintentionnés ravivèrent-ils les bruits diaboliques qui avaient été répandus sur les travaux de maître Zacharius.

La constatation des dérangements inexplicables qu'éprouvaient ses montres fit un effet prodigieux parmi les maîtres horlogers de Genève. Que signifiait cette soudaine inertie dans leurs rouages, et pourquoi ces bizarres rapports qu'elles paraissaient avoir avec la vie de Zacharius ? C'étaient là de ces mystères que l'on n'envisage jamais sans une secrète terreur. Dans les diverses classes de la ville, depuis l'apprenti jusqu'au seigneur qui se servaient des montres du vieil horloger, il ne fut personne qui ne pût juger par lui-même de la singularité du fait. On voulut, mais en vain, pénétrer jusqu'à maître Zacharius. Celui-ci tomba fort malade – ce qui permit à sa fille de le soustraire à ces visites incessantes, qui dégénéraient en reproches et en récriminations.

Les médecines et les médecins furent impuissants vis-à-vis de ce dépérissement organique, dont la cause échappait. Il semblait parfois que le cœur du vieillard cessât de battre, et puis ses battements reprenaient avec une inquiétante irrégularité.

La coutume existait, dès lors, de soumettre les œuvres des maîtres à l'appréciation du populaire. Les chefs des différentes maîtrises cherchaient à se distinguer par la nouveauté ou la perfection de leurs ouvrages, et ce fut parmi eux que l'état de maître Zacharius rencontra la plus bruyante pitié, mais une pitié intéressée. Ses rivaux le plaignaient d'autant plus volontiers qu'ils le redoutaient moins. Ils se souvenaient toujours des succès du vieil horloger, quand il exposait ces magnifiques horloges à sujets mouvants, ces montres à sonnerie, qui faisaient l'admiration générale et atteignaient de si hauts prix dans les villes de France, de Suisse et d'Allemagne.

Cependant, grâce aux soins constants de Gérande et d'Aubert, la santé de maître Zacharius parut se raffermir un peu, et au milieu de cette quiétude que lui laissa sa convalescence, il parvint à se détacher des pensées qui l'absorbaient. Dès qu'il put marcher, sa fille l'entraîna hors de sa maison, où les pratiques mécontentes affluaient sans cesse. Aubert, lui, demeurait à l'atelier, montant et remontant inutilement ces montres rebelles, et le pauvre garçon, n'y comprenant rien, se prenait quelquefois la tête à deux mains, avec la crainte de devenir fou comme son maître.

Gérande dirigeait alors les pas de son père vers les plus riantes promenades de la ville. Tantôt, soutenant le bras de maître Zacharius, elle prenait par Saint-Antoine, d'où la vue s'étend sur le coteau de Cologny et sur le lac. Quelquefois, par les belles matinées, on pouvait apercevoir les pics gigantesques du mont Buet se dresser à l'horizon. Gérande nommait par leur nom tous ces lieux presque oubliés de son père, dont la mémoire semblait déroutée, et celui-ci éprouvait un plaisir d'enfant à apprendre toutes ces choses, dont le souvenir s'était égaré dans sa tête. Maître Zacharius s'appuyait sur sa fille, et ces deux chevelures, blanche et blonde, se confondaient dans le même rayon de soleil.

Il arriva aussi que le vieil horloger s'aperçut enfin qu'il n'était pas seul en ce monde. En voyant sa fille jeune et belle, lui vieux et brisé, il songea qu'après sa mort elle resterait seule, sans appui, et il regarda autour de lui et autour d'elle. Bien des jeunes ouvriers de Genève avaient déjà courtisé Gérande ; mais aucun n'avait eu accès dans la retraite impénétrable où vivait la famille de l'horloger. Il fut donc tout naturel que, pendant cette éclaircie de son cerveau, le choix du vieillard s'arrêtât sur Aubert Thün. Une fois lancé sur cette pensée, il remarqua que ces deux jeunes gens avaient été élevés dans les mêmes idées et les mêmes croyances, et les oscillations de leur cœur lui parurent « isochrones », comme il le dit un jour à Scholastique.

La vieille servante, littéralement enchantée du mot, bien qu'elle ne le comprît pas, jura par sa sainte patronne que la ville entière le saurait avant un quart d'heure. Maître Zacharius eut grand-peine à la calmer, et obtint d'elle enfin de garder sur cette communication un silence qu'elle ne tint jamais.

Si bien qu'à l'insu de Gérande et d'Aubert, on causait déjà dans tout Genève de leur union prochaine. Mais il advint aussi que, pendant ces conversations, on entendait souvent un ricanement singulier et une voix qui disait :

« Gérande n'épousera pas Aubert. »

Si les causeurs se retournaient, ils se trouvaient en face d'un petit vieillard qu'ils ne connaissaient pas.

Quel âge avait cet être singulier ? Personne n'eût pu le dire ! On devinait qu'il devait exister depuis un grand nombre de siècles, mais voilà tout. Sa grosse tête écrasée reposait sur des épaules dont la largeur égalait la hauteur de son corps, qui ne dépassait pas trois pieds. Ce personnage eût fait bonne figure sur un support de pendule, car le cadran se fût naturellement placé sur sa face, et le balancier aurait oscillé à son aise dans sa poitrine. On eût volontiers pris son nez pour le style d'un cadran solaire, tant il était mince et aigu ; ses dents, écartées et à surface épicycloïque, ressemblaient aux engrenages d'une roue et grinçaient entre ses lèvres ; sa voix avait le son métallique d'un timbre, et l'on pouvait entendre son cœur battre comme le tic-tac d'une horloge. Ce petit homme, dont les bras se mouvaient à la manière des aiguilles sur un cadran, marchait par saccades, sans se retourner jamais. Le suivait-on, on trouvait qu'il faisait une lieue par heure et que sa marche était à peu près circulaire.

Il y avait peu de temps que cet être bizarre errait ainsi, ou plutôt tournait par la ville ; mais on avait pu observer déjà que chaque jour, au moment où le soleil passait au méridien, il s'arrêtait devant la cathédrale de Saint-Pierre, et qu'il reprenait sa route après les douze coups de midi. Hormis ce moment précis, il semblait surgir dans toutes les conversations où l'on s'occupait du vieil horloger, et l'on se demandait, avec effroi, quel rapport pouvait exister entre lui et maître Zacharius. Au surplus, on remarquait qu'il ne perdait pas de vue le vieillard et sa fille pendant leurs promenades.

Un jour, sur la Treille, Gérande aperçut ce monstre qui la regardait en riant. Elle se pressa contre son père, avec un mouvement d'effroi.

« Qu'as-tu, ma Gérande ? demanda maître Zacharius.

— Je ne sais pas, répondit la jeune fille.

— Je te trouve changée, mon enfant ! dit le vieil horloger. Voilà donc que tu vas tomber malade à ton tour ? Eh bien ! ajouta-t-il avec un triste sourire, il faudra que je te soigne, et je te soignerai bien.

— Oh ! mon père, ce ne sera rien. J'ai froid, et j'imagine que c'est...

— Eh quoi, Gérande ?

— La présence de cet homme qui nous suit sans cesse », répondit-elle à voix basse.

Maître Zacharius se retourna vers le petit vieillard.

« Ma foi, il va bien, dit-il avec un air de satisfaction, car il est justement quatre heures. Ne crains rien, ma fille, ce n'est pas un homme, c'est une horloge ! »

Gérande regarda son père avec terreur. Comment maître Zacharius avait-il pu lire l'heure sur le visage de cette étrange créature ?

« À propos, continua le vieil horloger, sans plus s'occuper de cet incident, je ne vois pas Aubert depuis quelques jours.

— Il ne nous quitte cependant pas, mon père, répondit Gérande, dont les pensées prirent une teinte plus douce.

— Que fait-il, alors ?

— Il travaille, mon père.

— Ah ! s'écria le vieillard, il travaille à réparer mes montres, n'est-il pas vrai ? Mais il n'y parviendra jamais, car ce n'est pas une réparation qu'il leur faut, mais bien une résurrection ! »

Gérande demeura silencieuse.

« Il faudra que je sache, ajouta le vieillard, si l'on n'a pas encore rapporté quelques-unes de ces montres damnées sur lesquelles le diable a jeté une épidémie ! »

Puis, après ces mots, maître Zacharius tomba dans un mutisme absolu jusqu'au moment où il heurta la porte de son logis, et pour la première fois depuis sa convalescence, tandis que Gérande regagnait tristement sa chambre, il descendit à son atelier.

Au moment où il en franchissait la porte, une des nombreuses horloges suspendues au mur vint à sonner cinq heures. Ordinairement, les différentes sonneries de ces appareils, admirablement réglées, se faisaient entendre simultanément, et leur concordance réjouissait le cœur du vieillard ; mais, ce jour-là, tous ces timbres tintèrent les uns après les autres, si bien que pendant un quart d'heure l'oreille fut assourdie par leurs bruits successifs. Maître Zacharius souffrait affrcusement ; il ne pouvait tenir en place, il allait de l'une à l'autre de ces horloges, et il leur battait la mesure, comme un chef d'orchestre qui ne serait plus maître de ses musiciens.

Lorsque le dernier son s'éteignit, la porte de l'atelier s'ouvrit, et maître Zacharius frissonna de la tête aux pieds en voyant devant lui le petit vieillard, qui le regarda fixement et lui dit :

« Maître, ne puis-je m'entretenir quelques instants avec vous ?

— Qui êtes-vous ? demanda brusquement l'horloger.

— Un confrère. C'est moi qui suis chargé de régler le soleil.

— Ah ! c'est vous qui réglez le soleil ? répliqua vivement maître Zacharius sans sourciller. Eh bien ! je ne vous en complimente guère ! Votre soleil va mal, et, pour nous trouver d'accord avec lui, nous sommes obligés tantôt d'avancer nos horloges et tantôt de les retarder !

— Et par le pied fourchu du diable ! s'écria le monstrueux personnage, vous avez raison, mon maître ! Mon soleil ne marque pas toujours midi au même moment que vos horloges ; mais, un jour, on saura que cela vient de l'inégalité du mouvement de translation de la terre, et l'on inventera un midi moyen qui réglera cette irrégularité !

— Vivrai-je encore à cette époque ? demanda le vieil horloger, dont les yeux s'animèrent.

— Sans doute, répliqua le petit vieillard en riant. Est-ce que vous pouvez croire que vous mourrez jamais ?

— Hélas ! je suis pourtant bien malade !

— Au fait, causons de cela. Par Belzébuth ! cela nous mènera à ce dont je veux vous parler. »

Et ce disant, cet être bizarre sauta sans façon sur le vieux fauteuil de cuir et ramena ses jambes l'une sous l'autre, à la façon de ces os décharnés que les peintres de tentures funéraires croisent sous les têtes de mort. Puis, il reprit d'un ton ironique :

« Voyons, çà, maître Zacharius, que se passe-t-il donc dans cette bonne ville de Genève ? On dit que votre santé s'altère, que vos montres ont besoin de médecins !

— Ah ! vous croyez, vous, qu'il y a un rapport intime entre leur existence et la mienne ! s'écria maître Zacharius.

— Moi, j'imagine que ces montres ont des défauts, des vices même. Si ces gaillardes-là n'ont pas une conduite fort régulière, il est juste qu'elles portent la peine de leur dérèglement. Il m'est avis qu'elles auraient besoin de se ranger un peu !

— Qu'appelez-vous des défauts ? fit maître Zacharius, rougissant du ton sarcastique avec lequel ces paroles avaient été prononcées. Est-ce qu'elles n'ont pas le droit d'être fières de leur origine ?

— Pas trop, pas trop ! répondit le petit vieillard. Elles portent un nom célèbre, et sur leur cadran est gravée une signature illustre, c'est vrai, et elles ont le privilège exclusif de s'introduire parmi les plus nobles familles ; mais, depuis quelque temps, elles se dérangent, et vous n'y pouvez rien, maître Zacharius, et le plus inhabile des apprentis de Genève vous en remontrerait !

— À moi, à moi, maître Zacharius ! s'écria le vieillard avec un terrible mouvement d'orgueil.

— À vous, maître Zacharius, qui ne pouvez rendre la vie à vos montres !

— Mais c'est que j'ai la fièvre et qu'elles l'ont aussi ! répondit le vieil horloger, tandis qu'une sueur froide lui courait par tous les membres.

— Eh bien ! elles mourront avec vous, puisque vous êtes si empêché de redonner un peu d'élasticité à leurs ressorts !

— Mourir ! Non pas, vous l'avez dit ! Je ne peux pas mourir, moi, le premier horloger du monde, moi qui, au moyen de ces pièces et de ces rouages divers, ai su régler le mouvement avec une précision absolue ! N'ai-je donc pas assujetti le temps à des lois exactes, et ne puis-je en disposer en souverain ? Avant qu'un sublime génie vînt disposer régulièrement ces heures égarées, dans quel vague immense était plongée la destinée humaine ? À quel moment certain pouvaient se rapporter les actes de la vie ? Mais vous, homme ou diable, qui que vous soyez, vous n'avez donc jamais songé à la magnificence de mon art, qui appelle toutes les sciences à son aide ? Non ! non ! moi, maître Zacharius, je ne peux pas mourir, car, puisque j'ai réglé le temps, le temps finirait avec moi ! Il retournerait à cet infini dont mon génie a su l'arracher, et il se perdrait irréparablement dans le gouffre du néant ! Non, je ne puis pas plus mourir que le Créateur de cet univers soumis à ses lois ! Je suis devenu son égal, et j'ai partagé sa puissance ! Maître Zacharius a créé le temps, si Dieu a créé l'éternité. »

Le vieil horloger ressemblait alors à l'ange déchu, se redressant contre le Créateur. Le petit vieillard le caressait du regard et semblait lui souffler tout cet emportement impie.

« Bien dit, maître ! répliqua-t-il. Belzébuth avait moins de droits que vous de se comparer à Dieu ! Il ne faut pas que votre gloire périsse ! Aussi votre serviteur veut-il vous donner le moyen de dompter ces montres rebelles.

— Quel est-il ? quel est-il ? s'écria maître Zacharius.

— Vous le saurez le lendemain du jour où vous m'aurez accordé la main de votre fille.

— Ma Gérande ?

— Elle-même !

— Le cœur de ma fille n'est pas libre, répondit maître Zacharius à cette demande, qui ne parut ni le choquer ni l'étonner.

— Bah !... Ce n'est pas la moins belle de vos horloges... mais elle finira par s'arrêter aussi...

— Ma fille, ma Gérande !... Non !...

— Eh bien ! retournez à vos montres, maître Zacharius ! Montez et démontez-les ! Préparez le mariage de votre fille et de votre ouvrier ! Trempez des ressorts faits de votre meilleur acier ! Bénissez Aubert et la belle Gérande, mais souvenez-vous que vos montres ne marcheront jamais et que Gérande n'épousera pas Aubert ! »

Et là-dessus, le petit vieillard sortit, mais pas si vite que maître Zacharius ne pût entendre sonner six heures dans sa poitrine.

IV

L'ÉGLISE DE SAINT-PIERRE

Cependant l'esprit et le corps de maître Zacharius s'affaiblissaient de plus en plus. Seulement une surexcitation extraordinaire le ramena plus violemment que jamais à ses travaux d'horlogerie, dont sa fille ne parvint plus à le distraire.

Son orgueil s'était encore rehaussé depuis cette crise à laquelle son visiteur étrange l'avait traîtreusement poussé, et il résolut de dominer, à force de génie, l'influence maudite qui s'appesantissait sur son œuvre et sur lui. Il visita d'abord les différentes horloges de la ville, confiées à ses soins. Il s'assura, avec une scrupuleuse attention, que les rouages en étaient bons, les pivots solides, les contrepoids exactement équilibrés. Il n'y eut pas jusqu'aux cloches des sonneries qu'il n'auscultât avec le recueillement d'un médecin interrogeant la poitrine d'un malade. Rien n'indiquait donc que ces horloges fussent à la veille d'être frappées d'inertie.

Gérande et Aubert accompagnaient souvent le vieil horloger dans ces visites. Celui-ci aurait dû prendre plaisir à les voir empressés à le suivre, et certes il n'eût pas été si préoccupé de sa fin prochaine, s'il eût songé que son existence devait se continuer par celle de ces êtres chéris, s'il eût compris que dans les enfants il reste toujours quelque chose de la vie d'un père !

Le vieil horloger, rentré chez lui, reprenait ses travaux avec une fiévreuse assiduité. Bien que persuadé de ne pas réussir, il lui semblait pourtant impossible que cela fût, et il montait et démontait sans cesse les montres que l'on rapportait à son atelier.

Aubert, de son côté, s'ingéniait en vain à découvrir les causes de ce mal.

« Maître, disait-il, cela ne peut cependant venir que de l'usure des pivots et des engrenages !

— Tu prends donc plaisir à me tuer à petit feu ? lui répondait violemment maître Zacharius. Est-ce que ces montres sont l'œuvre d'un enfant ? Est-ce que, de crainte de me frapper sur les doigts, j'ai enlevé au tour la surface de ces pièces de cuivre ? Est-ce que, pour obtenir une plus grande dureté, je ne les ai pas forgées moi-même ? Est-ce que ces ressorts ne sont pas trempés avec une rare perfection ? Est-ce que l'on peut employer des huiles plus fines pour les imprégner ? Tu conviens toi-même que c'est impossible, et tu avoues enfin que le diable s'en mêle ! »

Et puis, du matin au soir, les pratiques mécontentes affluaient de plus belle à la maison, et elles parvenaient jusqu'au vieil horloger, qui ne savait laquelle entendre.

« Cette montre retarde sans que je puisse parvenir à la régler ! disait l'un.

— Celle-ci, reprenait un autre, y met un entêtement véritable, et elle s'est arrêtée, ni plus ni moins que le soleil de Josué !

— S'il est vrai que votre santé, répétaient la plupart des mécontents, influe sur la santé de vos horloges, maître Zacharius, guérissez-vous au plus tôt ! »

Le vieillard regardait tous ces gens-là avec des yeux hagards et ne répondait que par des hochements de tête ou de tristes paroles :

« Attendez aux premiers beaux jours, mes amis ! C'est la saison où l'existence se ravive dans les corps fatigués ! Il faut que le soleil vienne nous réchauffer tous !

— Le bel avantage, si nos montres doivent être malades pendant l'hiver ! lui dit un des plus enragés. Savez-vous, maître Zacharius, que votre nom est inscrit en toutes lettres sur leur cadran ! Par la Vierge ! vous ne faites pas honneur à votre signature ! »

Enfin, il arriva que le vieillard, honteux de ces reproches, retira quelques pièces d'or de son vieux bahut et commença à racheter les montres endommagées. À cette nouvelle, les chalands accoururent en foule, et l'argent de ce pauvre logis s'écoula bien vite ; mais la probité du marchand demeura à couvert. Gérande applaudit de grand cœur à cette délicatesse, qui la menait droit à la ruine, et bientôt Aubert dut offrir ses économies à maître Zacharius.

« Que deviendra ma fille ? » disait le vieil horloger, se raccrochant parfois, dans ce naufrage, aux sentiments de l'amour paternel.

Aubert n'osa pas répondre qu'il se sentait bon courage pour l'avenir et grand dévouement pour Gérande. Maître Zacharius, ce jour-là, l'eût appelé son gendre et démenti ces funestes paroles qui bourdonnaient encore à son oreille :

« Gérande n'épousera pas Aubert. »

Néanmoins, avec ce système, le vieil horloger en arriva à se dépouiller entièrement. Ses vieux vases antiques s'en allèrent à des mains étrangères ; il se défit de magnifiques panneaux de chêne finement sculpté qui revêtaient les murailles de son logis ; quelques naïves peintures des premiers peintres flamands ne réjouirent bientôt plus les regards de sa fille, et tout, jusqu'aux précieux outils que son génie avait inventés, fut vendu pour indemniser les réclamants.

Scholastique, seule, ne voulait pas entendre raison sur un semblable sujet ; mais ses efforts ne pouvaient empêcher les importuns d'arriver jusqu'à son maître et de ressortir bientôt avec quelque objet précieux. Alors son caquetage retentissait dans toutes les rues du quartier, où on la connaissait de longue date. Elle s'employait à démentir les bruits de sorcellerie et de magie qui couraient sur le compte de Zacharius ; mais comme, au fond, elle était persuadée de leur vérité, elle disait et redisait force prières pour racheter ses pieux mensonges.

On avait fort bien remarqué que, depuis longtemps, l'horloger avait abandonné l'accomplissement de ses devoirs religieux. Autrefois, il accompagnait Gérande aux offices et semblait trouver dans la prière ce charme intellectuel dont elle imprègne les belles intelligences, puisqu'elle est le plus sublime exercice de l'imagination. Cet éloignement volontaire du vieillard pour les pratiques saintes, joint aux pratiques secrètes de sa vie, avait, en quelque sorte, légitimé les accusations dc sortilègc portées contre ses travaux. Aussi, dans le double but de ramener son père à Dieu et au monde, Gérande résolut d'appeler la religion à son secours. Elle pensa que le catholicisme pourrait rendre quelque vitalité à cette âme mourante ; mais ces dogmes de foi et d'humilité avaient à combattre dans l'âme de maître Zacharius un insurmontable orgueil, et ils se heurtaient contre cette fierté de la science qui rapporte tout à elle, sans remonter à la source infinie d'où découlent les premiers principes.

Ce fut dans ces circonstances que la jeune fille entreprit la conversion de son père, et son influence fut si efficace que le vieil horloger promit d'assister le dimanche suivant à la grand-messe de la cathédrale. Gérande éprouva un moment d'extase, comme si le ciel se fût entrouvert à ses yeux. La vieille Scholastique ne put contenir sa joie et eut enfin des arguments sans réplique contre les mauvaises langues qui accusaient son maître d'impiété. Elle en parla à ses voisines, à ses amies, à ses ennemies, à qui la connaissait comme à qui ne la connaissait point.

« Ma foi, nous ne croyons guère à ce que vous nous annoncez, dame Scholastique, lui répondit-on. Maître Zacharius a toujours agi de concert avec le diable !

— Vous n'avez donc pas compté, reprenait la bonne femme, les beaux clochers où battent les horloges de mon maître ? Combien de fois a-t-il fait sonner l'heure de la prière et de la messe !

— Sans doute, lui répondait-on. Mais n'a-t-il pas inventé des machines qui marchent toutes seules et qui parviennent à faire l'ouvrage d'un homme véritable ?

— Est-ce que des enfants du démon, reprenait dame Scholastique en colère, auraient pu exécuter cette belle horloge de fer du château d'Andernatt, que la ville de Genève n'a pas été assez riche pour acheter ? À chaque heure apparaissait une belle devise, et un chrétien qui s'y serait conformé aurait été tout droit en paradis ! Est-ce donc là le travail du diable ? »

Ce chef-d'œuvre, fabriqué vingt ans auparavant, avait effectivement porté aux nues la gloire de maître Zacharius ; mais, à cette occasion même, les accusations de sorcellerie avaient été générales. Au surplus, le retour du vieillard à l'église de Saint-Pierre devait réduire les méchantes langues au silence.

Maître Zacharius, sans se souvenir sans doute de cette promesse faite à sa fille, était retourné à son atelier. Après avoir vu son impuissance à rendre la vie à ses montres, il résolut de tenter s'il ne pourrait en fabriquer de nouvelles. Il abandonna tous ces corps inertes et se remit à terminer la montre de cristal qui devait être son chef-d'œuvre ; mais il eut beau faire, se servir de ses outils les plus parfaits, employer le rubis et le diamant propres à résister aux frottements, la montre lui éclata entre les mains la première fois qu'il voulut la monter !

Le vieillard cacha cet événement à tout le monde, même à sa fille ; mais dès lors sa vie déclina rapidement. Ce n'étaient plus que les dernières oscillations d'un pendule qui vont en diminuant quand rien ne vient leur rendre leur mouvement primitif. Il semblait que les lois de la pesanteur, agissant directement sur le vieillard, l'entraînaient irrésistiblement dans la tombe.

Ce dimanche si ardemment désiré par Gérande arriva enfin. Le temps était beau et la température vivifiante. Les habitants de Genève s'en allaient tranquillement par les rues de la ville, avec de gais discours sur le retour du printemps. Gérande, prenant soigneusement le bras du vieillard, se dirigea du côté de Saint-Pierre, pendant que Scholastique les suivait en portant leurs livres d'heures. On les regarda passer avec curiosité. Le vieillard se laissait conduire comme un enfant, ou plutôt comme un aveugle. Ce fut presque avec un sentiment d'effroi que les fidèles de Saint-Pierre l'aperçurent franchissant le seuil de l'église, et ils affectèrent même de se retirer à son approche.

Les chants de la grand-messe retentissaient déjà. Gérande se dirigea vers son banc accoutumé et s'y agenouilla dans le recueillement le plus profond. Maître Zacharius demeura près d'elle, debout.

Les cérémonies de la messe se déroulèrent avec la solennité majestueuse de ces époques de croyance, mais le vieillard ne croyait pas. Il n'implora pas la pitié du Ciel avec les cris de douleur du *Kyrie* ; avec le *Gloria in excelsis*, il ne chanta pas les magnificences des hauteurs célestes ; la lecture de l'Évangile ne le tira pas de ses rêveries matérialistes, et il oublia de s'associer aux hommages catholiques du *Credo*. Cet orgueilleux vieillard demeurait immobile, insensible et muet comme une statue de pierre ; et même, au moment solennel où la clochette annonça le miracle de la transsubstantiation, il ne se courba pas, et il regarda en face l'hostie divinisée que le prêtre élevait au-dessus des fidèles.

Gérande regarda son père, et d'abondantes larmes mouillèrent son missel !

À cet instant, l'horloge de Saint-Pierre sonna la demie de onze heures. Maître Zacharius se retourna avec vivacité vers ce vieux clocher qui parlait encore. Il lui sembla que le cadran intérieur le regardait fixement, que les chiffres des heures brillaient comme s'ils eussent été gravés en traits de feu, et que les aiguilles dardaient une étincelle électrique par leurs pointes aiguës.

La messe s'acheva. C'était la coutume que l'*Angelus* fût dit à l'heure de midi ; les officiants, avant de quitter le parvis, attendaient que l'heure sonnât à l'horloge du clocher. Encore quelques instants, et cette prière allait monter aux pieds de la Vierge.

Mais soudain un bruit strident se fit entendre. Maître Zacharius poussa un cri...

La grande aiguille du cadran, arrivée à midi, s'était subitement arrêtée, et midi ne sonna pas.

Gérande se précipita au secours de son père, qui était renversé sans mouvement, et que l'on transporta hors de l'église.

« C'est le coup de mort ! » se dit Gérande en sanglotant.

Maître Zacharius, ramené à son logis, fut couché dans un état complet d'anéantissement. La vie n'existait plus en lui qu'à la surface de son corps, comme les derniers nuages de fumée qui errent autour d'une lampe à peine éteinte.

Lorsqu'il reprit ses sens, Aubert et Gérande étaient penchés sur lui. À ce moment suprême, l'avenir prit à ses yeux la forme du présent. Il vit sa fille, seule, sans appui.

« Mon fils, dit-il à Aubert, je te donne ma fille », et il étendit la main vers ses deux enfants, qui furent unis ainsi à ce lit de mort.

Mais, aussitôt, maître Zacharius se souleva par un mouvement de rage. Les paroles du petit vieillard lui revinrent au cerveau.

« Je ne veux pas mourir ! s'écria-t-il. Je ne peux pas mourir ! Moi, maître Zacharius, je ne dois pas mourir... Mes livres !... mes comptes !... »

Et, ce disant, il s'élança hors de son lit vers un livre où se trouvaient inscrits les noms de ses pratiques ainsi que l'objet qu'il leur avait vendu. Ce livre, il le feuilleta avec avidité, et son doigt décharné se fixa sur l'un des feuillets.

« Là ! dit-il, là !... Cette vieille horloge de fer, vendue à ce Pittonaccio ! C'est la seule qui ne m'ait pas encore été rapportée ! Elle existe ! elle marche ! elle vit toujours ! Ah ! je la veux ! je la retrouverai ! je la soignerai si bien que la mort n'aura plus prise sur moi. »

Et il s'évanouit.

Aubert et Gérande s'agenouillèrent près du lit du vieillard et prièrent ensemble.

V

L'HEURE DE LA MORT

Quelques jours s'écoulèrent encore, et maître Zacharius, cet homme presque mort, se releva de son lit et revint à la vie par une surexcitation surnaturelle. Il vivait d'orgueil. Mais Gérande ne s'y trompa pas : le corps et l'âme de son père étaient à jamais perdus.

On vit alors le vieillard occupé à rassembler ses dernières ressources, sans prendre souci des siens. Il dépensait une énergie incroyable, marchant, furetant et marmottant de mystérieuses paroles.

Un matin, Gérande descendit à son atelier. Maître Zacharius n'y était pas.

Pendant toute cette journée, elle l'attendit. Maître Zacharius ne revint pas.

Gérande pleura toutes les larmes de ses yeux, mais son père ne reparut pas.

Aubert parcourut la ville et acquit la triste certitude que le vieillard l'avait quittée.

« Retrouvons mon père ! » s'écria Gérande, quand le jeune ouvrier lui apporta ces douloureuses nouvelles.

« Où peut-il être ? » se demanda Aubert.

Une inspiration illumina soudain son esprit. Les dernières paroles de maître Zacharius lui revinrent à la mémoire. Le vieil horloger ne vivait plus que dans cette vieille horloge de fer qu'on ne lui avait pas rendue ! Maître Zacharius devait s'être mis à sa recherche.

Aubert communiqua sa pensée à Gérande.

« Voyons le livre de mon père », lui répondit-elle.

Tous deux descendirent à l'atelier. Le livre était ouvert sur l'établi. Toutes les montres ou horloges faites par le vieil horloger, et qui lui étaient revenues par suite de leur dérangement, étaient effacées, toutes, excepté une !

« Vendu au seigneur Pittonaccio une horloge en fer, à sonnerie et à personnages mouvants, déposée en son château d'Andernatt. »

C'était cette horloge « morale » dont la vieille Scholastique avait parlé avec tant d'éloges.

« Mon père est là ! s'écria Gérande.

— Courons-y, répondit Aubert. Nous pouvons le sauver encore !...

— Non pas pour cette vie, murmura Gérande, mais au moins pour l'autre !

— À la grâce de Dieu, Gérande ! Le château d'Andernatt est situé dans les gorges des Dents-du-Midi, à une vingtaine d'heures de Genève. Partons ! »

Ce soir-là même, Aubert et Gérande, suivis de leur vieille servante, cheminaient à pied sur la route qui côtoie le lac de Genève. Ils firent cinq lieues dans la nuit, ne s'étant arrêtés ni à Bessinge, ni à Ermance, où s'élève le célèbre château des Mayor. Ils traversèrent à gué et non sans peine le torrent de la Dranse. En tous lieux ils s'inquiétaient de maître Zacharius, et eurent bientôt la certitude qu'ils marchaient sur ses traces.

Le lendemain, à la chute du jour, après avoir passé Thonon, ils atteignirent Évian, d'où l'on voit la côte de la Suisse se développer aux regards sur une étendue de douze lieues. Mais les deux fiancés n'aperçurent même pas ces sites enchanteurs. Ils allaient, poussés par une force surnaturelle. Aubert, appuyé sur un bâton noueux, offrait son bras tantôt à Gérande et tantôt à la vieille Scholastique, et il puisait dans son cœur une suprême énergie pour soutenir ses compagnes. Tous trois parlaient de leurs douleurs, de leurs espérances, et suivaient ainsi cette belle route à fleur d'eau, sur ce plateau rétréci qui relie les bords du lac aux hautes montagnes du Chalais. Bientôt ils atteignirent Bouveret, à l'endroit où le Rhône entre dans le lac de Genève.

À partir de cette ville, ils abandonnèrent le lac, et leur fatigue s'accrut au milieu de ces contrées montagneuses. Vionnaz, Chesset, Collombay, villages à demi perdus, demeurèrent bientôt derrière eux. Cependant, leurs genoux fléchirent, leurs pieds se déchirèrent à ces crêtes aiguës qui hérissaient le sol comme des broussailles de granit. Aucune trace de maître Zacharius !

Il fallait le retrouver pourtant, et les deux fiancés ne demandèrent le repos ni aux chaumières isolées, ni au château de Monthey, qui, avec ses dépendances, forma l'apanage de Marguerite de Savoie. Enfin, vers la fin de cette journée, ils atteignirent, presque mourants de fatigue, l'ermitage de Notre-Dame du Sex, qui est situé à la base de la Dent-du-Midi, à six cents pieds au-dessus du Rhône.

L'ermite les reçut tous trois à la tombée de la nuit. Ils n'auraient pu faire un pas de plus, et là ils durent prendre quelque repos.

L'ermite ne leur donna aucune nouvelle de maître Zacharius. À peine pouvait on espérer le retrouver vivant au milieu de ces mornes solitudes. La nuit était profonde, l'ouragan sifflait dans la montagne, et les avalanches se précipitaient du sommet des rocs ébranlés.

Les deux fiancés, accroupis devant le foyer de l'ermite, lui racontèrent leur douloureuse histoire. Leurs manteaux, imprégnés de neige, séchaient dans quelque coin, et, au-dehors, le chien de l'ermitage poussait de lugubres aboiements, qui se mêlaient aux hurlements de la rafale.

« L'orgueil, dit l'ermite à ses hôtes, a perdu un ange créé pour le bien. C'est la pierre d'achoppement où se heurtent les destinées de l'homme. À l'orgueil, ce principe de tous vices, on ne peut opposer aucuns raisonnements, puisque, par sa nature même, l'orgueilleux se refuse à les entendre... Il n'y a donc plus qu'à prier pour votre père ! »

Tous quatre s'agenouillaient, quand les aboiements du chien redoublèrent, et l'on heurta à la porte de l'ermitage.

« Ouvrez, au nom du diable ! »

La porte céda sous de violents efforts, et il apparut un homme échevelé, hagard, à peine vêtu.

« Mon père ! » s'écria Gérande.

C'était maître Zacharius.

« Où suis-je ? fit-il. Dans l'éternité !... Le temps est fini... les heures ne sonnent plus... les aiguilles s'arrêtent !

— Mon père ! reprit Gérande avec une si déchirante émotion que le vieillard sembla revenir au monde des vivants.

— Toi ici, ma Gérande ! s'écria-t-il, et toi, Aubert !... Ah ! mes chers fiancés, vous venez vous marier à notre vieille église !

— Mon père, dit Gérande en le saisissant par le bras, revenez à votre maison de Genève, revenez avec nous ! »

Le vieillard échappa à l'étreinte de sa fille et se jeta vers la porte, sur le seuil de laquelle la neige s'entassait à gros flocons.

« N'abandonnez pas vos enfants ! s'écria Aubert.

— Pourquoi, répondit tristement le vieil horloger, pourquoi retourner à ces lieux que ma vie a déjà quittés et où une partie de moi-même est enterrée à jamais !

— Votre âme n'est pas morte ! dit l'ermite d'une voix grave.

— Mon âme !... Oh ! non !... ses rouages sont bons !... Je la sens battre à temps égaux...

— Votre âme est immatérielle ! Votre âme est immortelle ! reprit l'ermite avec force.

— Oui... comme ma gloire !... Mais elle est enfermée au château d'Andernatt, et je veux la revoir ! »

L'ermite se signa. Scholastique était presque inanimée. Aubert soutenait Gérande dans ses bras.

« Le château d'Andernatt est habité par un damné, dit l'ermite, un damné qui ne salue pas la croix de mon ermitage !

— Mon père, n'y va pas !

— Je veux mon âme ! mon âme est à moi !...

— Retenez-le ! retenez mon père ! » s'écria Gérande.

Mais le vieillard avait franchi le seuil et s'était élancé à travers la nuit en criant :

« À moi ! à moi, mon âme !... »

Gérande, Aubert et Scholastique se précipitèrent sur ses pas. Ils marchèrent par d'impraticables sentiers, sur lesquels maître Zacharius allait comme l'ouragan, poussé par une force irrésistible. La neige tourbillonnait autour d'eux et mêlait ses flocons blancs à l'écume des torrents débordés.

En passant devant la chapelle élevée en mémoirc du massacre de la légion thébaine, Gérande, Aubert et Scholastique se signèrent précipitamment. Maître Zacharius ne se découvrit pas.

Enfin le village d'Évionnaz apparut au milieu de cette région inculte. Le cœur le plus endurci se fût ému à voir cette bourgade perdue au milieu de ces horribles solitudes. Le vieillard passa outre. Il se dirigea vers la gauche, et il s'enfonça au plus profond des gorges de ces Dents-du-Midi qui mordent le ciel de leurs pics aigus.

Bientôt, une ruine, vieille et sombre comme les rocs de sa base, se dressa devant lui.

« C'est là ! là !... » s'écria-t-il en précipitant de nouveau sa course effrénée.

Le château d'Andernatt, à cette époque, n'était déjà plus que ruines. Une tour épaisse, usée, déchiquetée, le dominait et semblait menacer de sa chute les vieux pignons qui se dressaient à ses pieds. Ces vastes amoncellements de pierres faisaient horreur à voir. On pressentait, au milieu des encombrements, quelques sombres salles aux plafonds effondrés, et d'immondes réceptacles à vipères.

Une poterne étroite et basse, s'ouvrant sur un fossé rempli de décombres, donnait accès dans le château d'Andernatt. Quels habitants avaient passé par là ? On ne sait. Sans doute, quelque margrave, moitié brigand, moitié seigneur, séjourna dans cette habitation. Au margrave succédèrent les bandits ou les faux-monnayeurs, qui furent pendus sur le théâtre de leur crime. Et la légende disait que, par les nuits d'hiver, Satan venait conduire ses sarabandes traditionnelles sur le penchant des gorges profondes où s'engloutissait l'ombre de ces ruines !

Maître Zacharius ne fut point épouvanté de leur aspect sinistre. Il parvint à la poterne. Personne ne l'empêcha de passer. Une grande et ténébreuse cour s'offrit à ses yeux. Personne ne l'empêcha de la traverser. Il gravit une sorte de plan incliné qui conduisait à l'un de ces longs corridors, dont les arceaux semblent écraser le jour sous leurs pesantes retombées. Personne ne s'opposa à son passage. Gérande, Aubert, Scholastique le suivaient toujours.

Maître Zacharius, comme s'il eût été guidé par une main invisible, semblait sûr de sa route et marchait d'un pas rapide. Il arriva à une vieille porte vermoulue qui s'ébranla sous ses coups, tandis que les chauves-souris traçaient d'obliques cercles autour de sa tête.

Une salle immense, mieux conservée que les autres, se présenta à lui. De hauts panneaux sculptés en revêtaient les murs, sur lesquels des larves, des goules, des tarasques semblaient s'agiter confusément. Quelques fenêtres, longues et étroites, pareilles à des meurtrières, frissonnaient sous les décharges de la tempête.

Maître Zacharius, arrivé au milieu de cette salle, poussa un cri de joie.

Sur un support en fer accolé à la muraille reposait cette horloge où résidait maintenant sa vie tout entière. Ce chef-d'œuvre sans égal représentait une vieille église romane, avec ses contreforts en fer forgé et son lourd clocher, où se trouvait une sonnerie complète pour l'antienne du jour, l'angélus, la messe, les vêpres, complies et salut. Au-dessus de la porte de l'église, qui s'ouvrait à l'heure des offices, était creusée une rosace, au centre de laquelle se mouvaient deux aiguilles, et dont l'archivolte reproduisait les douze heures du cadran sculptées en relief. Entre la porte et la rosace, ainsi que l'avait raconté la vieille Scholastique, une maxime relative à l'emploi de chaque instant de la journée apparaissait dans un cadre de cuivre. Maître Zacharius avait autrefois réglé cette succession de devises avec une sollicitude toute chrétienne ; les heures de prière, de travail, de repas, de récréation et de repos se suivaient selon la discipline religieuse, et devaient infailliblement faire le salut d'un observateur scrupuleux de leurs recommandations.

Maître Zacharius, ivre de joie, allait s'emparer de cette horloge, quand un effroyable rire éclata derrière lui.

Il se retourna, et, à la lueur d'une lampe fumeuse, il reconnut le petit vieillard de Genève.

« Vous ici ! » s'écria-t-il.

Gérande eut peur. Elle se pressa contre son fiancé.

« Bonjour, maître Zacharius, fit le monstre.

— Qui êtes-vous ?

— Le seigneur Pittonaccio, pour vous servir ! Vous êtes venu me donner votre fille ! Vous vous êtes souvenu de mes paroles : “Gérande n'épousera pas Aubert.” »

Le jeune ouvrier s'élança sur Pittonaccio, qui lui échappa comme une ombre.

« Arrête, Aubert ! dit maître Zacharius.

— Bonne nuit, fit Pittonaccio, qui disparut.

— Mon père, s'écria Gérande, fuyons ces lieux maudits !... Mon père !... »

Maître Zacharius n'était plus là. Il poursuivait à travers les étages effondrés le fantôme de Pittonaccio. Scholastique, Aubert et Gérande demeurèrent, anéantis, dans cette salle immense. La jeune fille était tombée sur un fauteuil de pierre ; la vieille servante s'agenouilla près d'elle et pria. Aubert demeura debout à veiller sur sa fiancée. De pâles lueurs serpentaient dans l'ombre, et le silence n'était interrompu que par le travail de ces petits animaux qui rongent les bois antiques et dont le bruit marque les temps de l'« horloge de la mort ».

Aux premiers rayons du jour, ils s'aventurèrent tous trois par les escaliers sans fin qui circulaient sous cet amas de pierres. Pendant deux heures, ils errèrent ainsi sans rencontrer âme qui vive, et n'entendant qu'un écho lointain répondre à leurs cris. Tantôt ils se trouvaient enfouis à cent pieds sous terre, tantôt ils dominaient de haut ces montagnes sauvages.

Le hasard les ramena enfin à la vaste salle qui les avait abrités pendant cette nuit d'angoisses. Elle n'était plus vide. Maître Zacharius et Pittonaccio y causaient ensemble, l'un debout et raide comme un cadavre, l'autre accroupi sur une table de marbre.

Maître Zacharius, ayant aperçu Gérande, vint la prendre par la main et la conduisit vers Pittonaccio en disant :

« Voilà ton maître et seigneur, ma fille ! Gérande, voilà ton époux ! »

Gérande frissonna de la tête aux pieds.

« Jamais ! s'écria Aubert, car elle est ma fiancée.

— Jamais ! » répondit Gérande comme un écho plaintif.

Pittonaccio se prit à rire.

« Vous voulez donc ma mort ? s'écria le vieillard. Là, dans cette horloge, la dernière qui marche encore de toutes celles qui sont sorties de mes mains, là est renfermée ma vie, et cet homme m'a dit : “Quand j'aurai ta fille, cette horloge t'appartiendra.” Et cet homme ne veut pas la remonter ! Il peut la briser et me précipiter dans le néant ! Ah ! ma fille ! tu ne m'aimerais donc plus !

— Mon père ! murmura Gérande en reprenant ses sens.

— Si tu savais combien j'ai souffert loin de ce principe de mon existence ! reprit le vieillard. Peut-être ne soignait-on pas cette horloge ! Peut-être laissait on ses ressorts s'user, ses rouages s'embarrasser ! Mais maintenant, de mes propres mains, je vais soutenir cette santé si chère, car il ne faut pas que je meure, moi, le grand horloger de Genève ! Regarde, ma fille, comme ces aiguilles avancent d'un pas sûr ! Tiens, voici cinq heures qui vont sonner ! Écoute bien, et regarde la belle maxime qui va s'offrir à tes yeux. »

Cinq heures tintèrent au clocher de l'horloge avec un bruit qui résonna douloureusement dans l'âme de Gérande, et ces mots parurent en lettres rouges :

Il faut manger les fruits de l'arbre de science.

Aubert et Gérande se regardèrent avec stupéfaction. Ce n'étaient plus les orthodoxes devises de l'horloger catholique ! Il fallait que le souffle de Satan eût passé par là. Mais Zacharius n'y prenait plus garde, et il reprit :

« Entends-tu, ma Gérande ? Je vis, je vis encore ! Écoute ma respiration !... Vois le sang circuler dans mes veines !...

Non ! tu ne voudrais pas tuer ton père, et tu accepteras cet homme pour époux, afin que je devienne immortel et que j'atteigne enfin à la puissance de Dieu ! »

À ces mots impies, la vieille Scholastique se signa, et Pittonaccio poussa un rugissement de joie.

« Et puis, Gérande, tu seras heureuse avec lui ! Vois cet homme, c'est le Temps ! Ton existence sera réglée avec une précision absolue ! Gérande ! puisque je t'ai donné la vie, rends la vie à ton père !

— Gérande, murmura Aubert, je suis ton fiancé !

— C'est mon père ! répondit Gérande en s'affaissant sur elle-même.

— Elle est à toi ! dit maître Zacharius. Pittonaccio, tu tiendras ta promesse !

— Voici la clé de cette horloge », répondit l'horrible personnage.

Maître Zacharius s'empara de cette longue clé, qui ressemblait à une couleuvre déroulée, et il courut à l'horloge, qu'il se mit à monter avec une rapidité fantastique. Le grincement du ressort faisait mal aux nerfs. Le vieil horloger tournait, tournait toujours, sans que son bras s'arrêtât, et il semblait que ce mouvement de rotation fût indépendant de sa volonté. Il tourna ainsi de plus en plus vite et avec des contorsions étranges, jusqu'à ce qu'il tombât de lassitude.

« La voilà montée pour un siècle ! » s'écria-t-il.

Aubert sortit de la salle comme fou. Après de longs détours, il trouva l'issue de cette demeure maudite et s'élança dans la campagne. Il revint à l'ermitage de Notre-Dame du Sex, et il parla au saint homme avec des paroles si désespérées que celui-ci consentit à l'accompagner au château d'Andernatt.

Si, pendant ces heures d'angoisses, Gérande n'avait pas pleuré, c'est que les larmes s'étaient épuisées dans ses yeux.

Maître Zacharius n'avait pas quitté cette immense salle. Il venait à chaque minute écouter les battements réguliers de la vieille horloge.

Cependant, dix heures avaient sonné, et, à la grande épouvante de Scholastique, ces mots étaient apparus sur le cadre d'argent :

L'homme peut devenir l'égal de Dieu.

Non seulement le vieillard n'était plus choqué par ces maximes impies, mais il les lisait avec délire et se complaisait à ces pensées d'orgueil, tandis que Pittonaccio tournait autour de lui.

L'acte de mariage devait se signer à minuit. Gérande, presque inanimée, ne voyait et n'entendait plus. Le silence n'était interrompu que par les paroles du vieillard et les ricanements de Pittonaccio.

Onze heures sonnèrent. Maître Zacharius tressaillit, et d'une voix éclatante lut ce blasphème :

L'homme doit être l'esclave de la science,
et pour elle sacrifier parents et famille.

« Oui, s'écria-t-il, il n'y a que la science en ce monde ! »

Les aiguilles serpentaient sur ce cadran de fer avec des sifflements de vipère, et le mouvement de l'horloge battait à coups précipités.

Maître Zacharius ne parlait plus ! Il était tombé à terre, il râlait, et de sa poitrine oppressée il ne sortait que ces paroles entrecoupées :

« La vie ! la science ! »

Cette scène avait alors deux nouveaux témoins : l'ermite et Aubert. Maître Zacharius était couché sur le sol. Gérande, près de lui, plus morte que vive, priait...

Soudain, on entendit le bruit sec qui précède la sonnerie des heures.

Maître Zacharius se redressa.

« Minuit », s'écria-t-il.

L'ermite étendit la main vers la vieille horloge... et minuit ne sonna pas.

Maître Zacharius poussa alors un cri qui dut être entendu de l'enfer, lorsque ces mots apparurent :

Qui tentera de se faire l'égal de Dieu
sera damné pour l'éternité !

La vieille horloge éclata avec un bruit de foudre, et le ressort, s'échappant, sauta à travers la salle avec mille contorsions fantastiques. Le vieillard se releva, courut après, cherchant en vain à le saisir et s'écriant :

« Mon âme ! mon âme ! »

Le ressort bondissait devant lui, d'un côté, de l'autre, sans qu'il parvînt à l'atteindre !

Enfin Pittonaccio le saisit, et, proférant un horrible blasphème, il s'engloutit sous terre.

Maître Zacharius tomba à la renverse. Il était mort.

. . . .

Le corps de l'horloger fut inhumé au milieu des pics d'Andernatt. Puis, Aubert et Gérande revinrent à Genève, et, pendant les longues années que Dieu leur accorda, ils s'efforcèrent de racheter par la prière l'âme du réprouvé de la science.

UN HIVERNAGE DANS LES GLACES

Cette nouvelle a été publiée en mars-avril 1855 dans *Le Musée des familles* sous le titre : *Un hivernage dans les glaces. Histoire de deux fiancés dunkerquois.*

Elle a été reprise en 1874 dans le recueil *Le Docteur Ox*. Le texte en a été légèrement modifié. C'est ce texte que nous donnons ici.

Peu de commentaires sur cette nouvelle. Dans une lettre adressée à son père, sans doute à la fin de 1854, Verne signale : « Je t'ai demandé quels numéros du *Musée* contenaient *L'Hivernage.* » Ce qui n'est pas très clair. Il l'est davantage dans une lettre de février 1855, adressée cette fois à sa mère : « Vous aurez *L'Hivernage* dans le prochain numéro du *Musée.* »

Parmi les influences possibles, un voyage à Dunkerque en avril 1853, chez les cousins Allotte de la Fuÿe. Il en revient avec l'idée de la nouvelle, suffisamment longue pour qu'il puisse écrire, le 29 avril 1853, à son père : « Le sujet de mon article qui me sera payé est *Un hivernage dans les glaces*, il tiendra trois ou quatre numéros. »

Mais l'intérêt de cette longue nouvelle est qu'elle annonce tous les romans verniens sur la conquête du Pôle. À commencer par le deuxième roman des « Voyages extraordinaires » : *Voyages et Aventures du capitaine Hatteras*, paru en deux volumes : *Les Anglais au Pôle* (1864) et *Le Désert de glace* (1865). Comme tous ses contemporains, Verne s'était passionné pour la conquête du Pôle. Il avait pu suivre en 1845 la dramatique disparition de l'*Erebus* et du *Terror* commandés par l'amiral Franklin[1]. Bien plus, il était très lié avec l'enseigne de Bray qui fit partie d'une expédition de secours. Les survivants des navires qui tentèrent vainement de gagner les établissements de la Compagnie de la baie d'Hudson périrent tous.

1. Il lui rendra hommage ainsi qu'à son épouse en écrivant, en 1891, *Mistress Branican* (voir : *Jules Verne, les romans des cinq continents*, Omnibus, 2005) dont le titre original était : *Lady Franklin.*

UN HIVERNAGE DANS LES GLACES

I

LE PAVILLON NOIR

Le curé de la vieille église de Dunkerque se réveilla à cinq heures, le 12 mai 18..., pour dire, suivant son habitude, la première basse messe à laquelle assistaient quelques pieux pêcheurs.

Vêtu de ses habits sacerdotaux, il allait se rendre à l'autel, quand un homme entra dans la sacristie, joyeux et effaré à la fois. C'était un marin d'une soixantaine d'années, mais encore vigoureux et solide, avec une bonne et honnête figure.

« Monsieur le curé, s'écria-t-il, halte-là ! s'il vous plaît.

— Qu'est-ce qui vous prend donc si matin, Jean Cornbutte ? répliqua le curé.

— Ce qui me prend ?... Une fameuse envie de vous sauter au cou, tout de même !

— Eh bien, après la messe, à laquelle vous allez assister...

— La messe ! répondit en riant le vieux marin. Vous croyez que vous allez dire votre messe maintenant, et que je vous laisserai faire ?

— Et pourquoi ne dirais-je pas ma messe ? demanda le curé. Expliquez-vous ! Le troisième son a tinté...

— Qu'il ait tinté ou non, répliqua Jean Cornbutte, il en tintera bien d'autres aujourd'hui, monsieur le curé, car vous m'avez promis de bénir de vos propres mains le mariage de mon fils Louis et de ma nièce Marie !

— Il est donc arrivé ? s'écria joyeusement le curé.

— Il ne s'en faut guère, reprit Cornbutte en se frottant les mains. La vigie nous a signalé, au lever du soleil, notre brick, que vous avez baptisé vous-même du beau nom de *La Jeune-Hardie* !

— Je vous en félicite du fond du cœur, mon vieux Cornbutte, dit le curé en se dépouillant de la chasuble et de l'étole. Je connais nos conventions. Le vicaire va me remplacer, et je me tiendrai à votre disposition pour l'arrivée de votre cher fils.

— Et je vous promets qu'il ne vous fera pas jeûner trop longtemps ! répondit le marin. Les bans ont déjà été publiés par vous-même, et vous n'aurez plus qu'à l'absoudre des péchés qu'on peut commettre entre le ciel et l'eau, dans les mers du Nord. Une fameuse idée que j'ai eue là, de vouloir que la noce se fît le jour même de l'arrivée, et que mon fils Louis ne quittât son brick que pour se rendre à l'église !

— Allez donc tout disposer, Cornbutte.

— J'y cours, monsieur le curé. À bientôt ! »

Le marin revint à grands pas à sa maison, située sur le quai du port marchand, et d'où l'on apercevait la mer du Nord, ce dont il se montrait si fier.

Jean Cornbutte avait amassé quelque bien dans son état. Après avoir longtemps commandé les navires d'un riche armateur du Havre, il se fixa dans sa ville natale, où il fit construire, pour son propre compte, le brick *La Jeune-Hardie*. Plusieurs voyages dans le Nord réussirent, et le navire trouva toujours à vendre à bon prix ses chargements de bois, de fer et de goudron. Jean Cornbutte en céda alors le commandement à son fils Louis, brave marin de trente ans, qui au dire de tous les capitaines caboteurs était bien le plus vaillant matelot de Dunkerque.

Louis Cornbutte était parti, ayant un grand attachement pour Marie, la nièce de son père, qui trouvait bien longs les jours de l'absence. Marie avait vingt ans à peine. C'était une belle Flamande, avec quelques gouttes de sang hollandais dans les veines. Sa mère l'avait confiée, en mourant, à son frère Jean Cornbutte. Aussi, ce brave marin l'aimait comme sa propre fille, et voyait dans l'union projetée une source de vrai et durable bonheur.

L'arrivée du brick, signalé au large des passes, terminait une importante opération commerciale dont Jean Cornbutte attendait gros profit. *La Jeune-Hardie*, partie depuis trois mois, revenait en dernier lieu de Bodoë, sur la côte occidentale de la Norvège, et elle avait opéré rapidement son voyage.

En rentrant au logis, Jean Cornbutte trouva toute la maison sur pied. Marie, le front radieux, revêtait ses habillements de mariée.

« Pourvu que le brick n'arrive pas avant nous ! disait-elle.

— Hâte-toi, petite, répondit Jean Cornbutte, car les vents viennent du nord, et *La Jeune-Hardie* file bien quand elle file grand largue !

— Nos amis sont-ils prévenus, mon oncle ? demanda Marie.

— Ils sont prévenus !

— Et le notaire, et le curé ?

— Sois tranquille ! Il n'y aura que toi à nous faire attendre ! »

En ce moment entra le compère Clerbaut.

« Eh bien ! mon vieux Cornbutte, s'écria-t-il, voilà de la chance ! Ton navire arrive précisément à l'époque où le gouvernement vient de mettre en adjudication de grandes fournitures de bois pour la marine.

— Qu'est-ce que ça me fait ? répondit Jean Cornbutte. Il s'agit bien du gouvernement !

— Sans doute, monsieur Clerbaut, dit Marie, il n'y a qu'une chose qui nous occupe : c'est le retour de Louis.

— Je ne disconviens pas que... répondit le compère. Mais enfin ces fournitures...

— Et vous serez de la noce, répliqua Jean Cornbutte, qui interrompit le négociant et lui serra la main de façon à la briser.

— Ces fournitures de bois...

— Et avec tous nos amis de terre et nos amis de mcr, Clerbaut. J'ai déjà prévenu mon monde, et j'inviterai tout l'équipage du brick !

— Et nous irons l'attendre sur l'estacade ? demanda Marie.

— Je le crois bien, répondit Jean Cornbutte. Nous défilerons tous deux par deux, violons en tête ! »

Les invités de Jean Cornbutte arrivèrent sans tarder. Bien qu'il fût de grand matin, pas un ne manqua à l'appel. Tous félicitèrent à l'envi le brave marin, qu'ils aimaient. Pendant ce temps, Marie, agenouillée, transformait devant Dieu ses prières en remerciements. Elle rentra bientôt, belle et parée, dans la salle commune, et elle eut la joue embrassée par toutes les commères, la main vigoureusement serrée par tous les hommes ; puis, Jean Cornbutte donna le signal du départ.

Ce fut un spectacle curieux de voir cette joyeuse troupe prendre le chemin de la mer au lever du soleil. La nouvelle de l'arrivée du brick avait circulé dans le port, et bien des têtes en bonnets de nuit apparurent aux fenêtres et aux portes entrebâillées. De chaque côté arrivait un honnête compliment ou un salut flatteur.

La noce atteignit l'estacade au milieu d'un concert de louanges et de bénédictions. Le temps s'était fait magnifique, et le soleil semblait se mettre de la partie. Un joli vent du nord faisait écumer les lames, et quelques chaloupes de pêcheurs, orientées au plus près pour sortir du port, rayaient la mer de leur rapide sillage entre les estacades.

Les deux jetées de Dunkerque qui prolongent le quai du port s'avancent loin dans la mer. Les gens de la noce occupaient toute la largeur de la jetée du nord, et ils atteignirent bientôt une petite maisonnette située à son extrémité, où veillait le maître du port.

Le brick de Jean Cornbutte était devenu de plus en plus visible. Le vent fraîchissait, et *La Jeune-Hardie* courait grand largue sous ses huniers, sa misaine, sa brigantine, ses perroquets et ses cacatois. La joie devait évidemment régner à bord comme à terre. Jean Cornbutte, une longue-vue à la main, répondait gaillardement aux questions de ses amis.

« Voilà bien mon beau brick ! s'écriait-il, propre et rangé comme s'il appareillait de Dunkerque ! Pas une avarie ! Pas un cordage de moins !

— Voyez-vous votre fils le capitaine ? lui demandait-on.

— Non, pas encore. Ah ! c'est qu'il est à son affaire !

— Pourquoi ne hisse-t-il pas son pavillon ? demanda Clerbaut.

— Je ne sais guère, mon vieil ami, mais il a une raison sans doute.

— Votre longue-vue, mon oncle, dit Marie en lui arrachant l'instrument des mains, je veux être la première à l'apercevoir !

— Mais c'est mon fils, mademoiselle !

— Voilà trente ans qu'il est votre fils, répondit en riant la jeune fille, et il n'y a que deux ans qu'il est mon fiancé ! »

La Jeune-Hardie était entièrement visible. Déjà l'équipage faisait ses préparatifs de mouillage. Les voiles hautes avaient été carguées. On pouvait reconnaître les matelots qui s'élançaient dans les agrès. Mais ni Marie, ni Jean Cornbutte n'avaient encore pu saluer de la main le capitaine du brick.

« Ma foi, voici le second, André Vasling ! s'écria Clerbaut.

— Voici Fidèle Misonne, le charpentier, répondit un des assistants.

— Et notre ami Penellan ! » dit un autre, en faisant signe au marin ainsi nommé.

La Jeune-Hardie ne se trouvait plus qu'à trois encablures du port, lorsqu'un pavillon noir monta à la corne de la brigantine... Il y avait deuil à bord !

Un sentiment de terreur courut dans tous les esprits et dans le cœur de la jeune fiancée.

Le brick arrivait tristement au port, et un silence glacial régnait sur son pont. Bientôt il eut dépassé l'extrémité de l'estacade. Marie, Jean Cornbutte et tous les amis se précipitèrent vers le quai qu'il allait accoster, et, en un instant, ils se trouvèrent à bord.

« Mon fils ! » dit Jean Cornbutte, qui ne put articuler que ces mots.

Les marins du brick, la tête découverte, lui montrèrent le pavillon de deuil.

Marie poussa un cri de détresse et tomba dans les bras du vieux Cornbutte.

André Vasling avait ramené *La Jeune-Hardie* ; mais Louis Cornbutte, le fiancé de Marie, n'était plus à son bord.

II

LE PROJET DE JEAN CORNBUTTE

Dès que la jeune fille, confiée aux soins de charitables amis, eut quitté le brick, le second, André Vasling, apprit à Jean Cornbutte l'affreux événement qui le privait de revoir son fils, et que le journal de bord rapportait en ces termes :

« À la hauteur du Maelström, 26 avril, le navire, s'étant mis à la cape par un gros temps et des vents de sud-ouest, aperçut des signaux de détresse que lui faisait une goélette sous le vent. Cette goélette, démâtée de son mât de misaine, courait vers le gouffre, à sec de toiles. Le capitaine Louis Cornbutte, voyant ce navire marcher à une perte imminente, résolut d'aller à bord. Malgré les représentations de son équipage, il fit mettre la chaloupe à la mer, y descendit avec le matelot Cortrois et Pierre Nouquet le timonier. L'équipage les suivit des yeux, jusqu'au moment où ils disparurent au milieu de la brume. La nuit arriva. La mer devint de plus en plus mauvaise. *La Jeune-Hardie*, attirée par les courants qui avoisinent ces parages, risquait d'aller s'engloutir dans le Maelström. Elle fut obligée de fuir vent arrière. En vain croisa-t-elle pendant quelques jours sur le lieu du sinistre : la chaloupe du brick, la goélette, le capitaine Louis et les deux matelots ne reparurent pas. André Vasling assembla alors l'équipage, prit le commandement du navire et fit voile vers Dunkerque. »

Jean Cornbutte, après avoir lu ce récit, sec comme un simple fait de bord, pleura longtemps, et s'il eut quelque consolation, elle vint de cette pensée que son fils était mort en voulant secourir ses semblables. Puis, le pauvre père quitta ce brick, dont la vue lui faisait mal, et il rentra dans sa maison désolée.

Cette triste nouvelle se répandit aussitôt dans tout Dunkerque. Les nombreux amis du vieux marin vinrent lui apporter leurs vives et sincères condoléances. Puis, les matelots de *La Jeune-Hardie* donnèrent les détails les plus complets sur cet événement, et André Vasling dut raconter à Marie, dans tous ses détails, le dévouement de son fiancé.

Jean Cornbutte réfléchit, après avoir pleuré, et le lendemain même du mouillage, voyant entrer André Vasling chez lui, il lui dit :

« Êtes-vous bien sûr, André, que mon fils ait péri ?

— Hélas, oui, monsieur Jean ! répondit André Vasling.

— Et avez-vous bien fait toutes les recherches voulues pour le retrouver ?

— Toutes, sans contredit, monsieur Cornbutte ! Mais il n'est malheureusement que trop certain que ses deux matelots et lui ont été engloutis dans le gouffre du Maelström.

— Vous plairait-il, André, de garder le commandement en second du navire ?

— Cela dépendra du capitaine, monsieur Cornbutte.

— Le capitaine, ce sera moi, André, répondit le vieux marin. Je vais rapidement décharger mon navire, composer mon équipage et courir à la recherche de mon fils !

— Votre fils est mort ! répondit André Vasling en insistant.

— C'est possible, André, répliqua vivement Jean Cornbutte, mais il est possible aussi qu'il se soit sauvé. Je veux fouiller tous les ports de la Norvège où il a pu être poussé, et, quand j'aurai la certitude de ne plus jamais le revoir, alors, seulement, je reviendrai mourir ici ! »

André Vasling, comprenant que cette décision était inébranlable, n'insista plus et se retira.

Jean Cornbutte instruisit aussitôt sa nièce de son projet, et il vit briller quelques lueurs d'espérance à travers ses larmes. Il n'était pas encore venu à l'esprit de la jeune fille que la mort de son fiancé pût être problématique ; mais à peine ce nouvel espoir fut-il jeté dans son cœur qu'elle s'y abandonna sans réserve.

Le vieux marin décida que *La Jeune-Hardie* reprendrait aussitôt la mer. Ce brick, solidement construit, n'avait aucune avarie à réparer. Jean Cornbutte fit publier que s'il plaisait à ses matelots de s'y rembarquer, rien ne serait changé à la composition de l'équipage. Il remplacerait seulement son fils dans le commandement du navire.

Pas un des compagnons de Louis Cornbutte ne manqua à l'appel, et il y avait là de hardis marins, Alain Turquiette, le charpentier Fidèle Misonne, le Breton Penellan, qui remplaçait Pierre Nouquet comme timonier de *La Jeune-Hardie*, et puis Gradlin, Aupic, Gervique, matelots courageux et éprouvés.

Jean Cornbutte proposa de nouveau à André Vasling de reprendre son rang à bord. Le second du brick était un manœuvrier habile, qui avait fait ses preuves en ramenant *La Jeune-Hardie* à bon port. Cependant, on ne sait pour quel motif, André Vasling fit quelques difficultés et demanda à réfléchir.

« Comme vous voudrez, André Vasling, répondit Cornbutte. Souvenez-vous seulement que, si vous acceptez, vous serez le bienvenu parmi nous. »

Jean Cornbutte avait un homme dévoué dans le Breton Penellan, qui fut longtemps son compagnon de voyage. La petite Marie passait autrefois les longues soirées d'hiver dans les bras du timonier, pendant que celui-ci demeurait à terre. Aussi avait-il conservé pour elle une amitié de père, que la jeune fille lui rendait en amour filial. Penellan pressa de tout son pouvoir l'armement du brick, d'autant plus que, selon lui, André Vasling n'avait peut-être pas fait toutes les recherches possibles pour retrouver les naufragés, bien qu'il fût excusé par la responsabilité qui pesait sur lui comme capitaine.

Huit jours ne s'étaient pas écoulés que *La Jeune-Hardie* se trouvait prête à reprendre le mer. Au lieu de marchandises, elle fut complètement approvisionnée de viandes salées, de biscuits, de barils de farine, de pommes de terre, de porc, de vin, d'eau-de-vie, de café, de thé, de tabac.

Le départ fut fixé au 22 mai. La veille au soir, André Vasling, qui n'avait pas encore rendu réponse à Jean Cornbutte, se rendit à son logis. Il était encore indécis et ne savait quel parti prendre.

Jean Cornbutte n'était pas chez lui, bien que la porte de sa maison fût ouverte. André Vasling pénétra dans la salle commune, attenante à la chambre de la jeune fille, et, là, le bruit d'une conversation animée frappa son oreille. Il écouta attentivement et reconnut les voix de Penellan et de Marie.

Sans doute la discussion se prolongeait déjà depuis quelque temps, car la jeune fille semblait opposer une inébranlable fermeté aux observations du marin breton.

« Quel âge a mon oncle Cornbutte ? disait Marie.

— Quelque chose comme soixante ans, répondait Penellan.

— Eh bien ! ne va-t-il pas affronter des dangers pour retrouver son fils ?

— Notre capitaine est un homme solide encore, répliquait le marin. Il a un corps de bois de chêne et des muscles durs comme une barre de rechange ! Aussi, je ne suis point effrayé de lui voir reprendre la mer !

— Mon bon Penellan, reprit Marie, on est forte quand on aime ! D'ailleurs, j'ai pleine confiance dans l'appui du Ciel. Vous me comprenez et vous me viendrez en aide !

— Non ! disait Penellan. C'est impossible, Marie ! Qui sait où nous dériverons et quels maux il nous faudra souffrir ! Combien ai-je vu d'hommes vigoureux laisser leur vie dans ces mers !

— Penellan, reprit la jeune fille, il n'en sera ni plus ni moins, et si vous me refusez, je croirai que vous ne m'aimez plus ! »

André Vasling avait compris la résolution de la jeune fille. Il réfléchit un instant, et son parti fut pris.

« Jean Cornbutte, dit-il, en s'avançant vers le vieux marin qui entrait, je suis des vôtres. Les causes qui m'empêchaient d'embarquer ont disparu, et vous pouvez compter sur mon dévouement.

— Je n'avais jamais douté de vous, André Vasling, répondit Jean Cornbutte en lui prenant la main. Marie ! mon enfant ! » dit-il à voix haute.

Marie et Penellan parurent aussitôt.

« Nous appareillerons demain au point du jour avec la marée tombante, dit le vieux marin. Ma pauvre Marie, voici la dernière soirée que nous passerons ensemble !

— Mon oncle, s'écria Marie en tombant dans les bras de Jean Cornbutte.

— Marie ! Dieu aidant, je te ramènerai ton fiancé !

— Oui, nous retrouverons Louis ! ajouta André Vasling.

— Vous êtes donc des nôtres ? demanda vivement Penellan.

— Oui, Penellan, André Vasling sera mon second, répondit Jean Cornbutte.

— Oh ! oh ! fit le Breton d'un air singulier.

— Et ses conseils nous seront utiles, car il est habile et entreprenant.

— Mais vous-même, capitaine, répondit André Vasling, vous nous en remontrerez à tous, car il y a encore en vous autant de vigueur que de savoir.

— Eh bien, mes amis, à demain. Rendez-vous à bord et prenez les dernières dispositions. Au revoir, André ! au revoir, Penellan ! »

Le second et le matelot sortirent ensemble. Jean Cornbutte et Marie demeurèrent en présence l'un de l'autre. Bien des larmes furent répandues pendant cette triste soirée. Jean Cornbutte, voyant Marie si désolée, résolut de brusquer la séparation en quittant le lendemain la maison sans la prévenir. Aussi, ce soir-là même, lui donna-t-il son dernier baiser, et à trois heures du matin il fut sur pied.

Ce départ avait attiré sur l'estacade tous les amis du vieux marin. Le curé, qui devait bénir l'union de Marie et de Louis, vint donner une dernière bénédiction au navire. De rudes poignées de main furent silencieusement échangées, et Jean Cornbutte monta à bord.

L'équipage était au complet. André Vasling donna les derniers ordres. Les voiles furent larguées, et le brick s'éloigna rapidement par une bonne brise de nord-ouest, tandis que le curé, debout au milieu des spectateurs agenouillés, remettait ce navire entre les mains de Dieu.

Où va ce navire ? Il suit la route périlleuse sur laquelle se sont perdus tant de naufragés ! Il n'a pas de destination certaine ! Il doit s'attendre à tous les périls et savoir les braver sans hésitation ! Dieu seul sait où il lui sera donné d'aborder ! Dicu le conduise !

III

LUEUR D'ESPOIR

À cette époque de l'année, la saison était favorable, et l'équipage put espérer arriver promptement sur le lieu du naufrage.

Le plan de Jean Cornbutte se trouvait naturellement tracé. Il comptait relâcher aux îles Feroë, où le vent du nord pouvait avoir porté les naufragés ; puis, s'il acquérait la certitude qu'ils n'avaient été recueillis dans aucun port de ces parages, il devait porter ses recherches au-delà de la mer du Nord, fouiller toute la côte occidentale de la Norvège, jusqu'à Bodoë, le lieu le plus rapproché du naufrage, et au-delà, s'il le fallait.

André Vasling pensait, contrairement à l'avis du capitaine, que les côtes de l'Islande devaient plutôt être explorées ; mais Penellan fit observer que, lors de la catastrophe, la bourrasque venait de l'ouest ; ce qui, tout en donnant l'espoir que les malheureux n'avaient pas été entraînés vers le gouffre du Maelström, permettait de supposer qu'ils s'étaient jetés à la côte de Norvège.

Il fut donc résolu que l'on suivrait ce littoral d'aussi près que possible, afin de reconnaître quelques traces de leur passage.

Le lendemain du départ, Jean Cornbutte, la tête penchée sur une carte, était abîmé dans ses réflexions, quand une petite main s'appuya sur son épaule, et une douce voix lui dit à l'oreille :

« Ayez bon courage, mon oncle ! »

Il se retourna et demeura stupéfait. Marie l'entourait de ses bras.

« Marie ! ma fille à bord ! s'écria-t-il.

— La femme peut bien aller chercher son mari, quand le père s'embarque pour sauver son enfant !

— Malheureuse Marie ! Comment supporteras-tu nos fatigues ? Sais-tu bien que ta présence peut nuire à nos recherches ?

— Non, mon oncle, car je suis forte !

— Qui sait où nous serons entraînés, Marie ! Vois cette carte ! Nous approchons de ces parages si dangereux, même pour nous autres marins, endurcis à toutes les fatigues de la mer ! Et toi, faible enfant !

— Mais, mon oncle, je suis d'une famille de marins ! Je suis faite aux récits de combats et de tempêtes ! Je suis près de vous et de mon vieil ami Penellan !

— Penellan ! C'est lui qui t'a cachée à bord !

— Oui, mon oncle, mais seulement quand il a vu que j'étais décidée à le faire sans son aide.

— Penellan ! » cria Jean Cornbutte.

Penellan entra.

« Penellan, il n'y a pas à revenir sur ce qui est fait, mais souviens-toi que tu es responsable de l'existence de Marie !

— Soyez tranquille, capitaine, répondit Penellan. La petite a force et courage, et elle nous servira d'ange gardien. Et puis, capitaine, vous connaissez mon idée : tout est pour le mieux dans ce monde. »

La jeune fille fut installée dans une cabine, que les matelots disposèrent pour elle en peu d'instants et qu'ils rendirent aussi confortable que possible.

Huit jours plus tard, *La Jeune-Hardie* relâchait aux Feroë ; mais les plus minutieuses explorations demeurèrent sans fruit. Aucun naufragé, aucun débris de navire n'avait été recueilli sur les côtes. La nouvelle même de l'événement y était entièrement inconnue. Le brick reprit donc son voyage, après dix jours de relâche, vers le 10 juin. L'état de la mer était bon, les vents fermes. Le navire fut rapidement poussé vers les côtes de Norvège, qu'il explora sans plus de résultat.

Jean Cornbutte résolut de se rendre à Bodoë. Peut-être apprendrait-il là le nom du navire naufragé au secours duquel s'étaient précipités Louis Cornbutte et ses deux matelots.

Le 30 juin, le brick jetait l'ancre dans ce port.

Là, les autorités remirent à Jean Cornbutte une bouteille trouvée à la côte et qui renfermait un document ainsi conçu :

« Ce 26 avril, à bord du *Froöern*, après avoir été accostés par la chaloupe de *La Jeune-Hardie*, nous sommes entraînés par les courants vers les glaces ! Dieu ait pitié de nous ! »

Le premier mouvement de Jean Cornbutte fut de remercier le Ciel. Il se croyait sur les traces de son fils ! Ce *Froöern* était une goélette norvégienne dont on n'avait plus de nouvelles, mais qui avait été évidemment entraînée dans le Nord.

Il n'y avait pas à perdre un jour. *La Jeune-Hardie* fut aussitôt mise en état d'affronter les périls des mers polaires. Fidèle Misonne le charpentier la visita scrupuleusement et s'assura que sa construction solide pourrait résister au choc des glaçons.

Par les soins de Penellan, qui avait déjà fait la pêche de la baleine dans les mers arctiques, des couvertures de laine, des vêtements fourrés, de nombreux mocassins en peau de phoque et le bois nécessaire à la fabrication de traîneaux destinés à courir sur les plaines de glaces, furent embarqués à bord. On augmenta, sur une grande proportion, les approvisionnements d'esprit-de-vin et de charbon de terre, car il était possible que l'on fût forcé d'hiverner sur quelque point de la côte groenlandaise. On se procura également, à grand prix et à grand-peine, une certaine quantité de citrons, destinés à prévenir ou guérir le scorbut, cette terrible maladie qui décime les équipages dans les régions glacées. Toutes les provisions de viandes salées, de biscuits, d'eau-de-vie, augmentées dans une prudente mesure, commencèrent à emplir une partie de la cale du brick, car la cambuse n'y pouvait plus suffire. On se munit également d'une grande quantité de pemmican, préparation indienne qui concentre beaucoup d'éléments nutritifs sous un petit volume.

D'après les ordres de Jean Cornbutte, on embarqua à bord de *La Jeune-Hardie* des scies, destinées à couper les champs de glaces, ainsi que des piques et des coins propres à les séparer. Le capitaine se réserva de prendre, sur la côte groenlandaise, les chiens nécessaires au tirage des traîneaux.

Tout l'équipage fut employé à ces préparatifs et déploya une grande activité. Les matelots Aupic, Gervique et Gradlin suivaient avec empressement les conseils du timonier Penellan, qui, dès ce moment, les engagea à ne point s'habituer aux vêtements de laine, quoique la température fût déjà basse sous ces latitudes, situées au-dessus du cercle polaire.

Penellan observait, sans en rien dire, les moindres actions d'André Vasling. Cet homme, hollandais d'origine, venait on ne sait d'où, et, bon marin du reste, il avait fait deux voyages à bord de *La Jeune-Hardie*. Penellan ne pouvait encore lui rien reprocher, si ce n'est d'être trop empressé auprès de Marie, mais il le surveillait de près.

Grâce à l'activité de l'équipage, le brick fut armé vers le 16 juillet, quinze jours après son arrivée à Bodoë. C'était alors l'époque favorable pour tenter des explorations dans les mers arctiques. Le dégel s'opérait depuis deux mois, et les recherches pouvaient être poussées plus avant. *La Jeune-Hardie* appareilla donc et se dirigea sur le cap Brewster, situé sur la côte orientale du Groenland, par le soixante-dixième degré de latitude.

IV

DANS LES PASSÉS

Vers le 23 juillet, un reflet, élevé au-dessus de la mer, annonça les premiers bancs de glaces qui, sortant alors du détroit de Davis, se précipitaient dans l'océan. À partir de ce moment, une surveillance très active fut recommandée aux vigies, car il importait de ne point se heurter à ces masses énormes.

L'équipage fut divisé en deux quarts : le premier fut composé de Fidèle Misonne, de Gradlin et de Gervique ; le second, d'André Vasling, d'Aupic et de Penellan. Ces quarts ne devaient durer que deux heures, car sous ces froides régions la force de l'homme est diminuée de moitié. Bien que *La Jeune-Hardie* ne fût encore que par le soixante-troisième degré de latitude, le thermomètre marquait déjà neuf degrés centigrades au-dessous de zéro.

La pluie et la neige tombaient souvent en abondance. Pendant les éclaircies, quand le vent ne soufflait pas trop violemment, Marie demeurait sur le pont, et ses yeux s'accoutumaient à ces rudes scènes des mers polaires.

Le 1er août, elle se promenait à l'arrière du brick et causait avec son oncle, André Vasling et Penellan. *La Jeune-*

Hardie entrait alors dans une passe large de trois milles, à travers laquelle des trains de glaçons brisés descendaient rapidement vers le sud.

« Quand apercevrons-nous la terre ? demanda la jeune fille.

— Dans trois ou quatre jours au plus tard, répondit Jean Cornbutte.

— Mais y trouverons-nous de nouveaux indices du passage de mon pauvre Louis ?

— Peut-être, ma fille, mais je crains bien que nous ne soyons encore loin du terme de notre voyage. Il est à redouter que le *Froöern* ait été entraîné plus au nord !

— Cela doit être, ajouta André Vasling, car cette bourrasque qui nous a séparés du navire norvégien a duré trois jours, et en trois jours un navire fait bien de la route, quand il est désemparé au point de ne pouvoir résister au vent !

— Permettez-moi de vous dire, monsieur Vasling, riposta Penellan, que c'était au mois d'avril, que le dégel n'était pas commencé alors, et que, par conséquent, le *Froöern* a dû être arrêté promptement par les glaces...

— Et sans doute brisé en mille pièces, répondit le second, puisque son équipage ne pouvait plus manœuvrer !

— Mais ces plaines de glaces, répondit Penellan, lui offraient un moyen facile de gagner la terre, dont il ne pouvait être éloigné.

— Espérons ! dit Jean Cornbutte en interrompant une discussion qui se renouvelait journellement entre le second et le timonier. Je crois que nous verrons la terre avant peu.

— La voilà ! s'écria Marie. Voyez ces montagnes !

— Non, mon enfant, répondit Jean Cornbutte. Ce sont des montagnes de glaces, les premières que nous rencontrons. Elles nous broieraient comme du verre, si nous nous laissions prendre entre elles. Penellan et Vasling, veillez à la manœuvre. »

Ces masses flottantes, dont plus de cinquante apparaissaient alors à l'horizon, se rapprochèrent peu à peu du brick. Penellan prit le gouvernail, et Jean Cornbutte, monté sur les barres du petit perroquet, indiqua la route à suivre.

Vers le soir, le brick fut tout à fait engagé dans ces écueils mouvants, dont la force d'écrasement est irrésistible. Il s'agissait alors de traverser cette flotte de montagnes, car la prudence commandait de se porter en avant. Une autre difficulté s'ajoutait à ces périls : on ne pouvait constater utilement la direction du navire, tous les points environnants se déplaçant sans cesse et n'offrant aucune perspective stable. L'obscurité s'augmenta bientôt avec le brouillard. Marie descendit dans sa cabine, et, sur l'ordre du capitaine, les huit hommes de l'équipage durent rester sur le pont. Ils étaient armés de longues gaffes garnies de pointes de fer, pour préserver le navire du choc des glaces.

La Jeune-Hardie entra bientôt dans une passe si étroite que souvent l'extrémité de ses vergues fut froissée par les montagnes en dérive, et que ses bouts-dehors durent être rentrés. On fut même obligé d'orienter la grande vergue à toucher les haubans. Heureusement, cette mesure ne fit rien perdre au brick de sa vitesse, car le vent ne pouvait atteindre que les voiles supérieures, et celles-ci suffirent à le pousser rapidement. Grâce à la finesse de sa coque, il s'enfonça dans ces vallées qu'emplissaient des tourbillons de pluie, tandis que les glaçons s'entrechoquaient avec de sinistres craquements.

Jean Cornbutte redescendit sur le pont. Ses regards ne pouvaient percer les ténèbres environnantes. Il devint nécessaire de carguer les voiles hautes, car le navire menaçait de toucher, et, dans ce cas, il eût été perdu.

« Maudit voyage ! grommelait André Vasling au milieu des matelots de l'avant, qui, la gaffe en main, évitaient les chocs les plus menaçants.

— Le fait est que si nous en échappons, nous devrons une belle chandelle à Notre-Dame des Glaces ! répondit Aupic.

— Qui sait ce qu'il y a de montagnes flottantes à traverser encore ? ajouta le second.

— Et qui se doute de ce que nous trouverons derrière ? reprit le matelot.

— Ne cause donc pas tant, bavard, dit Gervique, et veille à ton bord. Quand nous serons passés, il sera temps de grogner ! Gare à ta gaffe ! »

En ce moment, un énorme bloc de glace, engagé dans l'étroite passe que suivait *La Jeune-Hardie*, filait rapidement à contre-bord, et il parut impossible de l'éviter, car elle barrait toute la largeur du chenal, et le brick se trouvait dans l'impossibilité de virer.

« Sens-tu la barre ? demanda Jean Cornbutte à Penellan.

— Non, capitaine ! Le navire ne gouverne plus !

— Ohé ! garçons, cria le capitaine à son équipage, n'ayez pas peur, et arc-boutez solidement vos gaffes contre le plat-bord ! »

Le bloc avait soixante pieds de haut à peu près, et s'il se jetait sur le brick, le brick était broyé. Il y eut un indéfinissable moment d'angoisse, et l'équipage reflua vers l'arrière, abandonnant son poste, malgré les ordres du capitaine.

Mais au moment où ce bloc n'était plus qu'à une demi-encablure de *La Jeune-Hardie*, un bruit sourd se fit entendre, et une véritable trombe d'eau tomba d'abord sur l'avant du navire, qui s'éleva ensuite sur le dos d'une vague énorme.

Un cri de terreur fut jeté par tous les matelots ; mais quand leurs regards se portèrent vers l'avant, le bloc avait disparu, la passe était libre, et, au-delà, une immense plaine d'eau, éclairée par les derniers rayons du jour, assurait une facile navigation.

« Tout est pour le mieux ! s'écria Penellan. Orientons nos huniers et notre misaine ! »

Un phénomène, très commun dans ces parages, venait de se produire. Lorsque ces masses flottantes se détachent les unes des autres à l'époque du dégel, elles voguent dans un équilibre parfait ; mais en arrivant dans l'océan, où l'eau est relativement plus chaude, elles ne tardent pas à se miner à leur base, qui se fond peu à peu et qui d'ailleurs est ébranlée par le choc des autres glaçons. Il vient donc un moment où le centre de gravité de ces masses se trouve déplacé, et alors elles culbutent entièrement. Seulement, si ce bloc se fût retourné deux minutes plus tard, il se précipitait sur le brick et l'effondrait dans sa chute.

V

L'ÎLE LIVERPOOL

Le brick voguait alors dans une mer presque entièrement libre. À l'horizon seulement, une lueur blanchâtre, sans mouvement cette fois, indiquait la présence de plaines immobiles.

Jean Cornbutte se dirigeait toujours sur le cap Brewster et s'approchait déjà des régions où la température est excessivement froide, car les rayons du soleil n'y arrivent que très affaiblis par leur obliquité.

Le 3 août, le brick se retrouva en présence de glaces immobiles et unies entre elles. Les passes n'avaient souvent qu'une encablure de largeur, et *La Jeune-Hardie* était forcée de faire mille détours qui la présentaient parfois debout au vent.

Penellan s'occupait avec un soin paternel de Marie, et, malgré le froid, il l'obligeait à venir tous les jours passer deux ou trois heures sur le pont, car l'exercice devenait une des conditions indispensables de la santé.

Le courage de Marie, d'ailleurs, ne faiblissait pas. Elle réconfortait même les matelots du brick par ses paroles, et tous éprouvaient pour elle une véritable adoration. André Vasling se montrait plus empressé que jamais, et il recherchait toutes les occasions de s'entretenir avec elle ; mais la jeune fille, par une sorte de pressentiment, n'accueillait ses services qu'avec une certaine froideur. On comprend aisément que l'avenir, bien plus que le présent, était l'objet des conversations d'André Vasling, et qu'il ne cachait pas le peu de probabilités qu'offrait le sauvetage des naufragés. Dans sa pensée, leur perte était maintenant un fait accompli, et la jeune fille devait dès lors remettre entre les mains de quelque autre le soin de son existence.

Cependant, Marie n'avait pas encore compris les projets d'André Vasling, car, au grand ennui de ce dernier, ces conversations ne pouvaient se prolonger. Penellan trouvait toujours moyen d'intervenir et de détruire l'effet des propos d'André Vasling par les paroles d'espoir qu'il faisait entendre.

Marie, d'ailleurs, ne demeurait pas inoccupée. D'après les conseils du timonier, elle prépara ses habits d'hiver, et il fallut qu'elle changeât tout à fait son accoutrement. La coupe de ses vêtements de femme ne convenait pas sous ces latitudes froides. Elle se fit donc une espèce de pantalon fourré, dont les pieds étaient garnis de peau de phoque, et ses jupons étroits ne lui vinrent plus qu'à mi-jambe, afin de ne pas être en contact avec ces couches de neige dont l'hiver allait couvrir les plaines de glace. Une mante en fourrure, étroitement fermée à la taille et garnie d'un capuchon, lui protégea le haut du corps.

Dans l'intervalle de leurs travaux, les hommes de l'équipage se confectionnèrent aussi des vêtements capables de les abriter du froid. Ils firent en grande quantité de hautes bottes en peau de phoque, qui devaient leur permettre de traverser impunément les neiges pendant leurs voyages d'exploration. Ils travaillèrent ainsi tout le temps que dura cette navigation dans les passes.

André Vasling, très adroit tireur, abattit plusieurs fois des oiseaux aquatiques, dont les bandes innombrables voltigeaient autour du navire. Une espèce d'eiderduks et des ptarmigans fournirent à l'équipage une chair excellente, qui le reposa des viandes salées.

Enfin le brick, après mille détours, arriva en vue du cap Brewster. Une chaloupe fut mise à la mer. Jean Cornbutte et Penellan gagnèrent la côte, qui était absolument déserte.

Aussitôt, le brick se dirigea sur l'île Liverpool, découverte, en 1821, par le capitaine Scoresby, et l'équipage poussa des acclamations, en voyant les naturels accourir sur la plage. Les communications s'établirent aussitôt, grâce à quelques mots de leur langue que possédait Penellan et à quelques phrases usuelles qu'eux-mêmes avaient apprises des baleiniers qui fréquentaient ces parages.

Ces Groenlandais étaient petits et trapus ; leur taille ne dépassait pas quatre pieds dix pouces ; ils avaient le teint rougeâtre, la face ronde et le front bas ; leurs cheveux, plats et noirs, retombaient sur leur dos ; leurs dents étaient gâtées, et ils paraissaient affectés de cette sorte de lèpre particulière aux tribus ichthyophages.

En échange de morceaux de fer et de cuivre, dont ils sont extrêmement avides, ces pauvres gens apportaient des fourrures d'ours, des peaux de veaux marins, de chiens marins, de loups de mer et dc tous ces animaux généralement compris sous le nom de phoques. Jean Cornbutte obtint à très bas prix ces objets, qui allaient devenir pour lui d'une si grande utilité.

Le capitaine fit alors comprendre aux naturels qu'il était à la recherche d'un navire naufragé, et il leur demanda s'ils n'en avaient pas quelques nouvelles. L'un d'eux traça immédiatement sur la neige une sorte de navire et indiqua qu'un bâtiment de cette espèce avait été, il y a trois mois, emporté dans la direction du nord ; il indiqua aussi que le dégel et la rupture des champs de glaces les avaient empêchés d'aller à sa découverte, et, en effet, leurs pirogues fort légères, qu'ils manœuvrent à la pagaye, ne pouvaient tenir la mer dans ces conditions.

Ces nouvelles, quoique imparfaites, ramenèrent l'espérance dans le cœur des matelots, et Jean Cornbutte n'eut pas de peine à les entraîner plus avant dans la mer polaire.

Avant de quitter l'île Liverpool, le capitaine fit emplette d'un attelage de six chiens esquimaux, qui se furent bientôt acclimatés à bord. Le navire leva l'ancre le 10 août au matin, et, par une forte brise, il s'enfonça dans les passes du nord.

On était alors parvenu aux plus longs jours de l'année, c'est-à-dire que, sous ces latitudes élevées, le soleil, qui ne se couchait pas, atteignait le plus haut point des spirales qu'il décrivait au-dessus de l'horizon.

Cette absence totale de nuit n'était pourtant pas très sensible, car la brume, la pluie et la neige entouraient parfois le navire de véritables ténèbres.

Jean Cornbutte, décidé à aller aussi avant que possible, commença à prendre ses mesures d'hygiène. L'entrepont fut parfaitement clos, et chaque matin seulement on prit soin d'en renouveler l'air par des courants. Les poêles furent installés, et les tuyaux disposés de façon à donner le plus de chaleur possible. On recommanda aux hommes de l'équipage de ne porter qu'une chemise de laine par-dessus leur chemise de coton, et de fermer hermétiquement leur casaque de peau. Du reste, les feux ne furent pas encore allumés, car il importait de réserver les provisions de bois et de charbon de terre pour les grands froids.

Les boissons chaudes, telles que le café et le thé, furent distribuées régulièrement aux matelots matin et soir, et comme il était utile de se nourrir de viandes, on fit la chasse aux canards et aux sarcelles, qui abondent dans ces parages.

Jean Cornbutte installa aussi, au sommet du grand mât, « un nid de corneilles », sorte de tonneau défoncé par un bout, dans lequel se tint constamment une vigie pour observer les plaines de glace.

Deux jours après que le brick eut perdu de vue l'île Liverpool, la température se refroidit subitement sous l'influence d'un vent sec. Quelques indices de l'hiver furent aperçus. *La Jeune-Hardie* n'avait pas un moment à perdre, car bientôt la route devait lui être absolument fermée. Elle s'avança donc à travers les passes que laissaient entre elles des plaines ayant jusqu'à trente pieds d'épaisseur.

Le 3 septembre au matin, *La Jeune-Hardie* parvint à la hauteur de la baie de Gaël-Hamkes. La terre se trouvait alors à trente milles sous le vent. Ce fut la première fois que le brick s'arrêta devant un banc de glace qui ne lui offrait aucun passage et qui mesurait au moins un mille de largeur. Il fallut donc employer les scies pour couper la glace. Penellan, Aupic, Gradlin et Turquiette furent préposés à la manœuvre de ces scies, qu'on avait installées en dehors du navire. Le tracé des coupures fut fait de telle sorte que le courant pût emporter les glaçons détachés du banc. Tout l'équipage réuni mit près de vingt heures à ce travail. Les hommes éprouvaient une peine extrême à se maintenir sur la glace ; souvent ils étaient forcés de se mettre dans l'eau jusqu'à mi-corps, et leurs vêtements de peau de phoque ne les préservaient que très imparfaitement de l'humidité.

D'ailleurs, sous ces latitudes élevées, tout travail excessif est bientôt suivi d'une fatigue absolue, car la respiration manque promptement, et le plus robuste est forcé de s'arrêter souvent.

Enfin la navigation redevint libre, et le brick fut remorqué au-delà du banc qui l'avait si longtemps retenu.

VI

LE TREMBLEMENT DE GLACES

Pendant quelques jours encore, *La Jeune-Hardie* lutta contre d'insurmontables obstacles. L'équipage eut presque toujours la scie à la main, et souvent même on fut forcé d'employer la poudre pour faire sauter les énormes blocs de glaces qui coupaient le chemin.

Le 12 septembre, la mer n'offrit plus qu'une plaine solide, sans issue, sans passe, qui entourait le navire de tous côtés, de sorte qu'il ne pouvait ni avancer ni reculer. La température se maintenait, en moyenne, à seize degrés au-dessous de zéro. Le moment de l'hivernage était donc venu, et la saison d'hiver arrivait avec ses souffrances et ses dangers.

La Jeune-Hardie se trouvait alors à pcu près par le vingt et unième degré de longitude ouest et le soixante-seizième degré de latitude nord, à l'entrée de la baie de Gaël-Hamkes.

Jean Cornbutte fit ses premiers préparatifs d'hivernage. Il s'occupa d'abord de trouver une crique dont la position mît son navire à l'abri des coups de vent et des grandes débâcles. La terre, qui devait être à une dizaine de milles dans l'ouest, pouvait seule lui offrir de sûrs abris, qu'il résolut d'aller reconnaître.

Le 12 septembre, il se mit en marche, accompagné d'André Vasling, de Penellan et des deux matelots Gradlin et Turquiette. Chacun portait des provisions pour deux jours, car il n'était pas probable que leur excursion se prolongeât au-delà, et ils s'étaient munis de peaux de buffle, sur lesquelles ils devaient se coucher.

La neige, qui avait tombé en grande abondance et dont la surface n'était pas gelée, les retarda considérablement. Ils enfonçaient souvent jusqu'à mi-corps, et ne pouvaient, d'ailleurs, s'avancer qu'avec une extrême prudence, s'ils ne voulaient pas tomber dans les crevasses. Penellan, qui marchait en tête, sondait soigneusement chaque dépression du sol avec son bâton ferré.

Vers les cinq heures du soir, la brume commença à s'épaissir, et la petite troupe dut s'arrêter. Penellan s'occupa de chercher un glaçon qui pût les abriter du vent, et, après s'être un peu restaurés, tout en regrettant de ne pas avoir quelque chaude boisson, ils étendirent leur peau de buffle sur la neige, s'en enveloppèrent, se serrèrent les uns près des autres, et le sommeil l'emporta bientôt sur la fatigue.

Le lendemain matin, Jean Cornbutte et ses compagnons étaient ensevelis sous une couche de neige de plus d'un pied d'épaisseur. Heureusement leurs peaux, parfaitement imperméables, les avaient préservés, et cette neige avait même contribué à conserver leur propre chaleur, qu'elle empêchait de rayonner au-dehors.

Jean Cornbutte donna aussitôt le signal du départ, et, vers midi, ses compagnons et lui aperçurent enfin la côte, qu'ils eurent d'abord quelque peine à distinguer. De hauts blocs de glaces, taillés perpendiculairement, se dressaient sur le rivage ; leurs sommets variés, de toutes formes et de toutes tailles, reproduisaient en grand les phénomènes de la cristallisation. Des myriades d'oiseaux aquatiques s'envolèrent à l'approche des marins, et les phoques qui étaient étendus paresseusement sur la glace plongèrent avec précipitation.

« Ma foi ! dit Penellan, nous ne manquerons ni de fourrures ni de gibier !

— Ces animaux-là, répondit Jean Cornbutte, ont tout l'air d'avoir reçu déjà la visite des hommes, car, dans des parages entièrement inhabités, ils ne seraient pas si sauvages.

— Il n'y a que des Groenlandais qui fréquentent ces terres, répliqua André Vasling.

— Je ne vois cependant aucune trace de leur passage, ni le moindre campement, ni la moindre hutte ! répondit Penellan, en gravissant un pic élevé. Ohé ! capitaine, s'écria-t-il, venez donc ! J'aperçois une pointe de terre qui nous préservera joliment des vents du nord-est.

— Par ici, mes enfants ! » dit Jean Cornbutte.

Ses compagnons le suivirent, et tous rejoignirent bientôt Penellan. Le marin avait dit vrai. Une pointe de terre assez élevée s'avançait comme un promontoire, et, en se recourbant vers la côte, elle formait une petite baie d'un mille de profondeur au plus. Quelques glaces mouvantes, brisées par cette pointe, flottaient au milieu, et la mer, abritée contre les vents les plus froids, ne se trouvait pas encore entièrement prise.

Ce lieu d'hivernage était excellent. Restait à y conduire le navire. Or, Jean Cornbutte remarqua que la plaine de glace avoisinante était d'une grande épaisseur, et il paraissait fort difficile, dès lors, de creuser un canal pour conduire le brick à sa destination. Il fallait donc chercher quelque autre crique, mais ce fut en vain que Jean Cornbutte s'avança vers le nord. La côte restait droite et abrupte sur une grande longueur, et, au-delà de la pointe, elle se trouvait directement exposée aux coups de vent de l'est. Cette circonstance déconcerta le capitaine, d'autant plus qu'André Vasling fit valoir combien la situation était mauvaise en s'appuyant sur des raisons péremptoires. Penellan eut beaucoup de peine à se prouver à lui-même que, dans cette conjoncture, tout fût pour le mieux.

Le brick n'avait donc plus que la chance de trouver un lieu d'hivernage sur la partie méridionale de la côte. C'était revenir sur ses pas, mais il n'y avait pas à hésiter. La petite troupe reprit donc le chemin du navire, et marcha rapidement, car les vivres commençaient à manquer. Jean Cornbutte chercha, tout le long de la route, quelque passe qui fût praticable, ou au moins quelque fissure qui permît de creuser un canal à travers la plaine de glace, mais en vain.

Vers le soir, les marins arrivèrent près du glaçon où ils avaient campé pendant l'autre nuit. La journée s'était passée sans neige, et ils purent encore reconnaître l'empreinte de leurs corps sur la glace. Tout était donc disposé pour leur coucher, et ils s'étendirent sur leur peau de buffle.

Penellan, très contrarié de l'insuccès de son exploration, dormait assez mal, quand, dans un moment d'insomnie, son attention fut attirée par un roulement sourd. Il prêta attentivement l'oreille à ce bruit, et ce roulement lui parut tellement étrange qu'il poussa du coude Jean Cornbutte.

« Qu'est-ce que c'est ? demanda celui-ci, qui, suivant l'habitude du marin, eut l'intelligence aussi rapidement éveillée que le corps.

— Écoutez, capitaine ! » répondit Penellan.

Le bruit augmentait avec une violence sensible.

« Ce ne peut être le tonnerre sous une latitude si élevée ! dit Jean Cornbutte en se levant.

— Je crois que nous avons plutôt affaire à une bande d'ours blancs ! répondit Penellan.

— Diable ! nous n'en avons pas encore aperçu, cependant.

— Un peu plus tôt, un peu plus tard, répondit Penellan, nous devons nous attendre à leur visite. Commençons donc par les bien recevoir. »

Penellan, armé d'un fusil, gravit lestement le bloc qui les abritait. L'obscurité étant fort épaisse et le temps couvert, il ne put rien découvrir ; mais un incident nouveau lui prouva bientôt que la cause de ce bruit ne venait pas des environs. Jean Cornbutte le rejoignit, et ils remarquèrent avec effroi que ce roulement, dont l'intensité réveilla leurs compagnons, se produisait sous leurs pieds.

Un péril d'une nouvelle sorte venait les menacer. À ce bruit, qui ressembla bientôt aux éclats du tonnerre, se joignit un mouvement d'ondulation très prononcé du champ de glaces. Plusieurs matelots perdirent l'équilibre et tombèrent.

« Attention ! cria Penellan.

— Oui ! lui répondit-on.

— Turquiette ! Gradlin ! Où êtes-vous ?

— Me voici ! répondit Turquiette, secouant la neige dont il était couvert.

— Par ici, Vasling, cria Jean Cornbutte au second. Et Gradlin ?

— Présent, capitaine !... Mais nous sommes perdus ! s'écria Gradlin avec effroi.

— Eh non ! fit Penellan. Nous sommes peut-être sauvés ! »

À peine achevait-il ces mots, qu'un craquement effroyable se fit entendre. La plaine de glace se brisa tout entière, et les matelots durent se cramponner au bloc qui oscillait auprès d'eux. En dépit des paroles du timonier, ils se trouvaient dans une position excessivement périlleuse, car un tremblement venait de se produire. Les glaçons venaient de « lever l'ancre », suivant l'expression des marins. Ce mouvement dura près de deux minutes, et il était à craindre qu'une crevasse ne s'ouvrît sous les pieds mêmes des malheureux matelots ! Aussi attendirent-ils le jour au milieu de transes continuelles, car ils ne pouvaient, sous peine de périr, se hasarder à faire un pas, et ils demeurèrent étendus tout de leur long pour éviter d'être engloutis.

Aux premières lueurs du jour, un tableau tout différent s'offrit à leurs yeux. La vaste plaine, unie la veille, se trouvait disjointe en mille endroits, et les flots, soulevés par quelque commotion sous-marine, avaient brisé la couche épaisse qui les recouvrait.

La pensée de son brick se présenta à l'esprit de Jean Cornbutte.

« Mon pauvre navire ! s'écria-t-il. Il doit être perdu ! »

Le plus sombre désespoir commença à se peindre sur la figure de ses compagnons. La perte du navire entraînait inévitablement leur mort prochaine.

« Courage ! mes amis, reprit Penellan. Songez donc que le tremblement de cette nuit nous a ouvert un chemin à travers les glaces, qui permettra de conduire notre brick à la baie d'hivernage ! Eh ! tenez, je ne me trompe pas ! *La Jeune-Hardie*, la voilà, plus rapprochée de nous d'un mille ! »

Tous se précipitèrent en avant, et si imprudemment que Turquiette glissa dans une fissure et eût infailliblement péri, si Jean Cornbutte ne l'eût rattrapé par son capuchon. Il en fut quitte pour un bain un peu froid.

Effectivement, le brick flottait à deux milles au vent. Après des peines infinies, la petite troupe l'atteignit. Le brick était en bon état ; mais son gouvernail, que l'on avait négligé d'enlever, avait été brisé par les glaces.

VII

LES INSTALLATIONS DE L'HIVERNAGE

Penellan avait encore une fois raison : tout était pour le mieux, et ce tremblement de glaces avait ouvert au navire une route praticable jusqu'à la baie. Les marins n'eurent plus qu'à disposer habilement des courants pour y diriger les glaçons de manière à se frayer une route.

Le 19 septembre, le brick fut enfin établi, à deux encablures de terre, dans sa baie d'hivernage, et solidement ancré sur un bon fond. Dès le jour suivant, la glace s'était déjà formée autour de sa coque ; bientôt elle devint assez forte pour supporter le poids d'un homme, et la communication put s'établir directement avec la terre.

Suivant l'habitude des navigateurs arctiques, le gréement resta tel qu'il était ; les voiles furent soigneusement repliées sur les vergues et garnies de leur étui, et le nid de corneilles demeura en place, autant pour permettre d'observer au loin que pour attirer l'attention sur le navire.

Déjà le soleil s'élevait à peine au-dessus de l'horizon. Depuis le solstice de juin, les spirales qu'il avait décrites s'étaient de plus en plus abaissées, et bientôt il devait disparaître tout à fait.

L'équipage se hâta de faire ses préparatifs. Penellan en fut le grand ordonnateur. La glace se fut bientôt épaissie autour du navire, et il était à craindre que sa pression ne fût dangereuse ; mais Penellan attendit que, par suite du va-et-vient des glaçons flottants et de leur adhérence, elle eût atteint une vingtaine de pieds d'épaisseur ; il la fit alors tailler en biseau autour de la coque, si bien qu'elle se rejoignit sous le navire, dont elle prit la forme ; enclavé dans un lit, le brick n'eut plus à craindre dès lors la pression des glaces, qui ne pouvaient faire aucun mouvement.

Les marins élevèrent ensuite le long des préceintes, et jusqu'à la hauteur des bastingages, une muraille de cinq à six pieds d'épaisseur, qui ne tarda pas à se durcir comme un roc. Cette enveloppe ne permettait pas à la chaleur intérieure de rayonner au-dehors. Une tente en toile, recouverte de peaux et hermétiquement fermée, fut tendue sur toute la longueur du pont et forma une espèce de promenoir pour l'équipage.

On construisit également à terre un magasin de neige, dans lequel on entassa les objets qui embarrassaient le navire. Les cloisons des cabines furent démontées, de manière à ne plus former qu'une vaste chambre à l'avant comme à l'arrière. Cette pièce unique était, d'ailleurs, plus facile à réchauffer, car la glace et l'humidité trouvaient moins de coins pour s'y blottir. Il fut également plus aisé de l'aérer convenablement, au moyen de manches en toile qui s'ouvraient au-dehors.

Chacun déploya une extrême activité dans ces divers préparatifs, et, vers le 25 septembre, ils furent entièrement terminés. André Vasling ne s'était pas montré le moins habile à ces divers aménagements. Il déploya surtout un empressement trop grand à s'occuper de la jeune fille, et si celle-ci, tout à la pensée de son pauvre Louis, ne s'en aperçut pas, Jean Cornbutte comprit bientôt ce qui en était. Il en causa avec Penellan ; il se rappela plusieurs circonstances qui l'éclairèrent tout à fait sur les intentions de son second : André Vasling aimait Marie et comptait la demander à son oncle, dès qu'il ne serait plus permis de douter de la mort des naufragés ; on s'en retournerait alors à Dunkerque, et André Vasling s'accommoderait très bien d'épouser une fille jolie et riche, qui serait alors l'unique héritière de Jean Cornbutte.

Seulement, dans son impatience, André Vasling manqua souvent d'habileté ; il avait plusieurs fois déclaré inutiles les recherches entreprises pour retrouver les naufragés, et souvent un indice nouveau venait lui donner un démenti, que Penellan prenait du plaisir à faire ressortir. Aussi le second détestait-il cordialement le timonier, qui le lui rendait avec du retour. Ce dernier ne craignait qu'une chose, c'était qu'André Vasling ne parvînt à jeter quelque germe de dissension dans l'équipage, et il engagea Jean Cornbutte à ne lui répondre qu'évasivement à la première occasion.

Lorsque les préparatifs d'hivernage furent terminés, le capitaine prit diverses mesures propres à conserver la santé de son équipage. Tous les matins, les hommes eurent ordre d'aérer les logements et d'essuyer soigneusement les parois intérieures, pour les débarrasser de l'humidité de la nuit. Ils reçurent, matin et soir, du thé ou du café brûlant, ce qui est un des meilleurs cordiaux à employer contre le froid ; puis ils furent divisés en quarts de chasseurs, qui devaient, autant que possible, procurer chaque jour une nourriture fraîche à l'ordinaire du bord.

Chacun dut prendre aussi, tous les jours, un exercice salutaire, et ne pas s'exposer sans mouvement à la température, car, par des froids de trente degrés au-dessous de zéro, il pouvait arriver que quelque partie du corps se gelât subitement. Il fallait, dans ce cas, avoir recours aux frictions de neige, qui seules pouvaient sauver la partie malade.

Penellan recommanda fortement aussi l'usage des ablutions froides, chaque matin. Il fallait un certain courage pour se plonger les mains et la figure dans la neige, que l'on faisait dégeler à l'intérieur. Mais Penellan donna bravement l'exemple, et Marie ne fut pas la dernière à l'imiter.

Jean Cornbutte n'oublia pas non plus les lectures et les prières, car il s'agissait de ne pas laisser dans le cœur place au désespoir ou à l'ennui. Rien n'est plus dangereux dans ces latitudes désolées.

Le ciel, toujours sombre, remplissait l'âme de tristesse. Une neige épaisse, fouettée par des vents violents, ajoutait à l'horreur accoutumée. Le soleil allait disparaître bientôt. Si les nuages n'eussent pas été amoncelés sur la tête des navigateurs, ils auraient pu jouir de la lumière de la lune, qui allait devenir véritablement leur soleil pendant cette longue nuit des pôles ; mais, avec ces vents d'ouest, la neige ne cessa pas de tomber. Chaque matin, il fallait déblayer les abords du navire et tailler de nouveau dans la glace un escalier qui permît de descendre sur la plaine. On y réussissait facilement avec les couteaux à neige ; une fois les marches découpées, on jetait un peu d'eau à leur surface, et elles se durcissaient immédiatement.

Penellan fit aussi creuser un trou dans la glace, non loin du navire. Tous les jours on brisait la nouvelle croûte qui se formait à sa partie supérieure, et l'eau que l'on y puisait à une certaine profondeur était moins froide qu'à la surface.

Tous ces préparatifs durèrent environ trois semaines. Il fut alors question de pousser les recherches plus avant. Le navire était emprisonné pour six ou sept mois, et le prochain dégel pouvait seul lui ouvrir une nouvelle route à travers les glaces. Il fallait donc profiter de cette immobilité forcée pour diriger des explorations dans le nord.

VIII

PLAN D'EXPLORATIONS

Le 9 octobre, Jean Cornbutte tint conseil pour dresser le plan de ses opérations, et, afin que la solidarité augmentât le zèle et le courage de chacun, il y admit tout l'équipage. La carte en main, il exposa nettement la situation présente.

La côte orientale du Groenland s'avance perpendiculairement vers le nord. Les découvertes des navigateurs ont donné la limite exacte de ces parages. Dans cet espace de cinq cents lieues, qui sépare le Groenland du Spitzberg, aucune terre n'avait encore été reconnue. Une seule île, l'île Shannon, se trouvait à une centaine de milles dans le nord de la baie de Gaël-Hamkes, où *La Jeune-Hardie* allait hiverner.

Si donc le navire norvégien, suivant toutes les probabilités, avait été entraîné dans cette direction, en supposant qu'il n'eût pu atteindre l'île Shannon, c'était là que Louis Cornbutte et les naufragés avaient dû chercher asile pour l'hiver.

Cet avis prévalut, malgré l'opposition d'André Vasling, et il fut décidé que l'on dirigerait les explorations du côté de l'île Shannon.

Les dispositions furent immédiatement commencées. On s'était procuré, sur la côte de Norvège, un traîneau fait à la manière des Esquimaux, construit en planches recourbées à l'avant et à l'arrière, et qui fût propre à glisser sur la neige et sur la glace. Il avait douze pieds de long sur quatre de large, et pouvait, en conséquence, porter des provisions pour plusieurs semaines au besoin. Fidèle Misonne l'eut bientôt mis en état, et il y travailla dans le magasin de neige, où ses outils avaient été transportés. Pour la première fois, on établit un poêle à charbon dans ce magasin, car tout travail y eût été impossible sans cela. Le tuyau du poêle sortait par un des murs latéraux, au moyen d'un trou percé dans la neige ; mais il résultait un grave inconvénient de cette disposition, car la chaleur du tuyau faisait fondre peu à peu la neige à l'endroit où il était en contact avec elle, et l'ouverture s'agrandissait sensiblement. Jean Cornbutte imagina d'entourer cette portion du tuyau d'une toile métallique, dont la propriété est d'empêcher la chaleur de passer. Ce qui réussit complètement.

Pendant que Misonne travaillait au traîneau, Penellan, aidé de Marie, préparait les vêtements de rechange pour la route. Les bottes de peau de phoque étaient heureusement en grand nombre. Jean Cornbutte et André Vasling s'occupèrent des provisions ; ils choisirent un petit baril d'esprit-de-vin, destiné à chauffer un réchaud portatif ; des réserves de thé et de café furent prises en quantité suffisante ; une petite caisse de biscuits, deux cents livres de pemmican et quelques gourdes d'eau-de-vie complétèrent la partie alimentaire. La chasse devait fournir chaque jour des provisions fraîches. Une certaine quantité de poudre fut divisée dans plusieurs sacs. La boussole, le sextant et la longue-vue furent mis à l'abri de tout choc.

Le 11 octobre, le soleil ne reparut pas au-dessus de l'horizon. On fut obligé d'avoir une lampe continuellement allumée dans le logement de l'équipage. Il n'y avait pas de temps à perdre, il fallait commencer les explorations, et voici pourquoi :

Au mois de janvier, le froid deviendrait tel qu'il ne serait plus possible de mettre le pied dehors, sans péril pour la vie. Pendant deux mois au moins, l'équipage serait condamné au casernement le plus complet ; puis le dégel commencerait ensuite et se prolongerait jusqu'à l'époque où le navire devrait quitter les glaces. Ce dégel empêcherait forcément toute exploration. D'un autre côté, si Louis Cornbutte et ses compagnons existaient encore, il n'était pas probable qu'ils pussent résister aux rigueurs d'un hiver arctique. Il fallait donc les sauver auparavant, ou tout espoir serait perdu.

André Vasling savait tout cela mieux que personne. Aussi résolut-il d'apporter de nombreux obstacles à cette expédition.

Les préparatifs du voyage furent achevés vers le 20 octobre. Il s'agit alors de choisir les hommes qui en feraient partie. La jeune fille ne devait pas quitter la garde de Jean

Cornbutte ou de Penellan. Or, ni l'un ni l'autre ne pouvaient manquer à la caravane.

La question fut donc de savoir si Marie pourrait supporter les fatigues d'un pareil voyage. Jusqu'ici elle avait passé par de rudes épreuves, sans trop en souffrir, car c'était une fille de marin, habituée dès son enfance aux fatigues de la mer, et vraiment Penellan ne s'effrayait pas de la voir, au milieu de ces climats affreux, luttant contre les dangers des mers polaires.

On décida donc, après de longues discussions, que la jeune fille accompagnerait l'expédition, et qu'il lui serait, au besoin, réservé une place dans le traîneau, sur lequel on construisit une petite hutte en bois, hermétiquement fermée. Quant à Marie, elle fut au comble de ses vœux, car il lui répugnait d'être éloignée de ses deux protecteurs.

L'expédition fut donc ainsi formée : Marie, Jean Cornbutte, Penellan, André Vasling, Aupic et Fidèle Misonne. Alain Turquiette demeura spécialement chargé de la garde du brick, sur lequel restaient Gervique et Gradlin. De nouvelles provisions de toutes sortes furent emportées, car Jean Cornbutte, afin de pousser l'exploration aussi loin que possible, avait résolu de faire des dépôts le long de sa route, tous les sept ou huit jours de marche. Dès que le traîneau fut prêt, on le chargea immédiatement, et il fut recouvert d'une tente de peaux de buffle. Le tout formait un poids d'environ sept cents livres, qu'un attelage de cinq chiens pouvait aisément traîner sur la glace.

Le 22 octobre, suivant les prévisions du capitaine, un changement soudain se manifesta dans la température. Le ciel s'éclaircit, les étoiles jetèrent un éclat extrêmement vif, et la lune brilla au-dessus de l'horizon pour ne plus le quitter pendant une quinzaine de jours. Le thermomètre était descendu à vingt-cinq degrés au-dessous de zéro.

Le départ fut fixé au lendemain.

IX

LA MAISON DE NEIGE

Le 23 octobre, à onze heures du matin, par une belle lune, la caravane se mit en marche. Les précautions étaient prises, cette fois, de façon que le voyage pût se prolonger longtemps, s'il le fallait. Jean Cornbutte suivit la côte, en remontant vers le nord. Les pas des marcheurs ne laissaient aucune trace sur cette glace résistante. Aussi Jean Cornbutte fut-il obligé de se guider au moyen de points de repère qu'il choisit au loin ; tantôt il marchait sur une colline toute hérissée de pics, tantôt sur un énorme glaçon que la pression avait soulevé au-dessus de la plaine.

À la première halte, après une quinzaine de milles, Penellan fit les préparatifs d'un campement. La tente fut adossée à un bloc de glaces. Marie n'avait pas trop souffert de ce froid rigoureux, car, par bonheur, la brise s'étant calmée, il était beaucoup plus supportable ; mais, plusieurs fois, la jeune fille avait dû descendre de son traîneau pour empêcher que l'engourdissement n'arrêtât chez elle la circulation du sang. D'ailleurs, sa petite hutte, tapissée de peaux par les soins de Penellan, offrait tout le confort possible.

Quand la nuit, ou plutôt quand le moment du repos arriva, cette petite hutte fut transportée sous la tente, où elle servit de chambre à coucher à la jeune fille. Le repas du soir se composa de viande fraîche, de pemmican et de thé chaud. Jean Cornbutte, pour prévenir les funestes effets du scorbut, fit distribuer à tout son monde quelques gouttes de jus de citron. Puis, tous s'endormirent à la garde de Dieu.

Après huit heures de sommeil, chacun reprit son poste de marche. Un déjeuner substantiel fut fourni aux hommes et aux chiens, puis on partit. La glace, excessivement unie, permettait à ces animaux d'enlever le traîneau avec une grande facilité. Les hommes, quelquefois, avaient de la peine à le suivre.

Mais un mal dont plusieurs marins eurent bientôt à souffrir, ce fut l'éblouissement. Des ophtalmies se déclarèrent chez Aupic et Misonne. La lumière de la lune, frappant sur ces immenses plaines blanches, brûlait la vue et causait aux yeux une cuisson insupportable.

Il se produisait aussi un effet de réfraction excessivement curieux. En marchant, au moment où l'on croyait mettre le pied sur un monticule, on tombait plus bas, ce qui occasionnait souvent des chutes, heureusement sans gravité, et que Penellan tournait en plaisanteries. Néanmoins, il recommanda de ne jamais faire un pas sans sonder le sol avec le bâton ferré dont chacun était muni.

Vers le 1er novembre, dix jours après le départ, la caravane se trouvait à une cinquantaine de lieues dans le nord. La fatigue devenait extrême pour tout le monde. Jean Cornbutte éprouvait des éblouissements terribles, et sa vue s'altérait sensiblement. Aupic et Fidèle Misonne ne marchaient plus qu'en tâtonnant, car leurs yeux, bordés de rouge, semblaient brûlés par la réflexion blanche. Marie avait été préservée de ces accidents par suite de son séjour dans la hutte, qu'elle habitait le plus possible. Penellan, soutenu par un indomptable courage, résistait à toutes ces fatigues. Celui qui, au surplus, se portait le mieux et sur lequel ces douleurs, ce froid, cet éblouissement ne semblaient avoir aucune prise, c'était André Vasling. Son corps de fer était fait à toutes ces fatigues ; il voyait alors avec plaisir le découragement gagner les plus robustes, et il prévoyait déjà le moment prochain où il faudrait revenir en arrière.

Or, le 1er novembre, par suite des fatigues, il devint indispensable de s'arrêter pendant un jour ou deux.

Dès que le lieu du campement fut choisi, on procéda à son installation. On résolut de construire une maison de neige, que l'on appuierait contre une des roches du promontoire. Fidèle Misonne en traça immédiatement les fondements, qui mesuraient quinze pieds de long sur cinq de large. Penellan, Aupic, Misonne, à l'aide de leurs couteaux, découpèrent de vastes blocs de glace qu'ils apportèrent au lieu désigné, et ils les dressèrent, comme des maçons eussent fait de murailles en pierre. Bientôt la paroi du fond fut élevée à cinq pieds de hauteur avec une épaisseur à peu près égale, car les matériaux ne manquaient pas, et il importait que l'ouvrage fût assez solide pour durer quelques jours. Les quatre murailles furent terminées en huit heures à peu près ; une porte avait été ménagée du côté du sud, et la toile de la tente, qui fut posée sur ces quatre murailles, retomba du côté de la porte, qu'elle masqua. Il ne s'agissait plus que de recouvrir le tout de larges blocs, destinés à former le toit de cette construction éphémère.

Après trois heures d'un travail pénible, la maison fut achevée, et chacun s'y retira, en proie à la fatigue et au découragement. Jean Cornbutte souffrait au point de ne pouvoir faire un seul pas, et André Vasling exploita si bien sa douleur qu'il lui arracha la promesse de ne pas porter ses recherches plus avant dans ces affreuses solitudes.

Penellan ne savait plus à quel saint se vouer. Il trouvait indigne et lâche d'abandonner ses compagnons sur des présomptions sans portée. Aussi cherchait-il à les détruire, mais ce fut en vain.

Cependant, quoique le retour eût été décidé, le repos était devenu si nécessaire que, pendant trois jours, on ne fit aucun préparatif de départ.

Le 4 novembre, Jean Cornbutte commença à faire enterrer sur un point de la côte les provisions qui ne lui étaient pas nécessaires. Une marque indiqua le dépôt, pour le cas improbable où de nouvelles explorations l'entraîneraient de ce côté. Tous les quatre jours de marche, il avait laissé de semblables dépôts le long de sa route, ce qui lui assurait des vivres pour le retour, sans qu'il eût la peine de les transporter sur son traîneau.

Le départ fut fixé à dix heures du matin, le 5 novembre. La tristesse la plus profonde s'était emparée de la petite troupe. Marie avait peine à retenir ses larmes, en voyant son oncle tout découragé. Tant de souffrances inutiles ! tant de travaux perdus ! Penellan, lui, devenait d'une humeur massacrante ; il donnait tout le monde au diable et ne cessait, à chaque occasion, de se fâcher contre la faiblesse et la lâcheté de ses compagnons, plus timides et plus fatigués, disait-il, que Marie, laquelle aurait été au bout du monde sans se plaindre.

André Vasling ne pouvait pas dissimuler le plaisir que lui causait cette détermination. Il se montra plus empressé que jamais près de la jeune fille, à laquelle il fit même espérer que de nouvelles recherches seraient entreprises après l'hiver, sachant bien qu'elles seraient alors trop tardives !

X

ENTERRÉS VIVANTS

La veille du départ, au moment du souper, Penellan était occupé à briser des caisses vides pour en fourrer les débris dans le poêle, quand il fut suffoqué tout à coup par une fumée épaisse. Au même moment, la maison de neige fut comme ébranlée par un tremblement de terre. Chacun poussa un cri de terreur, et Penellan se précipita au-dehors.

Il faisait une obscurité complète. Une tempête effroyable, car ce n'était pas un dégel, éclatait dans ces parages. Des tourbillons de neige s'abattaient avec une violence extrême, et le froid était tellement excessif que le timonier sentit ses mains se geler rapidement. Il fut obligé de rentrer, après s'être vivement frotté avec de la neige.

« Voici la tempête, dit-il. Fasse le Ciel que notre maison résiste, car si l'ouragan la détruisait, nous serions perdus ! »

En même temps que les rafales se déchaînaient dans l'air, un bruit effroyable se produisait sous le sol glacé ; les glaçons, brisés à la pointe du promontoire, se heurtaient avec fracas et se précipitaient les uns sur les autres ; le vent soufflait avec une telle force qu'il semblait parfois que la maison entière se déplaçait ; des lueurs phosphorescentes, inexplicables sous ces latitudes, couraient à travers le tourbillon des neiges.

« Marie, Marie ! s'écria Penellan, en saisissant les mains de la jeune fille.

— Nous voilà mal pris ! dit Fidèle Misonne.

— Et je ne sais si nous en réchapperons ! répliqua Aupic.

— Quittons cette maison de neige ! dit André Vasling.

— C'est impossible ! répondit Penellan. Le froid est épouvantable au-dehors tandis que nous pourrons peut-être le braver en demeurant ici !

— Donnez-moi le thermomètre », dit André Vasling.

Aupic lui passa l'instrument, qui marquait dix degrés au-dessous de zéro, à l'intérieur, bien que le feu fût allumé. André Vasling souleva la toile qui retombait devant l'ouverture et le glissa au-dehors avec précipitation, car il eût été meurtri par des éclats de glace que le vent soulevait et qui se projetaient en une véritable grêle.

« Eh bien, monsieur Vasling, dit Penellan, voulez-vous encore sortir ?... Vous voyez bien que c'est ici que nous sommes le plus en sûreté !

— Oui, ajouta Jean Cornbutte, et nous devons employer tous nos efforts à consolider intérieurement cette maison.

— Mais il est un danger, plus terrible encore, qui nous menace ! dit André Vasling.

— Lequel ? demanda Jean Cornbutte.

— C'est que le vent brise la glace sur laquelle nous reposons, comme il a brisé les glaçons du promontoire, et que nous soyons entraînés ou submergés !

— Cela me paraît difficile, répondit Penellan, car il gèle de manière à glacer toutes les surfaces liquides !... Voyons quelle est la température. »

Il souleva la toile de manière à ne passer que le bras, et eut quelque peine à retrouver le thermomètre, au milieu de la neige ; mais enfin il parvint à le saisir, et, l'approchant de la lampe, il dit :

« Trente-deux degrés au-dessous de zéro ! C'est le plus grand froid que nous ayons éprouvé jusqu'ici !

— Encore dix degrés, ajouta Andra Vasling, et le mercure gèlera ! »

Un morne silence suivit cette réflexion.

Vers huit heures du matin, Penellan essaya une seconde fois de sortir, pour juger de la situation. Il fallait, d'ailleurs, donner une issue à la fumée, que le vent avait plusieurs fois repoussée dans l'intérieur de la hutte. Le marin ferma très hermétiquement ses vêtements, assura son capuchon sur sa tête au moyen d'un mouchoir, et souleva la toile.

L'ouverture était entièrement obstruée par une neige résistante. Penellan prit son bâton ferré et parvint à l'enfoncer dans cette masse compacte ; mais la terreur glaça son sang, quand il sentit que l'extrémité de son bâton n'était pas libre et s'arrêtait sur un corps dur !

« Cornbutte ! dit-il au capitaine, qui s'était approché de lui, nous sommes enterrés sous cette neige !

— Que dis-tu ? s'écria Jean Cornbutte.

— Je dis que la neige s'est amoncelée et glacée autour de nous et sur nous, que nous sommes ensevelis vivants !

— Essayons de repousser cette masse de neige », répondit le capitaine.

Les deux amis s'arc-boutèrent contre l'obstacle qui obstruait la porte, mais ils ne purent le déplacer. La neige formait un glaçon qui avait plus de cinq pieds d'épaisseur et ne faisait qu'un avec la maison.

Jean Cornbutte ne put retenir un cri, qui réveilla Misonne et André Vasling. Un juron éclata entre les dents de ce dernier, dont les traits se contractèrent.

En ce moment, une fumée plus épaisse que jamais reflua à l'intérieur, car elle ne pouvait trouver aucune issue.

« Malédiction ! s'écria Misonne. Le tuyau du poêle est bouché par la glace ! »

Penellan reprit son bâton et démonta le poêle, après avoir jeté de la neige sur les tisons pour les éteindre, ce qui produisit une fumée telle que l'on pouvait à peine apercevoir la lueur de la lampe ; puis il essaya, avec son bâton, de débarrasser l'orifice, mais il ne rencontra partout qu'un roc de glace !

Il ne fallait plus attendre qu'une fin affreuse, précédée d'une agonie terrible ! La fumée, s'introduisant dans la gorge des malheureux, y causait une douleur insoutenable, et l'air même ne devait pas tarder à leur manquer !

Marie se leva alors, et sa présence, qui désespérait Jean Cornbutte, rendit quelque courage à Penellan. Le timonier se dit que cette pauvre enfant ne pouvait être destinée à une mort aussi horrible !

« Eh bien ! dit la jeune fille, vous avez donc fait trop de feu ? La chambre est pleine de fumée !

— Oui... oui... répondit le timonier en balbutiant.

— On le voit bien, reprit Marie, car il ne fait pas froid, et il y a longtemps même que nous n'avons éprouvé autant de chaleur ! »

Personne n'osa lui apprendre la vérité.

« Voyons, Marie, dit Penellan, en brusquant les choses, aide-nous à préparer le déjeuner. Il fait trop froid pour sortir. Voici le réchaud, voici l'esprit-de-vin, voici le café. Allons, vous autres, un peu de pemmican d'abord, puisque ce maudit temps nous empêche de chasser ! »

Ces paroles ranimèrent ses compagnons.

« Mangeons d'abord, ajouta Penellan, et nous verrons ensuite à sortir d'ici ! »

Penellan joignit l'exemple au conseil et dévora sa portion. Ses compagnons l'imitèrent et burent ensuite une tasse de café brûlant, ce qui leur remit un peu de courage au cœur ; puis, Jean Cornbutte décida, avec une grande énergie, que l'on allait tenter immédiatement les moyens de sauvetage.

Ce fut alors qu'André Vasling fit cette réflexion :

« Si la tempête dure encore, ce qui est probable, il faut que nous soyons ensevelis à dix pieds sous la glace, car on n'entend plus aucun bruit au-dehors ! »

Penellan regarda Marie, qui comprit la vérité, mais ne trembla pas.

Penellan fit d'abord rougir à la flamme de l'esprit-de-vin le bout de son bâton ferré, qu'il introduisit successivement dans les quatre murailles de glace, mais il ne trouva d'issue dans aucune. Jean Cornbutte résolut alors de creuser une ouverture dans la porte même. La glace était tellement dure que les coutelas l'entamaient difficilement. Les morceaux que l'on parvenait à extraire encombrèrent bientôt la hutte. Au bout de deux heures de ce travail pénible, la galerie creusée n'avait pas trois pieds de profondeur.

Il fallut donc imaginer un moyen plus rapide et qui fût moins susceptible d'ébranler la maison, car plus on avançait, plus la glace, devenant dure, nécessitait de violents efforts pour être entamée. Penellan eut l'idée de se servir du réchaud à esprit-de-vin pour fondre la glace dans la direction voulue. C'était un moyen hasardeux, car si l'emprisonnement venait à se prolonger, cet esprit-de-vin, dont les marins n'avaient qu'une petite quantité, leur ferait défaut au moment de préparer le repas. Néanmoins, ce projet obtint l'assentiment de tous, et il fut mis à exécution. On creusa préalablement un trou de trois pieds de profondeur sur un pied de diamètre pour recueillir l'eau qui proviendrait de la fonte de la glace, et l'on n'eut pas à se repentir de cette précaution, car l'eau suinta bientôt sous l'action du feu, que Penellan promenait à travers la masse de neige.

L'ouverture se creusa peu à peu, mais on ne pouvait continuer longtemps un tel genre de travail, car l'cau, se répandant sur les vêtements, les perçait de part en part. Penellan fut obligé de cesser au bout d'un quart d'heure et de retirer le réchaud pour se sécher lui-même. Misonne ne tarda pas à prendre sa place, et il n'y mit pas moins de courage.

Au bout de deux heures de travail, bien que la galerie eût déjà cinq pieds de profondeur, le bâton ferré ne put encore trouver d'issue au-dehors.

« Il n'est pas possible, dit Jean Cornbutte, que la neige soit tombée avec une telle abondance ! Il faut qu'elle ait été amoncelée par le vent sur ce point. Peut-être aurions-nous dû songer à nous échapper par un autre endroit ?

— Je ne sais, répondit Penellan ; mais, ne fût-ce que pour ne pas décourager nos compagnons, nous devons continuer à percer le mur dans le même sens. Il est impossible que nous ne trouvions pas une issue !

— L'esprit-de-vin ne manquera-t-il pas ? demanda le capitaine.

— J'espère que non, répondit Penellan, mais à la condition, cependant, que nous nous privions de café ou de boissons chaudes ! D'ailleurs, ce n'est pas là ce qui m'inquiète le plus.

— Qu'est-ce donc, Penellan ? demanda Jean Cornbutte.

— C'est que notre lampe va s'éteindre, faute d'huile, et que nous arrivons à la fin de nos vivres !

— Enfin ! à la grâce de Dieu ! »

Puis, Penellan alla remplacer André Vasling, qui travaillait avec énergie à la délivrance commune.

« Monsieur Vasling, lui dit-il, je vais prendre votre place, mais veillez bien, je vous en prie, à toute menace d'éboulement, pour que nous ayons le temps de la parer ! »

Le moment du repos était arrivé, et, lorsque Penellan eut encore creusé la galerie d'un pied, il revint se coucher près de ses compagnons.

XI

UN NUAGE DE FUMÉE

Le lendemain, quand les marins se réveillèrent, une obscurité complète les enveloppait. La lampe s'était éteinte. Jean Cornbutte réveilla Penellan pour lui demander le briquet, que celui-ci lui passa. Penellan se leva pour allumer le réchaud ; mais, en se levant, sa tête heurta contre le plafond de glace. Il fut épouvanté, car, la veille, il pouvait encore se tenir debout. Le réchaud allumé, à la lueur indécise de l'esprit-de-vin, il s'aperçut que le plafond avait baissé d'un pied.

Penellan se remit au travail avec rage.

En ce moment, la jeune fille, aux lueurs que projetait le réchaud sur la figure du timonier, comprit que le désespoir et la volonté luttaient sur sa rude physionomie. Elle vint à lui, lui prit les mains, les serra avec tendresse. Penellan sentit le courage lui revenir.

« Elle ne peut pas mourir ainsi ! » s'écria-t-il.

Il reprit son réchaud et se mit de nouveau à ramper dans l'étroite ouverture. Là, d'une main vigoureuse, il enfonça son bâton ferré et ne sentit pas de résistance. Était-il donc arrivé aux couches molles de la neige ? Il retira son bâton, et un rayon brillant se précipita dans la maison de glace.

« À moi, mes amis ! » s'écria-t-il.

Et, des pieds et des mains, il repoussa la neige, mais la surface extérieure n'était pas dégelée, ainsi qu'il l'avait cru. Avec le rayon de lumière, un froid violent pénétra dans la cabane et en saisit toutes les parties humides, qui se solidifièrent en un moment. Son coutelas aidant, Penellan agrandit l'ouverture et put enfin respirer au grand air. Il tomba à genoux pour remercier Dieu et fut bientôt rejoint par la jeune fille et ses compagnons.

Une lune magnifique éclairait l'atmosphère, dont les marins ne purent supporter le froid rigoureux. Ils rentrèrent, mais, auparavant, Penellan regarda autour de lui. Le promontoire n'était plus là, et la hutte se trouvait au milieu d'une immense plaine de glace. Penellan voulut se diriger du côté du traîneau, où étaient les provisions : le traîneau avait disparu !

La température l'obligea de rentrer. Il ne parla de rien à ses compagnons. Il fallait avant tout sécher les vêtements, ce qui fut fait avec le réchaud à esprit-de-vin. Le thermomètre, mis un instant à l'air, descendit à trente degrés au-dessous de zéro.

Au bout d'une heure, André Vasling et Penellan résolurent d'affronter l'atmosphère extérieure. Ils s'enveloppèrent dans leurs vêtements encore humides et sortirent par l'ouverture, dont les parois avaient déjà acquis la dureté du roc.

« Nous avons été entraînés dans le nord-est, dit André Vasling, en s'orientant sur les étoiles, qui brillaient d'un éclat extraordinaire.

— Il n'y aurait pas de mal, répondit Penellan, si notre traîneau nous eût accompagnés !

— Le traîneau n'est plus là ? s'écria André Vasling. Mais nous sommes perdus, alors !

— Cherchons », répondit Penellan.

Ils tournèrent autour de la hutte, qui formait un bloc de plus de quinze pieds de hauteur. Une immense quantité de neige était tombée pendant toute la durée de la tempête, et le vent l'avait accumulée contre la seule élévation que présentât la plaine. Le bloc entier avait été entraîné par le vent, au milieu des glaçons brisés, à plus de vingt-cinq milles au nord-est, et les prisonniers avaient subi le sort de leur prison flottante. Le traîneau, supporté par un autre glaçon, avait dérivé d'un autre côté, sans doute, car on n'en apercevait aucune trace, et les chiens avaient dû succomber dans cette effroyable tempête.

André Vasling et Penellan sentirent se glisser le désespoir dans leur âme. Ils n'osaient annoncer cette fatale nouvelle à leurs compagnons d'infortune ! Ils gravirent le bloc de glace même dans lequel se trouvait creusée la hutte et n'aperçurent rien que cette immensité blanche qui les entourait de toutes parts. Déjà le froid raidissait leurs membres, et l'humidité de leurs vêtements se transformait en glaçons qui pendaient autour d'eux.

Au moment où Penellan allait descendre le monticule, il jeta un coup d'œil sur André Vasling. Il le vit tout à coup regarder avidement d'un côté, puis tressaillir et pâlir.

« Qu'avez-vous, monsieur Vasling ? lui demanda-t-il.

— Ce n'est rien ! répondit celui-ci. Descendons, et avisons à quitter au plus vite ces parages, que nous n'aurions jamais dû fouler ! »

Mais, au lieu d'obéir, Penellan remonta et porta ses yeux du côté qui avait attiré l'attention du second. Un effet bien différent se produisit en lui, car il poussa un cri de joie et s'écria :

« Dieu soit béni ! »

Une légère fumée s'élevait dans le nord-est. Il n'y avait pas à s'y tromper. Là respiraient des êtres animés. Les cris de joie de Penellan attirèrent ses compagnons, et tous purent se convaincre par leurs yeux que le timonier ne se trompait pas.

Aussitôt, sans s'inquiéter du manque de vivres, sans songer à la rigueur de la température, enveloppés dans leurs capuchons, tous s'avancèrent à grands pas vers l'endroit signalé.

La fumée s'élevait dans le nord-est, et la petite troupe prit précipitamment cette direction. Le but à atteindre se trouvait à cinq ou six milles environ, et il devenait fort difficile de se diriger à coup sûr. La fumée avait disparu, et aucune élévation ne pouvait servir de point de repère, car la plaine de glace était entièrement unie. Il importait, cependant, de ne pas dévier de la ligne droite.

« Puisque nous ne pouvons nous guider sur des objets éloignés, dit Jean Cornbutte, voici le moyen à employer : Penellan va marcher en avant, Vasling à vingt pas derrière lui, moi à vingt pas derrière Vasling. Je pourrai juger alors si Penellan ne s'écarte pas de la ligne droite. »

La marche durait ainsi depuis une demi-heure, quand Penellan s'arrêta soudain, prêtant l'oreille.

Le groupe de marins le rejoignit :

« N'avez-vous rien entendu ? leur demanda-t-il.

— Rien, répondit Misonne.

— C'est singulier ! fit Penellan. Il m'a semblé que des cris venaient de ce côté.

— Des cris ? répondit la jeune fille. Nous serions donc bien près de notre but !

— Ce n'est pas une raison, répondit André Vasling. Sous ces latitudes élevées et par ces grands froids, le son porte à des distances extraordinaires.

— Quoi qu'il en soit, dit Jean Cornbutte, marchons, sous peine d'être gelés !

— Non ! fit Penellan. Écoutez ! »

Quelques sons faibles, mais perceptibles cependant, se faisaient entendre. Ces cris paraissaient des cris de douleur et d'angoisse. Ils se renouvelèrent deux fois. On eût dit que quelqu'un appelait au secours. Puis tout retomba dans le silence.

« Je ne me suis pas trompé, dit Penellan. En avant ! »

Et il se mit à courir dans la direction de ces cris. Il fit ainsi deux milles environ, et sa stupéfaction fut grande, quand il aperçut un homme couché sur la glace. Il s'approcha de lui, le souleva et leva les bras au ciel avec désespoir.

André Vasling, qui le suivait de près avec le reste des matelots, accourut et s'écria :

« C'est un des naufragés ! C'est notre matelot Cortrois !

— Il est mort, répliqua Penellan, mort de froid ! »

Jean Cornbutte et Marie arrivèrent auprès du cadavre, que la glace avait déjà raidi. Le désespoir se peignit sur toutes les figures. Le mort était l'un des compagnons de Louis Cornbutte !

« En avant ! » s'écria Penellan.

Ils marchèrent encore pendant une demi-heure, sans mot dire, et ils aperçurent une élévation du sol, qui devait être certainement la terre.

« C'est l'île Shannon », dit Jean Cornbutte.

Au bout d'un mille, ils aperçurent distinctement une fumée qui s'échappait d'une hutte de neige fermée par une porte en bois. Ils poussèrent des cris. Deux hommes s'élancèrent hors de la hutte, et, parmi eux, Penellan reconnut Pierre Nouquet.

« Pierre ! » s'écria-t-il.

Celui-ci demeurait comme un homme hébété, n'ayant pas conscience de ce qui se passait autour de lui. André Vasling regardait avec une inquiétude mêlée d'une joie cruelle les compagnons de Pierre Nouquet, car il ne reconnaissait pas Louis Cornbutte parmi eux.

« Pierre ! C'est moi ! s'écria Penellan. Ce sont tous tes amis ! »

Pierre Nouquet revint à lui et tomba dans les bras de son vieux compagnon.

« Et mon fils ! Et Louis ! » cria Jean Cornbutte avec l'accent du plus profond désespoir.

XII

RETOUR AU NAVIRE

À ce moment, un homme, presque mourant, sortant de la hutte, se traîna sur la glace.

C'était Louis Cornbutte.

« Mon fils !

— Mon fiancé ! »

Ces deux cris partirent en même temps, et Louis Cornbutte tomba évanoui entre les bras de son père et de la jeune fille, qui l'entraînèrent dans la hutte, où leurs soins le ranimèrent.

« Mon père ! Marie ! s'écria Louis Cornbutte. Je vous aurai donc revus avant de mourir !

— Tu ne mourras pas ! répondit Penellan, car tous tes amis sont près de toi ! »

Il fallait qu'André Vasling eût bien de la haine pour ne pas tendre la main à Louis Cornbutte ; mais il ne la tendit pas.

Pierre Nouquet ne se sentait pas de joie. Il embrassait tout le monde ; puis il jeta du bois dans le poêle, et bientôt une température supportable s'établit dans la cabane.

Là, il y avait encore deux hommes que ni Jean Cornbutte ni Penellan ne connaissaient.

C'étaient Jocki et Herming, les deux seuls matelots norvégiens qui restaient de l'équipage du *Froöern.*

« Mes amis, nous sommes donc sauvés ! dit Louis Cornbutte. Mon père ! Marie ! vous vous êtes exposés à tant de périls !

— Nous ne le regrettons pas, mon Louis, répondit Jean Cornbutte. Ton brick, *La Jeune-Hardie*, est solidement ancré dans les glaces à soixante lieues d'ici. Nous le rejoindrons tous ensemble.

— Quand Cortrois rentrera, dit Pierre Nouquet, il sera fameusement content tout de même ! »

Un triste silence suivit cette réflexion, et Penellan apprit à Pierre Nouquet et à Louis Cornbutte la mort de leur compagnon, que le froid avait tué.

« Mes amis, dit Penellan, nous attendrons ici que le froid diminue. Vous avez des vivres et du bois ?

— Oui, et nous brûlerons ce qui nous reste du *Froöern* ! »

Le *Froöern* avait été entraîné, en effet, à quarante milles de l'endroit où Louis Cornbutte hivernait. Là, il fut brisé par les glaçons qui flottaient au dégel, et les naufragés furent emportés, avec une partie des débris dont était construite leur cabane, sur le rivage méridional de l'île Shannon.

Les naufragés se trouvaient alors au nombre de cinq, Louis Cornbutte, Cortrois, Pierre Nouquet, Jocki et Herming. Quant au reste de l'équipage norvégien, il avait été submergé avec la chaloupe au moment du naufrage.

Dès que Louis Cornbutte, entraîné dans les glaces, vit celles-ci se refermer autour de lui, il prit toutes les précautions pour passer l'hiver. C'était un homme énergique, d'une grande activité comme d'un grand courage ; mais, en dépit de sa fermeté, il avait été vaincu par ce climat horrible, et quand son père le retrouva, il ne s'attendait plus qu'à mourir. Il n'avait, d'ailleurs, pas à lutter seulement contre les éléments, mais contre le mauvais vouloir des deux matelots norvégiens, qui lui devaient la vie cependant. C'étaient deux sortes de sauvages, à peu près inaccessibles aux sentiments les plus naturels. Aussi, quand Louis Cornbutte eut occasion d'entretenir Penellan, il lui recommanda de s'en défier particulièrement. En retour, Penellan le mit au courant de la conduite d'André Vasling. Louis Cornbutte ne put y croire, mais Penellan lui prouva que, depuis sa disparition, André Vasling avait toujours agi de manière à s'assurer la main de la jeune fille.

Toute cette journée fut employée au repos et au plaisir de se revoir. Fidèle Misonne et Pierre Nouquet tuèrent quelques oiseaux de mer, près de la maison, dont il n'était pas prudent de s'écarter. Ces vivres frais et le feu qui fut activé rendirent de la force aux plus malades. Louis Cornbutte lui-même éprouva un mieux sensible. C'était le premier moment de plaisir qu'éprouvaient ces braves gens. Aussi le fêtèrent-ils avec entrain, dans cette misérable cabane, à six cents lieues dans les mers du Nord, par un froid de trente degrés au-dcssous de zéro !

Cette température dura jusqu'à la fin de la lune, et ce ne fut que vers le 17 novembre, huit jours après leur réunion, que Jean Cornbutte et ses compagnons purent songer au départ. Ils n'avaient plus que la lueur des étoiles pour se guider, mais le froid était moins vif, et il tomba même un peu de neige.

Avant de quitter ce lieu, on creusa une tombe au pauvre Cortrois. Triste cérémonie, qui affecta vivement ses compagnons ! C'était le premier d'entre eux qui ne devait pas revoir son pays.

Misonne avait construit avec les planches de la cabane une sorte de traîneau destiné au transport des provisions, et les matelots le traînèrent tour à tour. Jean Cornbutte dirigea la marche par les chemins déjà parcourus. Les campements s'organisaient, à l'heure du repos, avec une grande promptitude. Jean Cornbutte espérait retrouver ses dépôts de provisions, qui devenaient presque indispensables avec ce surcroît de quatre personnes. Aussi chercha-t-il à ne pas s'écarter de sa route.

Par un bonheur providentiel, il fut remis en possession de son traîneau, qui s'était échoué près du promontoire où tous avaient couru tant de dangers. Les chiens, après avoir mangé leurs courroies pour satisfaire leur faim, s'étaient attaqués aux provisions du traîneau. C'était ce qui les avait retenus, et ce furent eux-mêmes qui guidèrent la troupe vers le traîneau, où les vivres étaient encore en grande quantité.

La petite troupe reprit sa route vers la baie d'hivernage. Les chiens furent attelés au traîneau, et aucun incident ne signala l'expédition.

On constata seulement qu'Aupic, André Vasling et les Norvégiens se tenaient à l'écart et ne se mêlaient pas à leurs compagnons ; mais, sans le savoir, ils étaient surveillés de près. Néanmoins, ce germe de dissension jeta plus d'une fois la terreur dans l'âme de Louis Cornbutte et de Penellan.

Vers le 7 décembre, vingt jours après leur réunion, ils aperçurent la baie où hivernait *La Jeune-Hardie*. Quel fut leur étonnement en apercevant le brick juché à près de quatre mètres en l'air sur des blocs de glace ! Ils coururent, fort inquiets de leurs compagnons, et ils furent reçus avec des cris de joie par Gervique, Turquiette et Gradlin. Tous étaient en bonne santé, et cependant ils avaient couru, eux aussi, les plus grands dangers.

La tempête s'était fait ressentir dans toute la mer polaire. Les glaces avaient été brisées et déplacées, et, glissant les unes sur les autres, elles avaient saisi le lit sur lequel reposait le navire. Leur pesanteur spécifique tendant à les ramener au-dessus de l'eau, elles avaient acquis une puissance incalculable, et le brick s'était trouvé soudain élevé hors des limites de la mer.

Les premiers moments furent donnés à la joie du retour. Les marins de l'exploration se réjouissaient de trouver toutes les choses en bon état, ce qui leur assurait un hiver rude, sans doute, mais enfin supportable. L'exhaussement du navire ne l'avait pas ébranlé, et il était parfaitement solide. Lorsque la saison du dégel serait venue, il n'y aurait plus qu'à le faire glisser sur un plan incliné, à le lancer, en un mot, dans la mer redevenue libre.

Mais une mauvaise nouvelle assombrit le visage de Jean Cornbutte et de ses compagnons. Pendant la terrible bourrasque, le magasin de neige construit sur la côte avait été entièrement brisé ; les vivres qu'il renfermait étaient dispersés, et il n'avait pas été possible d'en sauver la moindre partie. Dès que ce malheur leur fut appris, Jean et Louis Cornbutte visitèrent la cale et la cambuse du brick, pour savoir à quoi s'en tenir sur ce qui restait de provisions.

Le dégel ne devait arriver qu'avec le mois de mai, et le brick ne pouvait quitter la baie d'hivernage avant cette époque. C'était donc cinq mois d'hiver qu'il fallait passer au milieu des glaces, pendant lesquels quatorze personnes devaient être nourries. Calculs et comptes faits, Jean Cornbutte comprit qu'il atteindrait tout au plus le moment du départ, en mettant tout le monde à la demi-ration. La chasse devint donc obligatoire pour procurer de la nourriture en plus grande abondance.

De crainte que ce malheur ne se renouvelât, on résolut de ne plus déposer de provisions à terre. Tout demeura à bord du brick, et on disposa également des lits pour les nouveaux arrivants dans le logement commun des matelots. Turquiette, Gervique et Gradlin, pendant l'absence de leurs compagnons, avaient creusé un escalier dans la glace, qui permettait d'arriver sans peine au pont du navire.

XIII

LES DEUX RIVAUX

André Vasling s'était pris d'amitié pour les deux matelots norvégiens. Aupic faisait aussi partie de leur bande, qui se tenait généralement à l'écart, désapprouvant hautement toutes les nouvelles mesures ; mais Louis Cornbutte, auquel son père avait remis le commandement du brick, redevenu maître à son bord, n'entendait pas raison sur ce chapitre-là, et, malgré les conseils de Marie, qui l'engageait à user de douceur, il fit savoir qu'il voulait être obéi en tout point.

Néanmoins, les deux Norvégiens parvinrent, deux jours après, à s'emparer d'une caisse de viande salée. Louis Cornbutte exigea qu'elle lui fût rendue sur-le-champ, mais Aupic prit fait et cause pour eux, et André Vasling fit même entendre que les mesures touchant la nourriture ne pouvaient durer plus longtemps.

Il n'y avait pas à prouver à ces malheureux que l'on agissait dans l'intérêt commun, car ils le savaient et ils ne cherchaient qu'un prétexte pour se révolter. Penellan s'avança vers les deux Norvégiens, qui tirèrent leurs coutelas ; mais, secondé par Misonne et Turquiette, il parvint à les leur arracher des mains, et il reprit la caisse de viande salée. André Vasling et Aupic, voyant que l'affaire tournait contre eux, ne s'en mêlèrent aucunement. Néanmoins, Louis Cornbutte prit le second en particulier et lui dit :

« André Vasling, vous êtes un misérable. Je connais toute votre conduite, et je sais à quoi tendent vos menées ; mais comme le salut de tout l'équipage m'est confié, si quelqu'un de vous songe à conspirer sa perte, je le poignarde de ma main !

— Louis Cornbutte, répondit le second, il vous est loisible de faire de l'autorité, mais rappelez-vous que l'obéissance hiérarchique n'existe plus ici, et que seul le plus fort fait la loi ! »

La jeune fille n'avait jamais tremblé devant les dangers des mers polaires, mais elle eut peur de cette haine dont elle était la cause, et l'énergie de Louis Cornbutte put à peine la rassurer.

Malgré cette déclaration de guerre, les repas se prirent aux mêmes heures et en commun. La chasse fournit encore quelques ptarmigans et quelques lièvres blancs ; mais avec les grands froids qui approchaient, cette ressource allait encore manquer. Ces froids commencèrent au solstice, le 22 décembre, jour auquel le thermomètre tomba à trente-cinq degrés au-dessous de zéro. Les hiverneurs éprouvèrent des douleurs dans les oreilles, dans le nez, dans toutes les extrémités du corps ; ils furent pris d'une torpeur mortelle, mêlée de maux de tête, et leur respiration devint de plus en plus difficile.

Dans cet état, ils n'avaient plus le courage de sortir pour chasser, ou pour prendre quelque exercice. Ils demeuraient accroupis autour du poêle, qui ne leur donnait qu'une chaleur insuffisante, et dès qu'ils s'en éloignaient un peu, ils sentaient leur sang se refroidir subitement.

Jean Cornbutte vit sa santé gravement compromise, et il ne pouvait déjà plus quitter son logement. Des symptômes prochains de scorbut se manifestèrent en lui, et ses jambes se couvrirent de taches blanchâtres. La jeune fille se portait bien et s'occupait de soigner les malades avec l'empressement d'une sœur de charité. Aussi tous ces braves marins la bénissaient-ils du fond du cœur.

Lc 1er janvier fut l'un des plus tristes jours de l'hivernage. Le vent était violent, et le froid insupportable. On ne pouvait sortir sans s'exposer à être gelé. Les plus courageux devaient se borner à se promener sur le pont abrité par la tente. Jean Cornbutte, Gervique et Gradlin ne quittèrent pas leur lit. Les deux Norvégiens, Aupic et André Vasling, dont la santé se soutenait, jetaient des regards farouches sur leurs compagnons, qu'ils voyaient dépérir.

Louis Cornbutte emmena Penellan sur le pont et lui demanda où en étaient les provisions de combustible.

« Le charbon est épuisé depuis longtemps, répondit Penellan, et nous allons brûler nos derniers morceaux de bois !

— Si nous n'arrivons pas à combattre ce froid, dit Louis Cornbutte, nous sommes perdus !

— Il nous reste un moyen, répliqua Penellan, c'est de brûler ce que nous pourrons de notre brick, depuis les bastingages jusqu'à la flottaison, et même, au besoin, nous pouvons le démolir en entier et reconstruire un plus petit navire.

— C'est un moyen extrême, répondit Louis Cornbutte, et qu'il sera toujours temps d'employer quand nos hommes seront valides, car, dit-il à voix basse, nos forces diminuent, et celles de nos ennemis semblent augmenter. C'est même assez extraordinaire !

— C'est vrai, fit Penellan, et sans la précaution que nous avons de veiller nuit et jour, je ne sais ce qui nous arriverait.

— Prenons nos haches, dit Louis Cornbutte, et faisons notre récolte de bois. »

Malgré le froid, tous deux montèrent sur les bastingages de l'avant, et ils abattirent tout le bois qui n'était pas d'une indispensable utilité pour le navire. Puis ils revinrent avec cette provision nouvelle. Le poêle fut bourré de nouveau, et un homme resta de garde pour l'empêcher de s'éteindre.

Cependant Louis Cornbutte et ses amis furent bientôt sur les dents. Ils ne pouvaient confier aucun détail de la vie commune à leurs ennemis. Chargés de tous les soins domestiques, ils sentirent bientôt leurs forces s'épuiser. Le scorbut se déclara chez Jean Cornbutte, qui souffrit d'intolérables douleurs. Gervique et Gradlin commencèrent à être pris également. Sans la provision de jus de citron, dont ils étaient abondamment fournis, ces malheureux auraient promptement succombé à leurs souffrances. Aussi ne leur épargna-t-on pas ce remède souverain.

Mais un jour, le 15 janvier, lorsque Louis Cornbutte descendit à la cambuse pour renouveler ses provisions de citrons, il demeura stupéfait en voyant que les barils où ils étaient renfermés avaient disparu. Il remonta près de Penellan et lui fit part de ce nouveau malheur. Un vol avait été commis, et les auteurs étaient faciles à reconnaître.

Louis Cornbutte comprit alors pourquoi la santé de ses ennemis se soutenait ! Les siens n'étaient plus en force maintenant pour leur arracher ces provisions, d'où dépendaient sa vie et celle de ses compagnons, et il demeura plongé, pour la première fois, dans un morne désespoir !

XIV

DÉTRESSE

Le 20 janvier, la plupart de ces infortunés ne se sentirent pas la force de quitter leur lit. Chacun d'eux, indépendamment de ses couvertures de laine, avait une peau de buffle qui le protégeait contre le froid ; mais, dès qu'il essayait de mettre le bras à l'air, il éprouvait une douleur telle qu'il lui fallait le rentrer aussitôt.

Cependant, Louis Cornbutte ayant allumé le poêle, Penellan, Misonne, André Vasling sortirent de leur lit et vinrent s'accroupir autour du feu. Penellan prépara du café brûlant, et leur rendit quelque force, ainsi qu'à Marie, qui vint partager leur repas.

Louis Cornbutte s'approcha du lit de son père, qui était presque sans mouvement et dont les jambes étaient brisées par la maladie. Le vieux marin murmurait quelques mots sans suite, qui déchiraient le cœur de son fils.

« Louis ! disait-il, je vais mourir !... Oh ! que je souffre !... Sauve-moi ! »

Louis Cornbutte prit une résolution décisive. Il revint vers le second et lui dit, en se contenant à peine :

« Savez-vous où sont les citrons, Vasling ?

— Dans la cambuse, je suppose, répondit le second sans se déranger.

— Vous savez bien qu'ils n'y sont plus, puisque vous les avez volés !

— Vous êtes le maître, Louis Cornbutte, répondit ironiquement André Vasling, et il vous est permis de tout dire et de tout faire !

— Par pitié, Vasling, mon père se meurt ! Vous pouvez le sauver ! Répondez !

— Je n'ai rien à répondre, répondit Vasling.

— Misérable ! s'écria Penellan en se jetant sur le second, son coutelas à la main.

— À moi, les miens ! » s'écria André Vasling en reculant.

Aupic et les deux matelots norvégiens sautèrent à bas de leur lit et se rangèrent derrière lui. Misonne, Turquiette, Penellan et Louis se préparèrent à se défendre. Pierre Nouquet et Gradlin, quoique bien souffrants, se levèrent pour les seconder.

« Vous êtes encore trop forts pour nous ! dit alors André Vasling. Nous ne voulons nous battre qu'à coup sûr ! »

Les marins étaient si affaiblis qu'ils n'osèrent pas se précipiter sur ces quatre misérables, car, en cas d'échec, ils eussent été perdus.

« André Vasling, dit Louis Cornbutte d'une voix sombre, si mon père meurt, tu l'auras tué, et moi je te tuerai comme un chien ! »

André Vasling et ses complices se retirèrent à l'autre bout du logement et ne répondirent pas.

Il fallut alors renouveler la provision de bois, et, malgré le froid, Louis Cornbutte monta sur le pont et se mit à couper une partie des bastingages du brick, mais il fut forcé de rentrer au bout d'un quart d'heure car il risquait de tomber foudroyé par le froid. En passant, il jeta un coup d'œil sur le thermomètre extérieur et vit le mercure gelé. Le froid avait donc dépassé quarante-deux degrés au-dessous de zéro. Le temps était sec et clair, et le vent soufflait du nord.

Le 26, le vent changea, il vint du nord-est, et le thermomètre marqua extérieurement trente-cinq degrés. Jean Cornbutte était à l'agonie, et son fils avait cherché vainement quelque remède à ses douleurs. Ce jour-là, cependant, se jetant à l'improviste sur André Vasling, il parvint à lui arracher un citron que celui-ci s'apprêtait à sucer. André Vasling ne fit pas un pas pour le reprendre. Il semblait qu'il attendît l'occasion d'accomplir ses odieux projets.

Le jus de citron rendit quelque force à Jean Cornbutte, mais il aurait fallu continuer ce remède. La jeune fille alla supplier à genoux André Vasling, qui ne lui répondit pas, et Penellan entendit bientôt le misérable dire à ses compagnons :

« Le vieux est moribond ! Gervique, Gradlin et Pierre Nouquet ne valent guère mieux ! Les autres perdent leurs forces de jour en jour ! Le moment approche où leur vie nous appartiendra ! »

Il fut alors résolu entre Louis Cornbutte et ses compagnons de ne plus attendre et de profiter du peu de force qui leur restait. Ils résolurent d'agir dans la nuit suivante et de tuer ces misérables pour n'être pas tués par eux.

La température s'était élevée un peu. Louis Cornbutte se hasarda à sortir avec son fusil pour rapporter quelque gibier.

Il s'écarta d'environ trois milles du navire, et, souvent trompé par des effets de mirage ou de réfraction, il s'éloigna plus loin qu'il ne voulait. C'était imprudent, car des traces récentes d'animaux féroces se montraient sur le sol. Louis Cornbutte ne voulut cependant pas revenir sans rapporter quelque viande fraîche, et il continua sa route ; mais il éprouvait alors un sentiment singulier, qui lui tournait la tête. C'était ce qu'on appelle le « vertige blanc ».

En effet, la réflexion des monticules de glaces et de la plaine le saisissait de la tête aux pieds, et il lui semblait que cette couleur le pénétrait et lui causait un affadissement irrésistible. Son œil en était imprégné, son regard dévié. Il crut qu'il allait devenir fou de blancheur. Sans se rendre compte de cet effet terrible, il continua sa marche et ne tarda pas à faire lever un ptarmigan, qu'il poursuivit avec ardeur. L'oiseau tomba bientôt, et pour aller le prendre, Louis Cornbutte, sautant d'un glaçon sur la plaine, tomba lourdement, car il avait fait un saut de dix pieds, lorsque la réfraction lui faisait croire qu'il n'en avait que deux à franchir. Le vertige le saisit alors, et, sans savoir pourquoi, il se mit à appeler au secours pendant quelques minutes, bien qu'il ne se fût rien brisé dans sa chute. Le froid commençant à l'envahir, il revint au sentiment de conservation et se releva péniblement.

Soudain, sans qu'il pût s'en rendre compte, une odeur de graisse brûlée saisit son odorat. Comme il était sous le vent du navire, il supposa que cette odeur venait de là, et il ne comprit pas dans quel but on brûlait cette graisse, car c'était fort dangereux, puisque cette émanation pouvait attirer des bandes d'ours blancs.

Louis Cornbutte reprit donc le chemin du brick, en proie à une préoccupation qui, dans son esprit surexcité, dégénéra bientôt en terreur. Il lui sembla que des masses colossales se mouvaient à l'horizon, et il se demanda s'il n'y avait pas encore quelque tremblement de glaces. Plusieurs de ces masses s'interposèrent entre le navire et lui, et il lui parut qu'elles s'élevaient sur les flancs du brick. Il s'arrêta pour les considérer plus attentivement, et sa terreur fut extrême, quand il reconnut une bande d'ours gigantesques.

Ces animaux avaient été attirés par cette odeur de graisse qui avait surpris Louis Cornbutte. Celui-ci s'abrita derrière un monticule, et il en compta trois qui ne tardèrent pas à escalader les blocs de glace sur lesquels reposait *La Jeune-Hardie.*

Rien ne parut lui faire supposer que ce danger fût connu à l'intérieur du navire, et une terrible angoisse lui serra le cœur. Comment s'opposer à ces ennemis redoutables ? André Vasling et ses compagnons se réuniraient-ils à tous les hommes du bord dans ce danger commun ? Penellan et les autres, à demi privés de nourriture, engourdis par le froid, pourraient-ils résister à ces bêtes redoutables, qu'excitait une faim inassouvie ? Ne seraient-ils pas surpris, d'ailleurs, par une attaque imprévue ?

Louis Cornbutte fit en un instant ces réflexions. Les ours avaient gravi les glaçons et montaient à l'assaut du navire. Louis Cornbutte put alors quitter le bloc qui le protégeait, il s'approcha en rampant sur la glace, et bientôt il put voir les énormes animaux déchirer la tente avec leurs griffes et sauter sur le pont. Louis Cornbutte pensa à tirer un coup de fusil pour avertir ses compagnons ; mais si ceux-ci montaient sans être armés, ils seraient inévitablement mis en pièces, et rien n'indiquait qu'ils eussent connaissance de ce nouveau danger !

XV

LES OURS BLANCS

Après le départ de Louis Cornbutte, Penellan avait soigneusement fermé la porte du logement, qui s'ouvrait au bas de l'escalier du pont. Il revint près du poêle, qu'il se chargea de garder, pendant que ses compagnons regagnaient leur lit pour y trouver un peu de chaleur.

Il était alors six heures du soir, et Penellan se mit à préparer le souper. Il descendit à la cambuse pour chercher de la viande salée, qu'il voulait faire amollir dans l'eau bouillante. Quand il remonta, il trouva sa place prise par André Vasling, qui avait mis des morceaux de graisse à cuire dans la bassine.

« J'étais là avant vous, dit brusquement Penellan à André Vasling. Pourquoi avez-vous pris ma place ?

— Par la raison qui vous fait la réclamer, répondit André Vasling, parce que j'ai besoin de faire cuire mon souper !

— Vous enlèverez cela tout de suite, répliqua Penellan, ou nous verrons !

— Nous ne verrons rien, répondit André Vasling, et ce souper cuira malgré vous !

— Vous n'y goûterez donc pas ! » s'écria Penellan, en s'élançant sur André Vasling, qui saisit son coutelas, en s'écriant :

« À moi, les Norvégiens ! à moi, Aupic ! »

Ceux-ci, en un clin d'œil, furent sur pied, armés de pistolets et de poignards. Le coup était préparé.

Penellan se précipita sur André Vasling, qui s'était sans doute donné le rôle de le combattre tout seul, car ses compagnons coururent aux lits de Misonne, de Turquiette et de Pierre Nouquet. Ce dernier, sans défense, accablé par la maladie, était livré à la férocité d'Herming. Le charpentier, lui, saisit une hache, et, quittant son lit, il se jeta à la rencontre d'Aupic. Turquiette et le Norvégien Jocki luttaient avec acharnement. Gervique et Gradlin, en proie à d'atroces souffrances, n'avaient même pas conscience de ce qui se passait auprès d'eux.

Pierre Nouquet reçut bientôt un coup de poignard dans le côté, et Herming revint sur Penellan, qui se battait avec rage. André Vasling l'avait saisi à bras-le-corps.

Mais, dès le commencement de la lutte, la bassine avait été renversée sur le fourneau, et la graisse, se répandant sur les charbons ardents, imprégnait l'atmosphère d'une odeur infecte. Marie se leva en poussant des cris de désespoir, et se précipita vers le lit où râlait le vieux Jean Cornbutte.

André Vasling, moins vigoureux que Penellan, sentit bientôt ses bras repoussés par ceux du timonier. Ils étaient trop près l'un de l'autre pour pouvoir faire usage de leurs armes. Le second, apercevant Herming, s'écria :

« À moi ! Herming !

— À moi ! Misonne ! » cria Penellan à son tour.

Mais Misonne se roulait à terre avec Aupic, qui cherchait à le percer de son coutelas. La hache du charpentier était une arme peu favorable à sa défense, car il ne pouvait la manœuvrer, et il avait toutes les peines du monde à parer les coups de poignard qu'Aupic lui portait.

Cependant, le sang coulait au milieu des rugissements et des cris. Turquiette, terrassé par Jocki, homme d'une force peu commune, avait reçu un coup de poignard à l'épaule, et il cherchait en vain à saisir un pistolet passé à la ceinture du Norvégien. Celui-ci l'étreignait comme dans un étau, et aucun mouvement ne lui était possible.

Au cri d'André Vasling, que Penellan acculait contre la porte d'entrée, Herming accourut. Au moment où il allait porter un coup de coutelas dans le dos du Breton, celui-ci, d'un pied vigoureux l'étendit à terre. L'effort qu'il fit permit à André Vasling de dégager son bras droit des étreintes de Penellan ; mais la porte d'entrée, sur laquelle ils pesaient de tout leur poids, se défonça subitement, et André Vasling tomba à la renverse.

Soudain, un rugissement terrible éclata, et un ours gigantesque apparut sur les marches de l'escalier. André Vasling l'aperçut le premier. Il n'était pas à quatre pieds de lui. Au même moment, une détonation se fit entendre, et l'ours, blessé ou effrayé, rebroussa chemin. André Vasling, qui était parvenu à se relever, se mit à sa poursuite, abandonnant Penellan.

Le timonier replaça alors la porte défoncée et regarda autour de lui. Misonne et Turquiette, étroitement garrottés par leurs ennemis, avaient été jetés dans un coin et faisaient de vains efforts pour rompre leurs liens. Penellan se précipita à leur secours, mais il fut renversé par les deux Norvégiens et Aupic. Ses forces épuisées ne lui permirent pas de résister à ces trois hommes, qui l'attachèrent de façon à lui interdire tout mouvement. Puis, aux cris du second, ceux-ci s'élancèrent sur le pont, croyant avoir affaire à Louis Cornbutte.

Là, André Vasling se débattait contre un ours, auquel il avait porté déjà deux coups de poignard. L'animal, frappant l'air de ses pattes formidables, cherchait à atteindre

André Vasling. Celui-ci, peu à peu acculé contre le bastingage, était perdu, quand une seconde détonation retentit. L'ours tomba. André Vasling leva la tête et aperçut Louis Cornbutte dans les enfléchures du mât de misaine, le fusil à la main. Louis Cornbutte avait visé l'ours au cœur, et l'ours était mort.

La haine domina la reconnaissance dans le cœur de Vasling ; mais, avant de la satisfaire, il regarda autour de lui. Aupic avait eu la tête brisée d'un coup de patte, et gisait sans vie sur le pont. Jocki, une hache à la main, parait, non sans peine, les coups que lui portait ce second ours, qui venait de tuer Aupic. L'animal avait reçu deux coups de poignard, et cependant il se battait avec acharnement. Un troisième ours se dirigeait vers l'avant du navire.

André Vasling ne s'en occupa donc pas, et, suivi d'Herming, il vint au secours de Jocki ; mais Jocki, saisi entre les pattes de l'ours, fut broyé, et quand l'animal tomba sous les coups d'André Vasling et d'Herming, qui déchargèrent sur lui leurs pistolets, il ne tenait plus qu'un cadavre entre ses pattes.

« Nous ne sommes plus que deux, dit André Vasling d'un air sombre et farouche ; mais si nous succombons, ce ne sera pas sans vengeance ! »

Herming rechargea son pistolet, sans répondre. Avant tout, il fallait se débarrasser du troisième ours. André Vasling regarda du côté de l'avant et ne le vit pas. En levant les yeux, il l'aperçut debout sur le bastingage et grimpant déjà aux enfléchures pour atteindre Louis Cornbutte. André Vasling laissa tomber son fusil, qu'il dirigeait sur l'animal, et une joie féroce se peignit dans ses yeux.

« Ah ! s'écria-t-il, tu me dois bien cette vengeance-là ! »

Cependant Louis Cornbutte s'était réfugié dans la hune de misaine. L'ours montait toujours, et il n'était plus qu'à six pieds de Louis, quand celui-ci épaula son fusil et visa l'animal au cœur.

De son côté, André Vasling épaula le sien pour frapper Louis si l'ours tombait.

Louis Cornbutte tira, mais il ne parut pas que l'ours eût été touché, car il s'élança d'un bond sur la hune. Tout le mât en tressaillit.

André Vasling poussa un cri de joie.

« Herming ! cria-t-il au matelot norvégien, va me chercher Marie ! Va me chercher ma fiancée ! »

Herming descendit l'escalier du logement.

Cependant l'animal furieux s'était précipité sur Louis Cornbutte, qui chercha un abri de l'autre côté du mât ; mais au moment où sa patte énorme s'abattait pour lui briser la tête, Louis Cornbutte, saisissant l'un des galhaubans, se laissa glisser jusqu'à terre, non pas sans danger, car, à moitié chemin, une balle siffla à scs oreilles. André Vasling venait de tirer sur lui et l'avait manqué. Les deux adversaires se retrouvèrent donc en face l'un de l'autre, le coutelas à la main.

Ce combat devait être décisif. Pour assouvir pleinement sa vengeance, pour faire assister la jeune fille à la mort de son fiancé, André Vasling s'était privé du secours d'Herming. Il ne devait donc plus compter que sur lui-même.

Louis Cornbutte et André Vasling se saisirent chacun au collet, et se tinrent de façon à ne pouvoir plus reculer. Des deux l'un devait tomber mort. Ils se portèrent de violents coups, qu'ils ne parèrent qu'à demi, car le sang coula bientôt de part et d'autre. André Vasling cherchait à jeter son bras droit autour du cou de son adversaire pour le terrasser. Louis Cornbutte, sachant que celui qui tomberait était perdu, le prévint, et il parvint à le saisir des deux bras ; mais, dans ce mouvement, son poignard lui échappa de la main.

Des cris affreux arrivèrent en ce moment à son oreille. C'était la voix de Marie, qu'Herming voulait entraîner. La rage prit Louis Cornbutte au cœur ; il se raidit pour faire plier les reins d'André Vasling ; mais, à ce moment, les deux adversaires se sentirent saisis tous les deux dans une étreinte puissante.

L'ours, descendu de la hune de misaine, s'était précipité sur les deux hommes.

André Vasling était appuyé contre le corps de l'animal. Louis Cornbutte sentait les griffes du monstre lui entrer dans les chairs. L'ours les étreignait tous deux.

« À moi ! à moi, Herming ! put crier le second.

— À moi ! Penellan ! » s'écria Louis Cornbutte.

Des pas se firent entendre sur l'escalier. Penellan parut, arma son pistolet et le déchargea dans l'oreille de l'animal. Celui-ci poussa un rugissement. La douleur lui fit ouvrir un instant les pattes et Louis Cornbutte, épuisé, glissa sans mouvement sur le pont ; mais l'animal, les refermant avec force dans une suprême agonie, tomba en entraînant le misérable André Vasling, dont le cadavre fut broyé sous lui.

Penellan se précipita au secours de Louis Cornbutte. Aucune blessure grave ne mettait sa vie en danger, et le souffle seul lui avait manqué un moment.

« Marie !... dit-il en ouvrant les yeux.

— Sauvée ! répondit le timonier. Herming est étendu là, avec un coup de poignard au ventre !

— Et ces ours... ?

— Morts, Louis, morts comme nos ennemis ! Mais on peut dire que, sans ces bêtes-là, nous étions perdus ! Vraiment ! ils sont venus à notre secours ! Remercions donc la Providence ! »

Louis Cornbutte et Penellan descendirent dans le logement, et Marie se précipita dans leurs bras.

XVI

CONCLUSION

Herming, mortellement blessé, avait été transporté sur un lit par Misonne et Turquiette, qui étaient parvenus à briser leurs liens. Ce misérable râlait déjà, et les deux marins s'occupèrent de Pierre Nouquet, dont la blessure n'offrait heureusement pas de gravité.

Mais un plus grand malheur devait frapper Louis Cornbutte. Son père ne donnait plus aucun signe de vie. Était-il mort avec l'anxiété de voir son fils livré à ses ennemis ? Avait-il succombé avant cette terrible scène ? On ne sait. Mais le pauvre vieux marin, brisé par la maladie, avait cessé de vivre !

À ce coup inattendu, Louis Cornbutte et Marie tombèrent dans un désespoir profond, puis ils s'agenouillèrent près du lit et pleurèrent en priant pour l'âme de Jean Cornbutte.

Penellan, Misonne et Turquiette les laissèrent seuls dans cette chambre et remontèrent sur le pont. Les cadavres des trois ours furent tirés à l'avant. Penellan résolut de garder leur fourrure, qui devait être d'une grande utilité, mais il ne pensa pas un seul moment à manger leur chair. D'ailleurs, le nombre des hommes à nourrir était bien diminué maintenant. Les cadavres d'André Vasling, d'Aupic et de Jocki, jetés dans une fosse creusée sur la côte, furent bientôt rejoints par celui d'Herming. Le Norvégien mourut dans la nuit sans repentir ni remords, l'écume de la rage à la bouche.

Les trois marins réparèrent la tente, qui, crevée en plusieurs endroits, laissait la neige tomber sur le pont. La température était excessivement froide, et dura ainsi jusqu'au retour du soleil, qui ne reparut au-dessus de l'horizon que le 8 janvier.

Jean Cornbutte fut enseveli sur cette côte. Il avait quitté son pays pour retrouver son fils, et il était venu mourir sous ce climat affreux ! Sa tombe fut creusée sur une hauteur, et les marins y plantèrent une simple croix de bois.

Depuis ce jour, Louis Cornbutte et ses compagnons passèrent encore par de cruelles épreuves ; mais les citrons, qu'ils avaient retrouvés, leur rendirent la santé.

Gervique, Gradlin et Pierre Nouquet purent se lever, une quinzaine de jours après ces terribles événements, et prendre un peu d'exercice.

Bientôt, la chasse devint plus facile et plus abondante. Les oiseaux aquatiques revenaient en grand nombre. On tua souvent une sorte de canard sauvage, qui procura une nourriture excellente. Les chasseurs n'eurent à déplorer d'autre perte que celle de deux de leurs chiens, qu'ils perdirent dans une entreprise pour reconnaître, à vingt-cinq milles dans le sud, l'état de la plaine de glaces.

Le mois de février fut signalé par de violentes tempêtes et des neiges abondantes. La température moyenne fut encore de vingt-cinq degrés au-dessous de zéro, mais les hiverneurs n'en souffrirent pas, par comparaison. D'ailleurs, la vue du soleil, qui s'élevait de plus en plus au-dessus de l'horizon, les réjouissait, en leur annonçant la fin de leurs tourments. Il faut croire aussi que le Ciel eut pitié d'eux, car la chaleur fut précoce cette année. Dès le mois de mars, quelques corbeaux furent aperçus, voltigeant autour du navire. Louis Cornbutte captura des grues qui avaient poussé jusque-là leurs pérégrinations septentrionales. Des bandes d'oies sauvages se laissèrent aussi entrevoir dans le sud.

Ce retour des oiseaux indiquait une diminution du froid. Cependant, il ne fallait pas trop s'y fier, car, avec un changement de vent, ou dans les nouvelles ou pleines lunes, la température s'abaissait subitement, et les marins étaient forcés de recourir à leurs précautions les plus grandes pour se prémunir contre elle. Ils avaient déjà brûlé tous les bastingages du navire pour se chauffer, les cloisons du rouf qu'ils n'habitaient pas, et une grande partie du faux pont. Il était donc temps que cet hivernage finît. Heureusement, la moyenne de mars ne fut pas de plus de seize degrés au-dessous de zéro. Marie s'occupa de préparer de nouveaux vêtements pour cette précoce saison de l'été.

Depuis l'équinoxe, le soleil s'était constamment maintenu au-dessus de l'horizon. Les huit mois de jour avaient commencé. Cette clarté perpétuelle et cette chaleur incessante, quoique excessivement faibles, ne tardèrent pas à agir sur les glaces.

Il fallait prendre de grandes précautions pour lancer *La Jeune-Hardie* du haut lit de glaçons qui l'entouraient. Le navire fut en conséquence solidement étayé, et il parut convenable d'attendre que les glaces fussent brisées par la débâcle ; mais les glaçons inférieurs, reposant dans une couche d'eau déjà plus chaude, se détachèrent peu à peu, et le brick redescendit insensiblement. Vers les premiers jours d'avril, il avait repris son niveau naturel.

Avec le mois d'avril vinrent des pluies torrentielles, qui, répandues à flots sur la plaine de glaces, hâtèrent encore sa décomposition. Le thermomètre remonta à dix degrés au-dessous de zéro. Quelques hommes ôtèrent leurs vêtements de peaux de phoque, et il ne fut plus nécessaire d'entretenir un poêle jour et nuit dans le logement. La provision d'esprit-de-vin, qui n'était pas épuisée, ne fut plus employée que pour la cuisson des aliments.

Bientôt, les glaces commencèrent à se briser avec de sourds craquements. Les crevasses se formaient avec une grande rapidité, et il devenait imprudent de s'avancer sur la plaine, sans un bâton pour sonder les passages, car des fissures serpentaient çà et là. Il arriva même que plusieurs marins tombèrent dans l'eau, mais ils en furent quittes pour un bain un peu froid.

Les phoques revinrent à cette époque, et on leur donna souvent la chasse, car leur graisse devait être utilisée.

La santé de tous demeurait excellente. Le temps était rempli par les préparatifs de départ et par les chasses. Louis Cornbutte allait souvent étudier les passes, et, d'après la configuration de la côte méridionale, il résolut de tenter le passage plus au sud. Déjà la débâcle s'était produite dans différents endroits, et quelques glaçons flottants se dirigeaient vers la haute mer. Le 25 avril, le navire fut mis en état. Les voiles, tirées de leur étui, étaient dans un parfait état de conservation, et ce fut une joie véritable pour les marins de les voir se balancer au souffle du vent. Le navire tressaillit, car il avait retrouvé sa ligne de flottaison, et quoiqu'il ne pût encore bouger, il reposait cependant dans son élément naturel.

Au mois de mai, le dégel se fit rapidement. La neige qui couvrait le rivage fondait de tous côtés et formait une boue épaisse, qui rendait la côte presque inabordable. Des petites bruyères, roses et pâles, se montraient timidement à travers les restes de neige et semblaient sourire à ce peu de chaleur. Le thermomètre remonta enfin au-dessus de zéro.

À vingt milles du navire, au sud, les glaçons, complètement détachés, voguaient alors vers l'océan Atlantique. Bien que la mer ne fût pas entièrement libre autour du navire, il s'établissait des passes dont Louis Cornbutte voulut profiter.

Le 21 mai, après une dernière visite au tombeau de son père, Louis Cornbutte abandonna enfin la baie d'hivernage. Le cœur de ces braves marins se remplit en même temps de joie et de tristesse, car on ne quitte pas sans regret les lieux où l'on a vu mourir un ami. Le vent soufflait du nord et favorisait le départ du brick. Souvent il fut arrêté par des bancs de glace, que l'on dut couper à la scie ; souvent des glaçons se dressèrent devant lui, et il fallut employer la mine pour les faire sauter. Pendant un mois encore, la navigation fut pleine de dangers, qui mirent souvent le navire à deux doigts de sa perte ; mais l'équipage était hardi et accoutumé à ces périlleuses manœuvres. Penellan, Pierre Nouquet, Turquiette, Fidèle Misonne faisaient à eux seuls l'ouvrage de dix matelots, et Marie avait des sourires de reconnaissance pour chacun.

La Jeune-Hardie fut enfin délivrée des glaces à la hauteur de l'île Jean-Mayen. Vers le 25 juin, le brick rencontra des navires qui se rendaient dans le Nord, pour la pêche des phoques et de la baleine. Il avait mis près d'un mois à sortir de la mer polaire.

Le 16 août, *La Jeune-Hardie* se trouvait en vue de Dunkerque. Elle avait été signalée par la vigie, et toute la population du port accourut sur la jetée. Les marins du brick tombèrent bientôt dans les bras de leurs amis. Le vieux curé reçut Louis Cornbutte et Marie sur son cœur, et, des deux messes qu'il dit les deux jours suivants, la première fut pour le repos de l'âme de Jean Cornbutte, et la seconde pour bénir ces deux fiancés, unis depuis si longtemps par le malheur.

Repères chronologiques[1]

Date	L'HOMME	L'ŒUVRE	L'ÉPOQUE
1828	Naissance de Jules Verne, le 8 février à Nantes, au 4, rue Olivier-de Clisson, dans l'ancien quartier des armateurs. Père : Pierre Verne, avoué ; mère : Sophie Allotte de la Fuÿe. Suivront les naissances de : Paul (1829-1897) qui deviendra officier de marine, Anne (1837), Mathilde (1839), Marie (1842).		René Caillié pénètre à Tombouctou. Ouverture de la première ligne de chemin de fer entre Saint-Étienne et Andrézieux ; la traction est assurée par des chevaux.
1829			Mort du naturaliste Lamarck. Création de l'École centrale des arts et manufactures. Début du cycle de *La Comédie humaine* de Balzac. Alexandre Dumas, *Henri III et sa cour*. Voyage d'A. de Humboldt dans l'Asie russe (jusqu'en 1830).

(1) Les repères sont inspirés par l'édition Omnibus : *Jules Verne : les quatre éléments* (2001 et 2002).

1830		Les Trois Glorieuses(27-29 juillet). Abdication de Charles X. Monarchie de Juillet (Louis-Philippe) jusqu'en 1848. Expédition d'Alger. Première mouvementée d'*Hernani* de Victor Hugo (25 février). Stendhal, *le Rouge et le Noir*. Geoffroy Saint-Hilaire, *Principe de philosophie zoologique*. Ouverture du chemin de fer Manchester-Liverpool.
1831		Émeute des canuts de Lyon. Charles Saurai découvre le principe des allumettes à friction. Premier moteur électrique (Dal Negro). Alexandre Dumas, *Antony*. Victor Hugo, *Notre-Dame de Paris.*
1832		Mort de Cuvier, véritable fondateur de la science des fossiles. Création du *Journal des enfants*. Sauvage invente l'hélice.
1833		Loi Guizot : liberté de l'enseignement primaire. Gauss invente le télégraphe électrique.
1834	Scolarité nantaise, chez Mme Sambin, jusqu'en 1837.	Balzac, *Le Père Goriot.*

1835		Fondation de l'agence Havas. Attentat de Fieschi contre Louis-Philippe.
1837	Élève à l'école Saint-Stanislas jusqu'en 1840.	Inauguration du chemin de fer de Paris à Saint-Germain-en-Laye.
1838		Compagnie des chemins de fer d'Orléans. Premiers travaux de Boucher de Perthes, qui vont permettre d'affirmer que l'homme a été contemporain des grands mammifères aujourd'hui disparus. Premiers daguerréotypes. E. Poe, *Aventures d'Arthur Gordon Pym.*
1839	Une anecdote, inventée par Marguerite Allotte de la Fuÿe dans une biographie de 1928, le montre fuguant sur un long-courrier.	Stendhal, *La Chartreuse de Parme*. Daguerre et Niepce inventeurs de la photographie.
1840	Pensionnaire jusqu'en 1844 au	L'Autrichien F. Lindler atteint la profondeur de 329 mètres dans le gouffre de Trebiciano.

	petit séminaire Saint Donatien.	Fondation de la Cunard Line.
1841		Bunsen invente la pile électrique qui porte son nom.
1842		Création du réseau des chemins de fer. Eugène Sue, *Les Mystères de Paris* (1842-1843).
1844	Collège royal de Nantes, jusqu'au baccalauréat, obtenu en 1846. Commence à écrire.	Morse installe le premier télégraphe électrique de Baltimore à Washington. Études de Faraday sur la polarisation de la lumière.
1845		Le télégraphe morse équipe la ligne Paris-Rouen.
1846		Découverte de Neptune par Le Verrier. Boucher de Perthes, *L'Homme antédiluvien.* Grande dépression économique (jusqu'en 1847). Alexandre Dumas, *Le Comte de Monte-Cristo.*
1847	Commence des études de droit à Paris : il est licencié en	Découvertes des mines d'or de Californie.

	1849. Amours déçues pour sa cousine Caroline, puis pour Herminie. Commence à écrire des poèmes et des pièces de théâtre, fréquente différents salons, rencontre les Dumas père et fils.	
1848	Installation à Paris (octobre-novembre).	Février : chute de la monarchie de Juillet, proclamation de la République. Instauration du suffrage universel ; suppression de la peine de mort et de l'esclavage. Journée de travail fixée à dix heures. IIe République avec pour président Louis-Napoléon Bonaparte (jusqu'en 1852), Marx et Engels, *Manifeste du parti communiste.*
1849		Premier timbre français. Traduction du *Dernier des Mohicans* de Fenimore Cooper (1826).

			Conquête du Sahara septentrional (jusqu'en 1854).
1850		Première pièce jouée : *Les Pailles rompues* (12 juin), comédie en vers, au Théâtre-Historique.	Lois Falloux sur l'enseignement, renforçant le contrôle du clergé sur l'école. Câble télégraphique sous-marin reliant la France à l'Angleterre. Chateaubriand, *Mémoires d'outre-tombe*.
1851	Jules Verne devient secrétaire de Jules Sevestre, directeur du Théâtre-Lyrique.	Parution des premières nouvelles (*Un drame au Mexique*, *Un drame dans les airs*) dans le *Musée des familles*.	Coup d'État du président Louis-Napoléon. Arrestation et exil des républicains et socialistes. Invention des presses rotatives d'imprimerie.
1852		*Martin Paz* (nouvelle).	Proclamation de l'Empire (2 décembre). Louis-Napoléon Bonaparte devient Napoléon III.
1853		*Colin-Maillard* (comédie).	Lancement du vapeur britannique *Great Eastern*.
1854		*Maître Zacharius* (nouvelle).	Création par Charles Bourseul des premiers appareils téléphoniques, Compagnie générale des omnibus.

1855		*Un hivernage dans les glaces* (nouvelle).	Exposition universelle de Paris.
1856	Rencontre, le 20 mai, une jeune veuve, Honorine Morel, qui a deux filles... Achète une part d'agent de change dans une étude parisienne.		Découverte d'un crâne humain fossile dit de l'homme de Neandertal en Prusse rhénane. Poe, *Histoires extraordinaires.*
1857	Mariage de Jules Verne avec Honorine (10 janvier).	Premier recueil de chansons.	Baudelaire, *Les Fleurs du mal.* Flaubert, *Madame Bovary*. Fondation de la « Bibliothèque rose » chez Hachette.
1858		*M. de Chimpanzé* (comédie).	Attentat manqué d'Orsini contre l'empereur. Début des polémiques entre Pasteur et Pouchet sur la génération spontanée. Théophile Gautier, *Le Roman de la momie*. Comtesse de Ségur, *Les Petites Filles modèles.*
1859	Voyage en Angleterre et en Écosse, avec		Conquête de la Cochinchine (jusqu'en 1867).

	le musicien Hignard.	Charles Darwin (1809-1882), *De l'origine des espèces par voie de sélection naturelle* (traduit en 1865). Violentes polémiques. Début du percement du canal de Suez. Exploration du Sahara (jusqu'en 1861).
1860	Fait la connaissance du photographe, aéronaute, dessinateur et écrivain Félix Nadar (Félix Tournachon, 1820-1910), qui inspirera le personnage de Michel Ardan dans *De la Terre à la Lune*.	
1861	Voyage en Norvège et en Scandinavie. Naissance de Michel Verne (4 août), fils unique du romancier (1861-1925).	Première chronologie paléontologique.

1862	Pendant l'été, écrit *Cinq Semaines en ballon*, qu'il propose à l'éditeur Hetzel (1814-1886).		Victor Hugo, *Les Misérables*. Foucault mesure la vitesse de la lumière.
1863	Succès de librairie. S'occupe auprès de Nadar et de la « Société d'encouragement pour la locomotion aérienne au moyen d'appareils plus lourds que l'air ».	Publication de *Cinq Semaines en ballon.*	Nadar fait construire le ballon *Le Géant* avec lequel il effectue plusieurs ascensions. Louis Figuier, *La Terre avant le déluge*. Théophile Gautier, *Le Capitaine Fracasse*. Construction du premier phare électrique au cap de La Hève.
1864		Commence, avec *les Anglais au pôle Nord*, sa participation au *Magasin d'éducation et de récréation* d'Hetzel et de Jean Macé, dont le premier numéro paraît le 20 mars. Il s'agit de la première partie des *Aventures du*	Charles Lyell, *L'Ancienneté de l'homme prouvée par la géologie.* Erckmann-Chatrian, *L'Ami Fritz.* Offenbach, *La Belle Hélène.*

		capitaine Hatteras, qui sera suivie du *Désert de glace* (la seconde partie), le récit s'échelonnant du 20 mars 1864 au 5 décembre 1865. *Voyage au centre de la Terre. Le Comte de Chanteleine* (nouvelle).	
1865	Location d'une villa au Crotoy (Somme). Devient membre de la Société de géographie. Liaison restée mystérieuse avec Mme Duchesnes (?).	*De la Terre à la Lune. Les Forceurs de blocus* (nouvelle).	Claude Bernard, *Introduction à l'étude de la médecine expérimentale.* George Sand, *Laura.*
1866		Création de la collection « Voyages extraordinaires » (juillet). *Aventures du capitaine Hatteras* qui deviendront, l'année suivante, avec un texte revu et corrigé,	Pose du premier câble transatlantique par le *Great Eastern.* Jean Macé fonde la Ligue française de l'enseignement. Invention de la dynamite par Nobel.

		Voyages et Aventures du capitaine Hatteras.	Hugo, *Les Travailleurs de la mer.*
1867	Avec son frère Paul, prend le *Great Eastern* à destination de l'Amérique. New York, les chutes du Niagara (avril).	*Les Enfants du capitaine Grant* (commencé en 1865 en feuilleton, paraît en trois volumes en 1867 et 1868).	Karl Marx, *Le Capital* (tome 1). Invention de la machine frigorifique par Charles Tellier. Zola, *Thérèse Raquin.*
1868	Achat du premier des *Saint Michel*, une chaloupe.		Découverte d'ossements fossiles au site préhistorique de Cro-Magnon (Dordogne).
1869	Jules Verne s'installe au Crotoy.	*Vingt Mille Lieues sous les mers* (qui paraît en deux volumes en 1869 et 1870). *Autour de la Lune* (en feuilleton en 1869).	Flaubert, *L'Éducation sentimentale.* Inauguration du canal de Suez.
1870	Jules Verne, garde-côte au Crotoy pendant la guerre, est fait chevalier de la Légion d'honneur.	*Découverte de la Terre.*	Guerre franco-allemande. Proclamation de la République (4 septembre).

1871	Installation définitive à Amiens, 23, rue de Guyencourt, où il mènera la vie d'un notable provincial. Décès de Pierre Verne.	*Une ville flottante* (en feuilleton en 1870).	Armistice (28 janvier). La Commune de Paris (mars-mai) écrasée par Thiers. Annexion de l'Alsace-Lorraine. Émile Zola commence le cycle des Rougon- Macquart qui se poursuivra jusqu'en 1893.
1872	Élu à l'académie d'Amiens, Jules Verne est couronné par l'Académie française pour la série des « Voyages extraordinaires ».	*Aventures de trois Russes et de trois Anglais dans l'Afrique australe* (en feuilleton en 1871 et 1872).	
1873	Ascension en ballon. Achat d'une maison au 44, boulevard Longueville.	*Le Tour du monde en quatre-vingts jours* (en feuilleton en 1872). *Le Pays des fourrures* (en feuilleton en 1872 et 1873).	Mac-Mahon président de la République. Création du *Journal de la jeunesse* chez Hachette.
1874		Première au théâtre de la Porte Saint-Martin du *Tour du monde en 80*	Loi réduisant la durée du travail des femmes et des enfants.

		jours, adapté avec d'Ennery. *L'Île mystérieuse* (dont la première version avait été refusée en 1865, en feuilleton en 1874 et 1875). *Une fantaisie du Docteur Ox* (nouvelle, en feuilleton en 1872).	
1875	Deuxième *Saint-Michel*. Maladie d'Honorine.	*Le Chancellor* (en feuilleton en 1874-1875).	Essor des tramways.
1876		*Michel Strogoff*.	Téléphone de Graham Bell. Construction du premier moteur à explosion par Otto.
1877	Troisième *Saint-Michel*. Premiers accrochages avec Michel, fils rebelle, embarqué l'année suivante pour les Indes. Procès avec le littérateur Pont-Jest qui accuse Verne de l'avoir plagié dans	*Hector Servadac*. *Les Indes noires*.	Thomas Edison invente le phonographe et le microphone. G. Bruno, *Le Tour de France par deux enfants*.

	Voyage au centre de la Terre. Bal travesti donné à Amiens sur le thème « De la Terre à la Lune ». Candidature infructueuse à l'Académie française.		
1878	Croisière en Méditerranée (Lisbonne, Tanger, Gibraltar, Alger).	*Un capitaine de quinze ans.* Adaptation au théâtre des *Enfants du capitaine Grant.*	Lampe électrique à incandescence par Edison et Swan. Troisième Exposition universelle de Paris. Hector Malot, *Sans famille.*
1879	Croisière en Angleterre et en Écosse.	*Les Tribulations d'un Chinois en Chine.* *Les Cinq Cents Millions de la Bégum.*	Jules Grévy président de la République. Jules Vallès, *L'Enfant.*
1880	Mariage de Michel Verne.	*La Maison à vapeur* (en feuilleton en 1879 et 1880). Adaptation théâtrale de *Michel Strogoff.*	Début du percement du canal de Panama. Camille Flammarion, *Astronomie populaire.* Invention de la bicyclette.

1881	Croisière (mer du Nord, Hollande, Allemagne, Copenhague).	*La Jangada.*	Loi Ferry sur la gratuité des écoles primaires.
1882	Déménagement au 2, rue Charles-Dubois, toujours à Amiens.	*L'École des Robinsons.* *Le Rayon vert.* Première au théâtre de *Voyage à travers l'impossible.*	Krach de l'Union générale. Enseignement primaire obligatoire et laïque.
1883		*Kéraban-le-Têtu.*	Guy de Maupassant, *Une vie.*
1884	Grande croisière en Méditerranée (mai-juillet). C'est la dernière croisière du romancier, le *Saint-Michel* sera vendu deux ans plus tard.	*L'Étoile du Sud.* *L'Archipel en feu.*	Construction du ballon dirigeable des frères Renard.
1885	Naissance de son premier petit-fils, Michel, fils de Michel Verne et de Jeanne Reboul, avec qui il vit depuis l'année précédente. Second bal travesti à Amiens :	*Mathias Sandorf.* *L'Épave du Cynthia* (avec A. Laurie).	Pasteur : première inoculation du vaccin antirabique.

	« L'Auberge du Tour du monde ».		
1886	Le neveu de Verne, Gaston, devenu fou, tire sur lui le 9 mars et le blesse à la jambe. Le romancier gardera des séquelles de sa blessure tout au long de sa vie. Mort de Hetzel. Naissance de Georges, deuxième fils de Michel et de Jeanne.	*Robur-le-Conquérant* *Un billet de loterie.* *Frritt-Flacc* (nouvelle, en feuilleton en 1884).	Guy de Maupassant, *Bel-Ami.* Villiers de L'Isle-Adam, *L'Ève future.* Hertz découvre les ondes électromagnétiques.
1887	Mort de Sophie Verne, mère de Jules.	*Nord contre Sud. Le Chemin de France. Gil Braltar* (nouvelle).	Gouvernement général de l'Indochine.
1888	Élu au conseil municipal d'Amiens, sur la liste républicaine. Sera réélu trois fois.	*Deux Ans de vacances.*	Premier moteur à essence (Forest).
1889	Inauguration du cirque d'Amiens.	*Famille sans nom.* *Sans dessus dessous.*	Inauguration de la tour Eiffel pour l'Exposition

			Universelle de Paris. Édouard Martel descend dans le gouffre de Padirac. Création du *Petit Français illustré*.
1890	Vacances en Normandie, chez Michel, qui a commencé à écrire avec son père. La santé de Jules Verne commence à décliner (vertiges, névralgies, troubles de la digestion, locomotion difficile).	*César Cascabel. Souvenirs d'enfance et de jeunesse.*	Premier vol d'un avion à moteur, effectué par Clément Ader.
1891		*La Journée d'un journaliste américain en 2890* (nouvelle, version modifiée d'un texte de Michel Verne paru sous le titre *In the Year 2889* en février 1889, dans *The Forum* de New York). *Aventures de la famille*	

		Raton (conte dans *Le Figaro illustré*). *Mistress Branican.*	
1892	Officier de la Légion d'honneur. Naissance de Jean, son troisième petit-fils.	*Le Château des Carpathes. Claudius Bombarnac.*	Invention du kinétoscope par Edison.
1893		*P'tit Bonhomme.*	Premier projecteur cinématographique par Marey.
		M. Ré-Dièze et Mlle Mi-Bémol (conte, dans *Le Figaro illustré*).	
1894		*Mirifiques aventures de Maître Antifer.*	Attentas anarchistes (mars-juin). Début de l'affaire Dreyfus (jusqu'en 1899).
1895	Vacances à Dinard.	*L'Île à hélice.*	Émeutes des mineurs grévistes à Carmaux. Découverte des rayons X (Röntgen). Première projection cinématographique des frères Lumière.

1896		*Face au drapeau.* *Clovis Dardentor.*	Radioactivité naturelle de l'uranium (Henri Becquerel). Mise au point de la télépho-nie sans fil (Marconi).
1897	Mort de son frère Paul.	*Le Sphinx des glaces.*	Premier vol mécanique avec passager par Clément Ader. Edmond Rostand, *Cyrano de Bergerac.*
1898	Dernier voyage à Paris (pour la communion de Michel).	*Le Superbe Orénoque.*	Découverte du radium par Pierre et Marie Curie. Pre-mier dirigeable par Santos-Dumont. Émile Zola, *J'accuse.*
1899	Dernières vacances en Normandie.	*Le Testament d'un excentrique.*	
1900	Retour à la maison du 44, boulevard Longueville. Il souffre de la cataracte.	*Seconde Patrie.*	Publication des mémoires de Nadar. Première ligne de métro Maillot-Vincennes. Exposition universelle.

			Premier dirigeable rigide de Zeppelin. Sigmund Freud, *La Science des rêves.*
1901	La part de Michel dans l'œuvre du romancier prend de plus en plus d'importance.	*Le Village aérien.* *Les Histoires de Jean-Marie Cabidoulin.*	Loi sur les associations : seules les congrégations religieuses autorisées pourront enseigner.
1902		*Les Frères Kip.*	Réforme de l'enseignement secondaire. Projection du *Voyage dans la Lune* de Georges Méliès.
1903		*Bourses de voyage.*	
1904		*Un drame en Livonie.* *Maître du monde.*	
1905	Mort de Jules Verne (24 mars).	*L'Invasion de la mer.* *Le Phare du bout du monde.*	Séparation de l'Église et de l'État. Premier autobus à essence, rue de Rennes, à Paris.

PUBLICATIONS POSTHUMES

1906 *Le Volcan d'or* (écrit en 1899).

1907 *L'Agence Thompson et Cie* (écrit en 1891-1892).

1908 *La Chasse au météore* (écrit en 1901).

1909 *Le Danube jaune* (titre primitif : *En Magellanie,* conclusion des *Voyages extraordinaires* ; écrit en 1901).

1910 *Le Secret de Wilhelm Storitz* (écrit en 1898).
L'Éternel Adam (dans *Hier et demain,* recueil de nouvelles).

1919 *L'Étonnante aventure de la mission Barsac* (écrit en 1903 ; en feuilleton en 1914).

1935 *Bulletin de la Société Jules Verne* (jusqu'en 1938).

1955 Cinquantenaire de la mort de Jules Verne. La revue *Europe* lui consacre un numéro spécial.

1967 *Bulletin de la Société Jules Verne* (nouvelle série).

1971 Publication des *Œuvres complètes* aux éditions Rencontre (commencée en 1966).

1977 *Voyage au centre de la Terre* figure au programme de l'agrégation de lettres modernes.

1978 Publication des *Voyages extraordinaires* par Hachette, « Les Intégrales » (jusqu'en 1988).

1981 *Voyage à travers l'impossible* publié chez J.-J. Pauvert.

1989 *Voyage à reculons en Angleterre et en Écosse.*

1991 *Le Voyage de M. Anselme des Tilleuls* (nouvelle écrite vers 1857-1858).
L'Oncle Robinson (première version de *L'Île mystérieuse,* écrite vers 1865-1871).

1992 *Mathias Sandorf,* pièce de W. Busnach et G. Maurens, d'après le roman de Verne, jouée en 1887.
Un prêtre en 1839 (écrit vers 1845-1847).

1993 *San Carlos et autres récits inédits,* recueil de divers inédits.

1994 *Paris au* XX*e siècle,* roman inachevé, écrit vers 1860-1862.

Repères bibliographiques

1. BIOGRAPHIES

Nous nous limiterons aux études les plus récentes et les plus fiables, citées ici par ordre chronologique.

Charles-Noël MARTIN, *La Vie et l'Œuvre de Jules Verne,* Michel de l'Ormeraie, 1978.

Marc SORIANO, *Jules Verne,* Julliard, 1978.

Olivier DUMAS, *Jules Verne,* La Manufacture, 1988.

Cécile COMPÈRE, *Monsieur Jules Verne,* Centre de Documentation Jules Verne, 1991 (cassette audio).

Jean-Paul DEKISS, *Jules Verne, Le Rêve du progrès,* Gallimard « Découvertes », 1991, n° 119.

Herbert LOTTMAN, *Jules Verne,* Flammarion, 1996.

Jean-Paul DEKISS, *Jules Verne l'enchanteur,* éd. du Félin, 1999.

Jean-Michel MARGOT, *Jules Verne en son temps,* Cahiers Jules Verne II, Encrage, 2004.

Éric WEISSENBERG, *Jules Verne, un univers fabuleux,* Favre, 2004.

Daniel COMPÈRE, *Les Voyages extraordinaires de Jules Verne : analyse de l'œuvre,* Pocket Classiques, 2005.

2. ÉTUDES CRITIQUES (ordre chronologique)

Marcel MORE, *Le Très Curieux Jules Verne,* Gallimard, 1960 ; *Nouvelles Explorations de Jules Verne,* Gallimard, 1963.

Jean CHESNEAUX, *Une lecture politique de Jules Verne,* Maspero, 1971 ; *Jules Verne, un regard sur le monde,* Bayard, 2001.

Simone VIERNE, *Jules Verne et le roman initiatique,* éd. du Sirac, 1973.

Michel SERRES, *Jouvences sur Jules Verne,* Minuit, 1974.

François RIVIÈRE, *Jules Verne : images d'un mythe,* Henri Veyrier, 1978.

Simone VIERNE, *Jules Verne,* Balland, 1986.

Patrick AVANE, *Un divan pour Phileas Fogg,* Aubier, 1988.

Simone VIERNE, *Jules Verne, mythe et modernité,* PUF, 1989.

Daniel COMPÈRE, *Jules Verne écrivain,* Droz, 1991.

Michel LAMY, *Jules Verne, initié et initiateur,* Payot, 1994.

Daniel COMPÈRE, *Jules Verne. Parcours d'une œuvre,* Encrage, « Références », 1996 (la mise au point la plus fiable).

Philippe de La Cotardière (dir.), *Jules Verne de la science à l'imaginaire*, Larousse, 2004.

Samuel SADAUNE, *Les 60 voyages extraordinaires de Jules Verne*, Ed. Ouest-France, 2004.

3. REVUES (ordre chronologique)

Europe, n°s 112-113, avril-mai 1955, et n°s 525-526, nov.-déc. 1978.

L'Arc, N° 29, 1966.

L'Herne, n° 25, 1974.

4. COLLOQUES (ordre chronologique)

Jules Verne écrivain du XXe siècle (Amiens, 1977), Minard, 1978 et 1980.

Jules Verne et les sciences humaines (Cerisy, 1978), UGE, 10/18.

Modernités de Jules Verne (Amiens, 1985), PUF, 1988.

5. DICTIONNAIRE

Claude LENGRAND, *Dictionnaire des Voyages extraordinaires,* Encrage, « Travaux », 1998 (un instrument de travail remarquable).

Claude AZIZA, Cathy BOËLLE-ROUSSET, *Le Tour de Jules Verne en 80 mots*, Le Pré aux Clercs, 2005.

Composé par Nord Compo
à Villeneuve-d'Ascq

Achevé d'imprimer en janvier 2005
par Normandie Roto Impression s.a.s.
61250 Lonrai - N° d'imprimeur : 05-0070
Dépôt légal : février 2005

Imprimé en France